1 MONTH OF
FREE
READING

at

www.ForgottenBooks.com

By purchasing this book you are eligible for one month membership to ForgottenBooks.com, giving you unlimited access to our entire collection of over 1,000,000 titles via our web site and mobile apps.

To claim your free month visit:
www.forgottenbooks.com/free605161

ISBN 978-0-666-68765-4
PIBN 10605161

ŒUVRES

COMPLÈTES

DE L'ABBÉ PROYART,

ANCIEN PRINCIPAL DU COLLÉGE DU PUY, ET CHANOINE D'ARRAS.

LOUIS XVI ET SES VERTUS

AUX PRISES

AVEC LA PERVERSITÉ DE SON SIÈCLE.

Scribantur hæc in generatione alterâ.
Ps. CI, 19.

TOME PREMIER.

A PARIS,

A LA LIBRAIRIE DE LA SOCIÉTÉ TYPOGRAPHIQUE,

CHEZ MÉQUIGNON FILS AÎNÉ, ÉDITEUR,

rue Saint-Severin, n° 11.

LOUIS XVI
ET SES VERTUS

AUX PRISES

AVEC LA PERVERSITÉ DE SON SIÈCLE.

INTRODUCTION.

Louis XVI, un des plus vertueux monarques qui aient occupé le trône français, aux prises avec l'ennemi domestique qui le porta sur l'échafaud; le règne de ce prince, fameux en événemens tragiques et désastreux; la révolution du dix-huitième siècle, la perversité de ses agens, les ravages de son explosion, voilà, sans contredit, la matière d'un tableau bien frappant et le sujet d'un point d'histoire qui doit faire époque mémorable dans les annales du monde.

Notre but, en nous appliquant à le développer, fut de fixer nos contemporains, et d'appeler nos neveux à l'école de nos malheurs; ce fut d'ouvrir un champ d'instruction pratique, d'une égale im-

portance et pour ceux que le ciel investit du pouvoir du commandement, et pour ceux encore auxquels il impose le devoir de la soumission. Mais la
leçon, pour être plus éloquente et plus rapprochée,
en aura-t-elle plus de succès? Les puissans qui
gouvernent le monde politique, et les lettrés qui
endoctrinent le monde moral, l'apprécieront-ils à
sa juste valeur, et sauront-ils en profiter? En vain
les âges instruisent les âges, rarement ils les cor-
rigent : l'expérience d'un siècle est presque toujours
perdue pour le siècle qui le suit; et la verge de la
divine justice, appesantie sur des pères coupables,
laisse encore dans leur sécurité des enfans qui leur
ressemblent.

Tout entier dans cette affligeante pensée, dont
mon exil ne tempéroit pas la vivacité, j'hésitois,
il y a quinze ans, si je devois parler à d'autres qu'à
mon cœur des vertus trop méconnues et des malheurs trop fameux du bon roi que je pleurois. Embrassant alors d'un regard confus la génération qui
m'environnoit, je me figurois au milieu d'un
monde d'incurables; je ne voyois, depuis le palais
jusqu'à la chaumière, que des hommes fascinés
par les prestiges de leur siècle; les uns barbares
acteurs, les autres lâches complices ou spectateurs
indolens dans la scène du plus monstrueux régicide qui ait jamais souillé l'histoire des hommes.
Je cherchois à me persuader qu'à une pareille
époque, et en pareille circonstance, il seroit plus

sage encore de laisser reposer la vérité dans son sanctuaire et la vertu sous son voile, que de les exposer au grand jour à de nouveaux outrages.

Livré à ce sentiment pénible, j'y succombois découragé, et me justifiois à moi-même ce penchant naturel, qui, dans les grandes afflictions, nous entraîne à l'inertie, lorsqu'une réflexion vînt me frapper et raffermir la plume qui me tomboit des mains : je songeai que les faits que j'avois à raconter sortoient de l'ordre commun, et qu'ils étoient de ceux qui, par eux-mêmes, commandent l'attention; je me rappelai que les esprits les plus rebelles aux leçons vulgaires de la vérité qui parle, ne le sont pas toujours à celles de la vérité qui foudroie; je songeai surtout que ce qui ne seroit pas remède efficace pour les hommes du siècle expirant, pourroit devenir préservatif pour ceux du siècle nouveau; et dès lors je me sentis commandé par la sentence dont j'ai fait mon épigraphe : «*Que cela ne soit écrit*, me suis-je dit, *que pour »la° génération qui suivra,* je n'aurai pas pour »cela écrit en vain. Si nous voyons encore des »princes sourds au langage des événemens contem-»porains, ces événemens, retracés par l'histoire à »leurs enfans, pourront l'être avec fruit. L'histoire »de la révolution française entrera nécessairement »désormais dans l'éducation des princes destinés à »régner; et ils y apprendront, beaucoup plus sûre-»ment que dans des traités de spéculation, com-

»bien est précaire la puissance du plus grand roi,
»condamné à gouverner des sujets pervertis; et,
»par-là même, de quelle importance il est pour
»eux, s'ils sont jaloux de leur existence politique,
»de défendre, contre les attentats de l'impiété, le
»trône de l'Éternel sur lequel sont appuyés les
»leurs. »

. Ainsi rappelé, par la nature de mon sujet, à
l'espoir de le traiter avec quelque utilité, je ras-
semblai mes matériaux. Mais leur ensemble rap-
proché m'effraya de nouveau; je découvris alors,
dans toute sa profondeur, cet abîme moral, creusé
par le torrent philosophique qui se déborda sur le
dix-huitième siècle, et dont la fange impure s'é-
coule encore sur le dix-neuvième; je vis que j'aurois à retracer des images hideuses et des scènes
déchirantes, les combats de la vertu et les succès
du crime; la dissolution de la monarchie, préparée
par la perversité de nos mœurs, et décidée par les
complots de la philosophie; cette philosophie, depuis un demi-siècle la religion de la France lettrée;
cette philosophie, si souvent dénoncée par la fidélité au pied du trône qu'elle menaçoit, et si constamment protégée par la complicité dans le conseil
des rois; cette philosophie enfin, serpent astucieux
qu'alors encore je voyois ramper aux pieds de
princes crédules et abusés, qui le réchauffoient
dans leurs palais, sans se défier de sa perfidie, et
se refusant aveuglément à la pensée, qu'après avoir

débauché leurs sujets à la religion, le monstre
n'auroit plus qu'un pas, facile à faire, pour les
débaucher encore à la fidélité, et se glisser à la
place de leur sécurité détrônée.

Nous l'avouerons, il ne fallut rien moins que le
besoin de remplir le triste loisir auquel nous con-
damnoit l'éloignement de notre patrie, pour nous
faire surmonter les répugnances que provoquoit
l'effrayante abondance de notre sujet; et ce ne
sera qu'après que la France aura recouvré, avec la
religion de ses pères, son essence monarchique,
que nous oserons nous flatter enfin de ne nous être
pas engagé dans une entreprise inutile.

Nous nous sommes acquitté en partie de la
tâche à laquelle nous nous étions dévoué, en développant les causes génératrices de la révolution
morale qui couva notre révolution politique; nous
avons à raconter maintenant comment, à l'époque
où Louis XVI vint régner sur la France, le philosophisme, ennemi juré des rois, régnoit sur les Français. Nous avons à montrer, dans la personne de
ce jeune prince, les plus heureuses inclinations de
la vertu en conflit habituel avec un siècle dépravé,
la confiante modestie du jeune âge trompée par les
conseils de la vieillesse esclave des préjugés ré-
gnans; un cœur, toujours droit et pur dans l'intention, souvent égaré dans l'action par les instrumens de sa puissance; l'irréprochable probité du
chef, sans cesse aux prises avec les passions exal-

tées des sujets; l'autorité royale perdant de jour en
jour en considération auprès des peuples, en même
proportion que l'autorité religieuse perdoit sur eux
en influence; puis, bientôt après, la majesté elle-
même en butte à tous les outrages d'une canaille
aux gages des corrupteurs de sa morale; la vertu
couronnée, traînée au tribunal du crime accusateur et juge; l'innocence, condamnée par la scélératesse; un roi toujours père, et de tous nos rois
peut-être le plus prodigue en bienfaits envers son
peuple, poursuivi par la monstrueuse ingratitude,
et par elle placé sous le fer parricide; le sceptre
enfin de la puissance monarchique, brisé du même
coup que la houlette des pasteurs; le trône renversé
sur les ruines de l'autel, et le sang de Louis XVI
répandu sur le sang encore fumant des pontifes
massacrés.

Si la scène tragique dont nous annonçons le
sujet, et dont la victime sera en même temps le
héros, ne nous découvre pas en lui tous les genres
de grandeur qu'un même individu ne rassembla
jamais, elle nous offrira le spectacle d'un roi vertueux dans toutes les situations de la vie, et sublime
dans le creuset du malheur. Le genre de grandeur
propre à Louis XVI sera dans l'opposition prononcée de ses vertus personnelles avec la dépravation
générale qui en enchaîna l'utile exercice. Ce prince
paroîtra grand par les efforts qu'il fit et les combats
qu'il soutint contre des obstacles invincibles. Des-

tiné, jeune encore, à gouverner un peuple rendu
indocile au joug de la religion, il se trouvera dans
le cas du cavalier obligé de monter un cheval fougueux qui a brisé son frein. La chute dans le précipice étoit inévitable pour ce prince : il y tombera.
Mais, loin que sa gloire en souffre, ce sera du
succès même du crime contre sa personne que
résultera le plus beau triomphe de sa vertu.

Si l'on nous demandoit pourquoi nous substi-
tuons quelquefois, au ton qui convient le plus généralement à l'histoire, celui du panégyrique ou de
l'apologie, nous aurions à répondre que l'histoire
a divers genres, qu'elle adapte aux divers sujets
qu'elle traite; que le panégyrique est l'histoire des
vertus ignorées, et l'apologie celle des vertus con-
testées ou des actions calomniées. Or, pour nous
faire l'historien fidèle d'un roi qui porta sa tête sur
l'échafaud, victime de toutes les préventions durant sa vie et de toutes les passions à sa mort, il
falloit nécessairement que notre histoire tînt du
panégyrique qui instruit et de l'apologie qui dé-
montre.

Tel lecteur, indulgent à sa manière, pourra juger
qu'en retraçant des résultats désastreux, nous
n'eussions pas dû remonter avec tant de sévérité
aux causes dont ils dérivent. Mais on ne doit pas
oublier, en nous lisant, que ce n'est pas uniquement l'histoire de Louis XVI que nous avons composée, mais celle, en même temps, de la perver-

sité de son siècle, source unique de tous les maux
de son règne. Assis sur les débris de la monarchie
naufragée, nous ne pouvions, en retraçant cette
catastrophe, faire abstraction de ses causes, et détourner les yeux de dessus l'écueil toujours présent
de l'impiété philosophique, contre lequel venoit de
se briser le vaisseau de l'état.

La même marche que nous avons suivie dans
l'histoire de *Louis XVI détrôné avant d'être roi*,
nous la poursuivons dans l'histoire de *Louis XVI
aux prises avec la perversité de son siècle*; et si,
parmi les contemporains des événemens extraordinaires du règne de Louis XVI, il s'en trouvoit qui
pussent douter encore d'une Providence, ou qui en
fissent une idole insensible et étrangère à la destinée des empires, que ceux-là se dispensent de
nous lire; ou ils ne nous entendroient pas, ou nous
leur parlerions un langage insipide. Ce n'est que
dans le conseil d'une justice providencielle qu'il
nous paroît possible de concilier avec elle-même
l'histoire d'un roi qui n'est comparable à celle
d'aucun de nos rois; d'expliquer ces contradictions
apparentes, ces contrastes d'intention toujours
droite et toujours frustrée, de sagesse dans les dispositions et de mécompte dans les résultats, d'é-
nergie dans les vertus de l'homme, et d'impuissance dans les vertus royales. Non, ce n'est qu'en
se plaçant au jour de la Providence qu'on peut
lire couramment dans la mystérieuse histoire de

Louis XVI. Mais, à la clarté de ce flambeau, les ombres se dissipent, la vérité se déroule dans toute sa majesté, les événemens les plus étonnans ne sont plus sujet d'étonnement, Louis XVI cesse d'être un roi malheureux, pour devenir l'élu de la Providence, l'homme de sa droite, et le docile instrument de ses profonds desseins. Mais c'est surtout de ce point de vue qu'il faut envisager la dernière lutte du crime heureux avec la vertu opprimée. Cette lutte décisive nous montrera Louis XVI succombant, mais couvert dé gloire, à côté de ses assassins triomphans, mais plongés dans l'opprobre.

Notre méthode, au reste, d'une nécessité sentie pour le sujet que nous traitons, nous paroît d'une importance générale, et qu'on ne peut négliger en écrivant l'histoire, sans lui faire manquer son grand but d'instruction, et sans priver le lecteur de l'intérêt attaché à la contemplation des voies merveilleuses de cette puissance supérieure, modératrice invincible des dispositions humaines, et qui, du sein même des désordres, fait jaillir l'harmonie de ses justices.

Si Bossuet, comme historien, se montre si grand à côté de nos historiens, si supérieur surtout à l'historien Voltaire, c'est que les faits qu'embrasse et que presse, avec tant d'ordre et de force, sa plume inimitable, aboutissent tous à cette chaîne de dépendance qui unit le ciel à la terre, et subor-

donne la nature entière à son auteur ; c'est que
Bossuet, historien sans cesser d'être religieux, voit
planer au-dessus des empires du monde l'empire
unique d'une Providence attentive, et dont l'action
insensible instruit et régit l'univers ; Providence
non moins éclairée dans ses desseins qu'infaillible
en ses moyens ; qui surveille et maîtrise les événemens divers, faisant également concourir à l'accomplissement de ses volontés toujours justes le
bon et le mauvais usage de nos volontés libres.

Si nous n'eussions eu en vue que de développer
la marche désordonnée de la morale publique sous
le règne de Louis XVI, les matériaux étoient présens, et il nous eût suffi de rappeler des souvenirs
à des lecteurs contemporains, de leur signaler la
philosophie exerçant un empire absolu dans le gouvernement des mœurs. Mais il entroit dans notre
dessein de présenter, dans le même tableau, le
contraste des douces vertus dans le chef et des passions audacieuses dans les sujets ; élémens inconci-
liables, dont le choc devoit décider la catastrophe
révolutionnaire.

Pour l'exécution totale de notre plan, nous
eûmes besoin de nous éclairer de renseignemens
positifs sur des faits inconnus et des particularités
intéressantes. Rapprochés par circonstances d'un
nombre de personnes que des emplois ou des relations de confiance avoient attachées à la personne
de Louis XVI, nous eûmes l'avantage de pouvoir

etudier ce prince dans les rapports comparés de ses ministres et de ses officiers. Après avoir assisté, en quelque sorte, à ses conseils, nous l'avons vu agir dans l'intérieur de son domestique; et nous l'avons encore suivi de son palais dans sa prison; nous avons été à portée d'interroger des personnes qui l'y accompagnèrent, de converser même avec le dernier témoin de ses dernières pensées.

Le lecteur s'apercevra sans peine que nous avons puisé certains détails à des sources directes et pures. Nous en indiquerons une entre autres avec confiance. J'habitois le château du prince régnant de Hohenlohe-Bartenstein, lorsqu'une dame française, que les poignards assassins de son père avoient poussée dans la même résidence, m'adressoit, avec un recueil de particularités très-intéressantes sur l'intérieur du palais de Louis XVI et les habitudes de ce prince, la lettre qui suit :

« Il est bien temps, monsieur, que je vous tienne »enfin parole sur les Mémoires que je vous ai pro-»mis concernant la vie privée et les vertus du »bon roi que nous pleurons. Bien éloignée, comme »vous pouvez l'imaginer, de soupçonner la possibi-»lité de la déplorable catastrophe dont nous avons »été témoins, et ne songeant guère qu'on pût un »jour invoquer mon témoignage pour le travail qui »vous occupe, je sens que bien des traits intéres-»sans, que j'ai été à portée de savoir, m'auront » malheureusement échappé. Mais je vous en citerai

»assez pour montrer à quel point nos philosophes
»de société avoient rendu ce vertueux prince mé-
»connoissable et différent de ce qu'il étoit, soit
»pour lui-même, soit pour le peuple dont il ne
»respiroit que le bonheur. Il circuloit quelquefois
»à sa charge, et, le croiriez-vous, jusque dans
»Versailles même, des imputations d'une si révol-
»tante absurdité, que nous nous mettions la tête à
»la torture pour deviner ce qui auroit pû y prêter
»occasion. Je vous citerai, par exemple, celle qui
»travestissoit en ivrogne un prince que nous admi-
»rions comme un modèle de sobriété, sans égal à
»la cour. Mais des méchans, à vues sinistres, trou-
»voient chez eux le fondement de leurs calomnies,
»que d'autres méchans propageoient auprès d'un
»vulgaire crédule.

»Je ne rapporte rien que de sûr, tenant tous les
»détails que je vous fais de mon malheureux père,
»qui se plaisoit à s'en entretenir au sein de sa fa-
»mille. Personne ne put mieux que lui apprécier
»un prince qu'il approchoit de si près, et qui l'ho-
»noroit d'un attachement qu'on peut dire distin-
»gué. La reconnoissance, au reste, qui le rendit
»victime de son zèle, n'eût pu lui arracher ni une
»fausse louange ni un déguisement officieux. Vous
»pouvez, si vous le jugez à propos, citer son témoi-
»gnage, sur ce que je n'avance que d'après lui;
»mais, de grâce, ne me nommez pas.....»

La mort de *la baronne de Pont-l'Abbé* nous

permet de la nommer; et le nom d'une dame qui joignoit, à beaucoup d'esprit, une éminente piété, devient un passe-port d'authenticité pour les Mémoires qu'elle nous a communiqués. La baronne de Pont-l'Abbé étoit fille du vertueux Thierry de Ville-d'Avray, que les courtisans qui lui ressembloient le moins appeloient *Thierry l'honnête homme*, et qui fut massacré le 10 août.

Comme c'est moins d'une série de faits que d'une histoire de choses que nous avons à occuper nos lecteurs, sans nous asservir à la précision chronologique dans l'exposition des matières, nous les classerons, pour plus d'intérêt, suivant leur analogie; à l'exception des dernières années du règne de Louis XVI, durant lesquelles ce prince se trouve en lutte continuelle avec la faction impie qui lui fit perdre la couronne et la vie.

Nulle époque, peut-être, dans les annales de notre monarchie, si ce n'est celle que nous parcourons actuellement, qui prête autant aux méditations de la politique que celle qui répond au règne de Louis XVI. Nous ne présumons pas seulement, nous sentons vivement toute l'importance de ce point d'histoire; et nous faisons l'aveu que c'est à notre plume et non à notre sujet qu'il faudra s'en prendre, s'il ne résulte pas de son développement un monument précieux et la plus lumineuse leçon pour les générations futures.

Hommes vains et superficiels, ce n'est ni pour

alimenter votre curiosité ni pour charmer vos ennuis que nous avons pris la peine d'écrire; bien moins encore pour mendier vos suffrages en caressant vos préjugés. Et vous, esprits égarés par l'esprit de votre siècle, nous ne vous dissimulerons pas qu'il entra dans notre dessein, en faisant choix du sujet que nous traitons, de dissiper chez vous de présomptueuses ignorances et de coupables erreurs, de vous introduire par l'histoire dans le sanctuaire d'une Providence qui vous investit et vous échappe, et dont peut-être vous n'avez que trop servi les desseins vengeurs, sans les avoir prévus dans l'avenir ni les reconnoître encore dans le présent. Ce n'est pas que nous osions nous flatter de faire tomber le bandeau des illusions qui vous seroient encore chères; mais pourtant vous lirez notre livre, car vous avez lu *Louis XVI détrôné avant d'être roi ;* et ce sera toujours quelque chose. Vous l'avez lu, cet ouvrage, avec un esprit de contradiction; n'importe, lisez encore celui-ci, ne fût-ce que pour contredire encore, et jeter le livre avec mépris dans votre bibliothèque. Vos enfans, un jour, l'y trouveront; et, en le lisant avec moins de préventions que leurs pères, ils pourront le lire avec plus de profit. Le philosophisme alors, dont le crédit, malgré ses patrons dans l'Institut, ira toujours décroissant sous un prince éclairé, sera plus que jamais abhorré; et vos enfans, jaloux d'en sauver la honte à leurs pères, montreront notre livre parmi vos livres, comme un témoin de votre aversion pour le culte idolâtre du monstre qui ravagea votre patrie.

Nous diviserons notre ouvrage en quinze livres.

Le premier embrassera l'enfance et l'éducation du prince dont nous avons à parler.

Le second le conduira depuis son mariage, avec Marie-Antoinette d'Autriche, jusqu'à son avénement au trône.

Les heureuses inclinations du jeune roi, les qualités et les vertus qu'il annonça sur le trône, feront le sujet du troisième.

Le quatrième le montrera tout occupé du bonheur de son peuple, et ne respirant que pour le soulagement des malheureux.

Dans le cinquième, l'exposé de ses vertus morales et domestiques mettront de plus en plus en évidence l'excellence de son cœur.

Le sixième aura pour objet le contraste de ses vertus religieuses avec l'impiété de son siècle.

Nous verrons, dans le septième, le monarque luttant seul, avec ses seules vertus, contre les obstacles dont l'environnent tour à tour la perfidie et l'impéritie des instrumens de sa puissance.

Dans le huitième, on verra le philosophisme, détesté de Louis XVI, mais fort de la protection de ses conseils, infatuer de plus en plus le peuple français, et le préparer, par les maximes de la perversité, aux derniers attentats de la révolte.

Le neuvième nous déroulera, dans toute sa tur-
pitude, le tableau du délire impie et de l'étonnante ignorance des prétendus savans qui régen-
toient l'opinion sous le règne de Louis XVI, oracles
révérés d'un troupeau plus ignorant encore, que
ces guides conduisoient à l'immolation.

Nous exposerons, dans le dixième, les progrès
effrayans de la dépravation philosophique parmi
les premières classes des sujets de Louis XVI; et
l'on verra, à la suite des théories, la pratique; à
côté des systèmes de l'impiété, toutes les licences
de la morale; en remplacement de la foi aux
vérités qui ont Dieu pour garant, la stupide
croyance à tous les prestiges prônés par des charlatans.

Le onzième expliquera comment l'esprit irréligieux, répandu dans toutes les classes, et ralliant
toutes les sectes sous les bannières de l'indépendance, agita simultanément les corps et les individus, le ministère et la magistrature, le jansénisme et le protestantisme, et décida enfin ces
États généraux qui enfantèrent la révolution régicide.

Nous raconterons, dans le douzième, comment
les États généraux, composés en pluralité des élèves
de la philosophie moderne, réduisirent en pratique
les principes de leur école, brisèrent avec violence
tous les ressorts du gouvernement existant, s'in-
surgèrent audacieusement contre le monarque, le

constituèrent , de leur souverain , leur commis, s'avancèrent, enfin, d'insultes en insultes, jusqu'à l'assiéger dans son palais, et le forcer, sous les poignards des assassins de son épouse, d'abandonner la résidence de ses pères.

Nous suivrons, dans le treizième, les mêmes factieux entraînant Louis XVI dans sa capitale, pour l'y enchaîner plus sûrement ; lui promettant la gloire et l'environnant d'outrages ; promettant le bonheur à ses sujets, et brisant à plaisir tous les canaux de la prospérité publique ; mettant le feu à leur patrie, pour en piller les dépouilles à la faveur de l'incendie ; en un mot, foulant aux pieds tout ce que les hommes révèrent, et renversant l'autel profané sur le trône avili ; également forts, dans leur marche désordonnée, et des moyens de leur propre scélératesse, et de ceux encore qu'ils empruntoient de la dépravation nationale.

Le quatorzième montrera Louis XVI, toujours plus grand en courage à mesure qu'il décroît en puissance, aux prises avec une seconde assemblée, nouvelle recrue de sophistes plus odieux encore que les premiers, et qui, sans afficher comme eux la franchise du crime, en déploieront toutes les bassesses et toutes les tyrannies, appelant lâchement des légions d'assassins contre un seul homme, le faisant assiéger deux fois dans son palais, et finissant par charger de chaînes le monarque outragé qu'ils n'osent encore frapper.

Dans le quinzième et dernier livre, nous verrons une troisième assemblée, l'écume des deux premières, réunir à l'audace de l'une et aux tyrannies de l'autre tous les excès de la férocité. Nous la verrons, au mépris de toute pudeur et de ses propres lois, citer à son tribunal, accuser, juger, condamner Louis XVI, et lui infliger la peine de mort. Mais nous verrons en même temps ce prince, supérieur à lui-même, et plus grand que le malheur dans ses derniers combats, vaincre le crime à force de vertu, triompher en mourant, forcer ses propres bourreaux à publier son panégyrique, convertir enfin son échafaud en trône de gloire pour lui-même et en monument d'opprobre pour les impies qui l'y portèrent.

La conclusion de l'ouvrage rendra de plus en plus sensible au lecteur l'action vengeresse d'une justice providencielle sur la France philosophe et sur l'Europe sa complice.

~~~~~~

LIVRE PREMIER.

Le prince dont nous écrivons l'histoire, troisième fils du Dauphin fils de Louis XV et de Marie-Josèphe de Saxe, naquit à Versailles le 25 août 1754; et, suivant l'usage de titrer les princes du sang du nom d'une province, fut appelé duc de Berry.

La paix la plus profonde régnoit alors dans toute l'Europe; et, comme on se plaît à tirer augure de tout à la naissance de l'enfant qu'attend une haute destinée, les uns présageoient que celui-ci auroit l'humeur pacifique, tandis que d'autres prétendoient faire remarquer, comme quelque chose de sinistre, l'abandon général et sans exemple où il parut au moment de sa naissance, le roi et toute la cour se trouvant à Choisy lorsque la Dauphine le mit au monde. Mais rien n'affecta autant les imaginations ombrageuses que l'accident qui arriva le même jour. Le courrier dépêché pour aller informer le roi de sa naissance, et l'annoncer à la capitale, au lieu des récompenses assurées aux porteurs de ces sortes de nouvelles, trouva une mort affreuse, écrasé par la chute de son cheval. C'en fut plus qu'il ne falloit pour accréditer, parmi le peuple, l'idée que le nouveau prince ne naissoit pas pour le bonheur.

... ce que doit faire le sage

... et de pressentimens; mais

... il est des circonstances ex-

... semble prendre plaisir à

... pour tenir les esprits

... sur physique, il est ...

... ne ... pas le ... Jamais ...

... inouïes et une catastrophe décisive ...

... au déchirement des empires et aux

... s'écrièrent à l'impossibilité et

... prétendus de quelques traités prétend-

... ... de la ... ...

... à ces ... populaires ... à la

... du droit de ... ... de la ...

... ... en ... au titre d'auteurs ...

... ... équivoque, et de nature à affecter

... les bonnes ... et les erreurs religieuses. A

... où la République serait au monde le prince

... à régner sur la France, le philosophisme ...

... était en travail de son Encyclopédie; et l'on

... dire que ce ... dont on ne voyait

... paroître que la tête, ... contre le

... de Louis XVI, appelant les sujets des rois

... sur les rois, les créatures à la dis-

... des lois du Créateur; et, par cela même,

... à l'anarchie (1).

A la même époque encore, et tandis que le monde

... ...

* Dedans significativement, et fuyant à ... arête. Pa. 5g.

politique respiroit à la faveur d'une paix générale,
la France étoit en proie à des dissensions domestiques. Toutes les passions déchaînées s'agitoient au
sein de l'état et frémissoient autour du trône. L'impiété conspiroit dans le conseil de Louis XV, le jansénisme dans ses parlemens, l'immoralité dans son
palais.

Alors au degré de faveur le plus scandaleux, la
marquise de Pompadour élevoit et renversoit les
ministres, faisoit les généraux, nommoit aux ambassades, eût nommé aux prélatures, si la conscience du monarque ne lui eût constamment fait un
devoir d'en laisser le choix libre à l'évêque son ministre en cette partie. Mais alors encore les membres
du corps épiscopal les plus recommandables par le
zèle et les vertus pastorales, étoient en butte à une
persécution sans exemple dans les annales de l'Église de France. Les tribunaux séculiers, tantôt leur
contestoient l'enseignement doctrinal et supprimoient leurs mandemens, tantôt saisissoient leur
temporel; et, n'osant fronder l'opinion jusqu'à proscrire leurs personnes, proscrivoient les prêtres
leurs coopérateurs les plus fidèles.

Le parlement de Paris, par de continuels attentats en ce genre et sa constante affection pour la
secte janséniste, avoit enfin tellement fatigué la patience de Louis XV, que ce prince, pour l'empêcher
d'agiter sa capitale, l'avoit relégué à Pontoise. Déjà
la seconde année de son exil commençoit, sans qu'il

eût donné le moindre signe de résipiscence, lorsque naquit le duc de Berry (2). Louis XV, en cette occasion, consultant moins les dispositions des magistrats que la facilité de son caractère, fit de l'événement du jour, le prétexte de signaler sa clémence à leur égard. Il les rappela, content de leur donner quelques avis, entre lesquels on lisoit : « La réso-»lution que les officiers de notre parlement ont »prise, le 5 du mois de mai de l'année dernière, »de cesser de rendre à nos sujets la justice qu'ils leur »doivent à notre décharge; le refus qu'ils ont fait »de reprendre des fonctions qui forment un devoir »indispensable de leur état, et auxquelles ils se sont »consacrés par la religion du serment, nous ont »forcés de leur marquer le mécontentement que »nous avions de leur conduite. »

Le conseil du roi, pour prévenir le retour des contestations qui avoient occasioné la disgrâce du parlement, adopta l'injuste expédient imaginé par le régent : il imposa un égal silence, sur une loi dogmatique de l'Église, et au clergé catholique, chargé par ministère de la promulguer et de la défendre, et aux sectaires obstinés à l'outrager et la combattre. Mais cette disposition, loin de ramener le parlement au devoir, ne fit qu'accroître ses prétentions et exalter son insolence. Il devoit au monarque des actions de grâces pour son rappel, il vint en corps lui faire des reproches sur son exil, qu'il appela *un exemple dangereux, une atteinte portée*

*aux lois fondamentales du royaume, une im-
mensité de malheurs.*

Ce n'est jamais par une condescendance qui mine
les principes, que l'autorité peut se flatter de contenir l'indocilité qui s'en écarte. Ces demi-mesures
et ces tempéramens de la foiblesse, qui compose
avec des contradicteurs séditieux, étoient conseillés
par les ennemis de sa gloire à un prince malheureusement trop ami du repos et des plaisirs (3); et
les agitateurs savoient s'en prévaloir. C'étoit à la
faveur de cette mollesse systématique dans le conseil
d'état, que l'esprit d'indépendance et le fanatisme
machiavélique faisoient les plus étranges progrès
parmi les grands corps de magistrature. Ils étoient
tels à cette époque qu'un évêque en prévit les
derniers résultats, osa même annoncer, dans ses
circonstances les plus frappantes, l'horrible catastrophe qui devoit porter sur l'échafaud le successeur de Louis XV. Les termes sont trop précis, le
présage est trop formel, pour qu'il nous soit permis
d'en altérer le texte. C'est l'évêque de Montauban,
qui saisit la circonstance où il vient de naître un
appui naturel du trône, pour nous effrayer sur les
dangers qui menacent le trône, et composer, des
matériaux d'une histoire étrangère, le tableau pro-
phétique du sort que les principes parlementaires
préparent au roi de France. « L'esprit de parti et
» de faction, dit le prélat, domina en Angleterre.
» Rien ne demeura fixe dans les lois divines et hu-

»maines; et, au milieu des épaisses ténèbres qui
»s'élevèrent de toutes parts, tout parut devenir in-
»certain, excepté le dogme sacrilége de la supré-
»matie dans le spirituel, attribuée à l'autorité sé-
»culière. C'est dans ces temps malheureux que, les
»ennemis de l'épiscopat ayant prévalu, la véritable
»religion acheva d'être anéantie, et la dignité royale
»expira dans l'opprobre. — On vit, pour la première
»fois, des sujets révoltés saisir à main armée et tra-
»duire dans une honteuse prison, un roi dont le
»crime étoit d'avoir supporté avec trop de patience
»leur première sédition; un parlement secouant le
»joug de toute autorité supérieure, frapper d'une
»main les évêques, et lever l'autre sur la tête de son
»souverain; l'accuser sans bienséance, le calomnier
»sans pudeur, le condamner sans justice, le con-
»duire sur un échafaud avec acharnement; et le
»peuple, étourdi de cet exécrable parricide, s'enivrer
»à longs traits du fanatisme de l'indépendance,
»courir en insensé après un fantôme de liberté,
»tandis qu'en esclave il rend à un tyran l'obéissance
»qu'il refuse à son roi légitime. Quelle suite ef-
»froyable de crimes! »

Cet aperçu étoit d'un de ces esprits pénétrans qui
voient l'incendie dans l'étincelle qui le couve, et
ne craignent pas de sonner le tocsin sur un péril
qui ne frappe pas encore les yeux du vulgaire. A la
publication du mandement, un cri d'improbation
s'éleva de tous les points de la France : on le qua-

lissa la production d'une tête exaltée jusqu'au délire.
Le prince de Conti s'en fit le dénonciateur auprès
du roi, et demanda vengeance au nom du parlement ; l'ambassadeur d'Angleterre se joignit à ce
prince, au nom de sa cour, offensée de tant de
clairvoyance. Chacun s'obstinant à voir l'incendiaire
dans la sentinelle qui crioit au feu, l'opinion publique se prononça pour sa punition ; et le parlement alloit poursuivre l'affaire, quand le roi l'é-
voqua à son conseil. Il s'agissoit de prononcer contre
un trop chaleureux ami du trône ; son mandement
fut improuvé et supprimé. Et pourtant ce mandement, condamné par arrêt du conseil du monarque,
n'en sera pas moins arrêt lui-même contre la monarchie française ; il n'en sera pas moins comme
l'horoscope indéclinable du successeur immédiat de
Louis XV.

Une autre particularité, qui se lie à la naissance
du duc de Berry, n'a pas échappé aux observateurs
du temps. La ville de Paris devant, suivant l'u-
sage, donner une fête à l'occasion de cette naissance, et voulant en donner une autre pour célébrer
le retour de ses magistrats séditieux, offrit dans la
première le spectacle d'une lésinerie sans exemple,
et déploya dans la seconde la plus scandaleuse magnificence. Le contraste fut si révoltant que le
premier président du parlement, depuis chancelier
de Maupeou, mandé à la cour pour en expliquer
les motifs, n'eut d'autre excuse à alléguer, sinon

que sa compagnie avoit été passive dans la scène
d'enthousiasme qui avoit eu lieu à son retour. Le
fait étoit que la caisse·janséniste avoit fait les frais
de l'encens, que la basoche et les nombreux suppôts du Palais l'avoient offert, et que les magistrats
en avoient complaisamment savouré l'odeur (4).

Le premier pas du duc de Berry dans sa carrière
mortelle, s'étoit annoncé par un soupir d'indulgence en faveur des magistrats exilés : dès lors,
aussi, sembla se déclarer. la destinée réservée au
prince qui, toute sa vie, sema les bienfaits pour ne
moissonner que l'ingratitude. Le parlement n'eut
pas plutôt été réintégré, qu'il abusa de son rappel
pour offenser le monarque et se donner les mêmes
torts qui avoient nécessité son exil. Les prêtres or-
thodoxes, à l'instigation du jansénisme, sont de
nouveau persécutés par les magistrats. En vain l'autorité parle et commande pour le maintien d'une
loi de l'Église, déclarée loi de l'état; l'autorité mé-
connue est forcée de frapper d'une nouvelle disgrâce des factieux incorrigibles.

A ces agitations intestines viendra se joindre le
fléau d'une guerre étrangère; et la majesté royale,
déjà si peu respectée de ses propres officiers, se
verra bientôt insultée, outragée dans des libelles, frap-
pée même d'un fer assassin, aiguisé par le fanatisme
janséniste dans les salles du palais de la justice. *

* Ce sont les aveux multipliés consignés dans le procès du
parricide *Damiens*.

C'est du milieu de ces orages que s'élancera au ministère un courtisan corrompu, l'attente des philosophes, ce duc de Choiseul qui, dans l'ambition de régner sur la France et sur son maître, se donnera pour appuis les vices, et, s'il le faut, les crimes de tous les partis. Assurée de la protection du ministre, la cabale philosophique jette le masque de son hypocrisie, et ne garde plus nulle mesure. Des confidences ténébreuses et des complots tramés dans l'ombre éclatent au grand jour, et passent pour chimériques à la faveur même de leur atrocité. C'est par un libelle imprimé que les conspirateurs osent endoctriner leurs complices, et leur révéler, sous le nom de *triple nécessité* (5), trois moyens convenus pour accélérer la subversion de la monarchie française ; moyens qu'en effet ils auront réalisés avant la chute du trône.

Tandis que les philosophes pressent en France ce complot infernal, un philosophe espagnol , digne émule de Choiseul, et comme lui tout puissant dans le conseil de son maître, en exécute la première partie avec une chaleur de zèle dont les jacobins le féliciteront au jour de la révolution (6). Par une savante combinaison de menées criminelles, le duc d'Aranda parvient à rendre suspecte à Charles III la société religieuse la plus redoutable à la secte impie. Dès lors les jésuites, recommandés par leurs vertus et protégés par l'importance de leurs services, sont abandonnés de l'autorité et livrés à leur enneml. Leur accusateur devient leur juge : il a composé leurs crimes, il prononce leur sentence ; et, se donnant pour complice la foiblesse du monarque trahi, il lui fait dire à ses sujets scandalisés, que l'acte de rigueur qui les étonne est le secret de son *cœur royal :* c'étoit celui d'un ministre au cœur de tigre. Sur l'ordre de d'Aranda, tous les jésuites, arrêtés d'abord et dépouillés de tout, sont entassés en un même jour dans des prisons flottantes, lancés à la mer, promenés quelque temps à l'aventure ; puis enfin jetés comme des pestiférés sur les sables qui bordent la *Corse.* Cette île étoit alors au pouvoir de Paoli. Ce chef de parti, que la passion n'aveugloit pas, tend une main secourable à l'innocence persécutée ; et, par ses soins généreux, ses nouveaux hôtes commencent à respirer dans la patrie qui les adopte.

Cependant des hommes, poursuivis en criminels dans leur patrie, et inspirant sur un sol étranger tout l'intérêt de la vertu, avoient de quoi inquiéter la secte vindicative. Mais, aussi féconde en expédiens qu'elle est puissante en moyens, elle trouvera celui d'atteindre de nouveau ses victimes, et de les arracher à la terre hospitalière où ils ont trouvé le repos. Choiseul suggère à Louis XV et lui fait adopter l'idée de joindre la *Corse* à ses possessions maritimes. Il falloit, pour cela, que la France fît l'acquisition de cette île sur les Génois, et la conquête ensuite sur Paoli Mais la spéculation la plus

ruineuse pour un état n'est rien, dans la balance
d'un ministre philosophe, comparée au plaisir d'é-
craser un ennemi personnel. A quelque prix que ce
soit, la Corse deviendra propriété française : Choiseul
y trouvera les jésuites ; il les y persécutera, et leur
fera essuyer une nouvelle déportation. C'est la fin
ultérieure et le dernier triomphe * d'une politique
qui, dans les décrets de la justice divine, doit rendre
la France idolâtre de la philosophie, victime de son
idole, et lui faire expier, dans les plus cruels dé-
chiremens, le crime d'avoir immolé le prince qui
vient de naître pour la gouverner.

Revenons au berceau de cet enfant, né pour l'extraordinaire : instrument assorti à de grandes vues
de providence, qui vient au monde pour être à la
fois un modèle de vertu et la victime du crime ;
pour occuper un trône et mourir sur un échafaud.

L'enfance du duc de Berry fut confiée, ainsi que
celle des princes ses frères, à la comtesse de Marsan,
née princesse de Rohan ; femme que son mérite
rendoit digne de ce noble emploi. La gouvernante
eut bientôt lieu de s'apercevoir que ses soins pour
son élève ne tomberoient pas sur un sol ingrat. La
première qualité qu'elle reconnut en lui, fut une
sensibilité simple et sans fard. Comme il avoit apporté en naissant un tempérament foible et valé-

* Peu de temps après, Choiseul éprouva la disgrâce la plus
complète.

tudinaire, l'état habituel d'infirmité, dans lequel il passa les premières années de sa vie, exigeoit des soins particuliers et un service plus pénible; l'enfant les apprécioit par son cœur, et payoit d'un tendre retour toutes les personnes qui compatissoient à ses maux (7).

On reconnut aussi bientôt en lui un fonds naturel de droiture, qui lui rendoit toute espèce de déguisement aussi impossible pour lui-même qu'odieux dans les autres. Dans les personnes comme dans les choses, tout ce qui lui paroissoit contrarier la simple nature lui déplaisoit, et il s'en expliquoit avec une naïveté franche, qui tenoit quelquefois de la brusquerie. Sans être insensible aux attentions, il dédaignoit les complimens; et, n'aimant pas qu'on lui en fasse, il n'en faisoit à personne. La plupart des courtisans, sous ce rapport, le servoient selon son goût. Toutes leurs prévenances étoient pour l'héritier présomptif de la couronne. Ils ne tarissoient point sur les qualités du jeune duc de Bourgogne, prince en effet de grande espérance; et, quant au duc de Berry, s'ils parloient de lui, ce n'étoit que pour lui assigner le dernier rang parmi les princes ses frères.

Cependant, sans s'annoncer par ce brillant qui séduit les esprits frivoles, le duc de Berry n'étoit inférieur, par les qualités morales, à aucun de ceux qu'on lui préféroit. Il portoit une âme docile à toutes les impressions du bien; il annonçoit du jugement, et chaque jour ajoutoit au développement de ses heureuses dispositions. Il n'avoit que six ans lorsque le Dauphin son père jugea à propos de le remettre aux soins des hommes, et de l'appliquer aux premières études. Ce fut au mois de septembre 1760, qu'il fut séparé de sa gouvernante. Tous les biais que l'on prit pour le préparer à ce passage, ne purent lui en adoucir l'amertume ; et le jour où il s'effectua, fut pour lui un jour de deuil et de larmes. En vain , pour faire diversion à sa douleur, lui donnera-t-on une batterie de petits canons, et d'autres jouets d'enfans qu'il désire beaucoup ; en vain fera-t-on tirer le soir un petit feu d'artifice devant son nouvel appartement ; tout cela touchera peu son cœur malade, et ne pourra l'arracher à sa profonde affliction. Comme ce sentiment persévéra plusieurs jours dans toute sa vivacité, son sous-précepteur, en racontant au Dauphin que les larmes de son élève ne tarissoient pas, sembloit désespérer de gagner sa confiance. « Eh quoi ! l'abbé, lui répondit vivement le prince, ces larmes d'un enfant »vous inquiéteroient? pour moi elles me ravissent. » Puis, en jouant sur le mot, il ajouta : « L'impuis- »sance de votre artifice d'avant-hier sur le cœur de »mon fils, m'est un sûr garant qu'il l'a et le cou- »servera bon. » Hélas! trop bon, malheureusement, pour le siècle de la perversité.

Environ quinze jours s'étoient passés depuis que le duc de Berry étoit sous la discipline de ses nou-

veaux maîtres, lorsque la Dauphine lui demanda,
en leur présence, s'il étoit reconnoissant des soins
qu'ils prenoient de l'instruire, et s'il les aimoit bien.
« *Assez bien*, maman, répondit-il. — Pas aussi
»bien pourtant, continue la princesse, que votre
»maman Marsan ? — Oh ! non, maman, pas tout-à-
»fait encore, » dit l'enfant. Le Dauphin étoit aussi
présent. Il loua son fils de l'affection qu'il conservoit
pour sa gouvernante, et il ajouta : « Je devine néan-
»moins, mon fils, que, quand vous reviendrez,
»avec ces messieurs, pour notre prochaine répéti-
»tion, vous nous apprendrez que vous les aimez
»*presque* autant que votre bonne maman. »

. Le Dauphin, que Louis XV avoit laissé maître
absolu de l'éducation des princes ses fils, leur avoit
donné pour gouverneur le duc de la Vauguyon, seigneur d'une valeur éprouvée, et qui faisoit profession d'allier le service de son Dieu à l'attachement
pour son roi; et, pour précepteur, l'ancien évêque
de Limoges, Coëtlosquet, un des prélats du royaume
qui honoroit le plus son corps par les vertus de son
état. Ces deux hommes, dont le savoir modeste ne
tiroit aucun lustre de l'ostentation philosophique,
furent réputés très-inférieurs à l'important emploi
qui leur étoit confié. Mais ceux qui les jugeoient
ainsi n'étoient que les échos des sophistes jaloux
et des courtisans corrompus.

Le sous-gouverneur du duc de Berry fut le marquis de Sinety, et son sous-précepteur, l'abbé de

Radonvilliers. Cet ecclésiastique, élève des jésuites, et quelque temps agrégé à leur société, joignoit à un esprit cultivé des mœurs vraiment sacerdotales. Membre de l'académie française, il étoit du nombre de ceux dont on disoit dès lors : « Quoiqu'un des »quarante, il croit en Dieu. » Le Dauphin avoit pris les plus justes mesures pour s'assurer de la moralité des officiers, des domestiques, et généralement de toutes les personnes que les moindres rapports attachoient à l'éducation de ses enfans : il vouloit que tout ce qui environnoit leur innocence, leur parlât le langage de la vertu.

Cependant, quelque confiance que dût avoir ce prince dans ceux qu'il avoit préposés à cette éducation, jamais il ne se crut dispensé d'en surveiller l'ensemble et les détails; et ce premier devoir de la paternité, que son cœur lui rendoit cher et sa religion sacré, il le remplissoit avec un zèle et une assiduité dont l'histoire ne nous offre pas d'exemple dans un prince de son rang. Deux fois la semaine, le mardi et le samedi, à des heures réglées, le prélat précepteur des jeunes princes les conduisoit à l'appartement de la Dauphine, où se trouvoit alors le Dauphin. Là, ce prince examinoit leur travail, leur faisoit rendre compte de ce qui avoit fait la matière de leurs études, depuis la dernière répétition; dispensoit à propos les éloges ou les réprimandes, décernoit des récompenses et quelquefois des privations, ou même des punitions.

Ennemi de cette aveugle indulgence, écueil trop ordinaire de l'éducation des princes, le Dauphin joignoit à la tendresse d'une mère pour ses enfans toute la fermeté d'un père. Sans confondre les défauts de l'enfance, que le temps seul corrige, avec ceux qu'il fortifie, il s'attachoit à la poursuite de ceux-ci, et ne composoit jamais avec eux. Un système d'enseignement commençoit alors à s'introduire, protégé par la tendresse maternelle. Il consistoit à réduire en amusemens pour l'enfant, les différentes connoissances qu'il peut acquérir. C'étoit en jouant qu'il devoit apprendre à lire. Les autres études ensuite, histoire, géographie, chronologie, tout devenoit affaire de jeu; et plus le pétulant élève de la mollesse aimoit à jouer, plus on devoit se flatter qu'il deviendroit savant. Le Dauphin, qu'on ne vit jamais sacrifier à la frivolité de son siècle, apprécia d'abord la méthode avec son discernement ordinaire; et, en la tolérant pour la première enfance, il jugea qu'on ne pouvoit en prolonger l'usage au delà, sans compromettre les plus grands avantages de l'éducation, dont le but n'est pas seulement d'introduire comme furtivement des connoissances dans l'esprit, mais, beaucoup plus, d'exercer l'esprit à la réflexion, et de l'affectionner au sérieux, par l'habitude des premiers ans. C'est à ce sujet que ce prince disoit à l'abbé de Radonvilliers : « L'être frivole accoutumé ainsi à se jouer » avec ses premières études, portera dans la suite la

»même légèreté dans ses affaires, se fera un jeu des
»plus graves, et les abandonnera dès que le jeu ne
»lui en plaira plus. »

Tenant à cette idée pleine de sagesse, le Dauphin
instituteur s'appliquoit, par tous les moyens réunis,
à combattre dans ses enfans un défaut, le commun
apanage de tous, la paresse et l'éloignement pour
les occupations laborieuses. Aucune excuse des jeunes
princes ne coloroit à ses yeux l'oubli des devoirs
qu'ils avoient à remplir. Le duc de Berry s'étant un
jour négligé dans ses études, son père lui déclara
qu'il ne seroit pas de la chasse royale appelée *de
Saint-Hubert*, divertissement depuis long-temps
désiré, mais qui devoit être le prix d'une diligence
soutenue. La reine et les Dames de France jugent la
privation accablante, et se réunissent pour obtenir
grâce : le Dauphin est inexorable; et, si on en appelle
à sa tendresse : « Je ne pense pas, dit-il, que per-
» sonne puisse me le disputer sous ce rapport; mais
» c'est pour cela même que je dois suivre de plus
» près l'éducation de cet enfant. » C'étoit un plaisir
pour Louis XV de voir, à certains jours, les jeunes
princes à ses chasses; et quelquefois le Dauphin les
empêchoit de s'y rendre. Le roi lui dit un jour à ce
sujet : « Quand vous retenez vos enfans, je ne sais
» qui d'eux ou de moi vous mettez le plus en péni-
» tence. » Dans ce conflit délicat entre deux devoirs
également sacrés pour lui, le fils respectueux répondit : « Je me flatte, sire, qu'à cet égard, comme

»dans tout le reste, vous êtes bien persuadé que
»mes dispositions sont toujours subordonnées aux
»vôtres. » Mais Louis XV sentoit si bien l'importance des mesures adoptées par son fils, qu'en l'in-
vitant quelquefois à s'en relâcher, jamais il ne se
prévalut de son autorité pour les contrarier.

C'est toujours moins par la molle complaisance
que par une sage application à plier l'enfance aux
habitudes de la vertu, que l'instituteur s'assurera
son estime et sa reconnoissance. Le Dauphin, sans
flatter ses enfans, en étoit autant aimé qu'il les
aimoit lui-même. Chacun d'eux, à l'envi, s'em-
pressoit d'aller au-devant de ce qui pouvoit lui
plaire, tous craignoient de lui occasioner le moindre
déplaisir. Un témoignage de bonté de sa part, un
air de satisfaction les transportoit de joie ; le plus
léger reproche, un ton de voix plus sérieux que de
coutume, les affligeoit à l'excès, et quelquefois
jusqu'aux larmes.

Nous observerons ici qu'une politique ombra-
geuse, et funeste à la bonne éducation des princes,
s'accréditoit depuis un demi-siècle dans les cours
de l'Europe, où elle servoit à souhait la secte attentive à tous les moyens d'avilir la puissance. Des
ministres philosophes, jaloux de gouverner encore
un jour les enfans, après s'être rendus nécessaires
aux pères, s'appliquoient à élever un mur de défiance entre l'autorité régnante et son héritier présomptif. Ils ne vouloient pas initier aux grandes af-

faires, celui que sa naissance destinoit à en porter
tout le poids; ils eussent craint qu'en s'y exerçant,
il n'y devînt trop clairvoyant. De là l'étrange maxime,
que, de tous les personnages, le plus difficile à
remplir en France étoit celui d'un Dauphin, *obligé*,
suivant l'ingénieuse expression du prince qui en
faisoit l'expérience, *d'employer une moitié de son
esprit à cacher l'autre*. Mais, quand le ciel impose
à tous les pères l'obligation de former leurs enfans
à la profession qui les attend, les maîtres du monde
auroient-ils donc, par exception, le droit de s'af-
franchir de ce devoir sacré ? La crainte imaginaire
d'élever au pied du trône une autorité rivale de la
sienne, seroit-elle de nature à balancer dans le
cœur d'un roi l'effrayante perspective d'un successeur inepte, et sans talens pour sa dignité ? ou
bien, se figureroit-il, ce roi père, qu'il lui fût plus
glorieux de léguer à son peuple de vains regrets sur
sa personne, que de la lui faire bénir encore après
sa mort, par les soins qu'il aura pris pour se sur-
vivre dans un fils bien élevé ? L'expérience et la raison
concourent à démontrer que plus un jeune prince
aura reconnu de près l'immensité des devoirs qui
l'attendent sur le trône, plus il s'effraiera du moment de sa responsabilité personnelle, et mieux il
sentira l'importance de concilier, par son exemple,
la soumission et le respect des peuples à l'autorité
dont il doit hériter.

Pénétré de ces vérités, le Dauphin, en se livrant

à l'éducation de ses enfans, s'étoit proposé de les associer, de son vivant, à toutes ses connoissances, et de les enrichir, autant qu'il le pourroit, du trésor de ses vertus. Il n'épargnoit ni soins ni travaux, il se plioit à toutes les formes pour atteindre ce but. On voyoit ce grand prince, au sortir des conseils d'état ou des études les plus profondes, se ravaler au niveau de ses enfans, descendre jusqu'à eux pour provoquer en eux le désir de s'élever jusqu'à lui. On pourroit apprécier son talent à enflammer leur émulation naissante par cette exclamation échappée un jour au duc de Berry : « Que je serois content, » si je pouvois apprendre à papa quelque chose qu'il » ne sût pas. »

Une particularité, qui n'étoit pas parvenue à notre connoissance lorsque nous écrivîmes la vie du père, ne sera pas déplacée dans celle du fils. Après la mort du jeune duc de Bourgogne, le Dauphin, plus attentif à étudier les dispositions du duc de Berry devenu l'héritier présomptif du trône, manda à Versailles un homme d'une grande sagacité dans le discernement des esprits, ce même Père de Neuville, prophète alors si disert de la prochaine subversion de l'empire. Ce religieux vivoit en solitaire, dans un asile que lui avoit procuré le Dauphin, au château de Saint-Germain-en-Laye. Le prince, en le voyant, lui dit : « Vous ne soupçonneriez pas, » Père, le motif du voyage que je vous fais faire : » c'est que je ne connois personne plus en état que

»vous de deviner l'homme dans l'enfant. Je vais
»faire venir mes trois fils, à qui vous n'êtes pas in-
»connu. La récréation qu'ils devront à votre arrivée,
»leur épanouira le cœur : ils jaseront à leur aise ;
»vous observerez, vous écouterez, vous interrogerez,
»vous sonderez à fond, et me direz, avec votre fran-
»chise apostolique, ce que vous augurez pour l'a-
»venir, surtout de l'aîné. » Le Père de Neuville obéit ;
et son rapport, touchant le duc de Berry, fut, qu'il
annonçoit moins de vivacité d'esprit, et présentoit
des formes moins gracieuses que les princes ses
frères ; mais que, quant à la solidité du jugement
et aux qualités du cœur, il promettoit de ne leur
être en rien inférieur. Cet aperçu combla de joie un
prince qui se consumoit en soins inquiets pour préparer le bonheur des hommes. « Je suis ravi, s'é-
»cria-t-il, de votre manière de voir sur mon aîné.
»J'avois toujours cru reconnoître en lui un de ces
»naturels sans apprêts, qui ne promettent qu'avec
»réserve ce qu'ils doivent donner un jour libérale-
»ment ; mais je craignois que mon cœur ne me
»séduisît sur le compte de cet enfant. »

Etrange légèreté des jugemens des hommes ! ce
sera un père tel que ce Dauphin, qu'on ne craindra
pas d'accuser d'avoir moins fait pour l'éducation
du duc de Berry, que pour celle des princes ses
frères ; et ce préjugé s'accréditera par la frivolité
des courtisans, celle des femmes surtout, qui ne
prononcent que sur les formes extérieures. Le duc

de Berry se montroit moins, parloit moins que les
princes ses frères : on en concluoit qu'il savoit
moins et sentoit moins. Toutes les comparaisons
qui s'établissoient, étoient à son désavantage ; et
l'enfant, qui s'en apercevoit, en concluoit qu'ap-
paremment il valoit infiniment moins que ceux que
tout le monde s'accordoit à placer au-dessus de lui.
Et de là peut-être cette excessive modestie, cette
extrême défiance de lui-même qui, trop souvent
dans la suite, lui fera préférer à ses propres lumières des lumières très-inférieures.

Le jeune prince, en acquiesçant habituellement
aux jugemens de la prévention à son égard, n'étoit
pas néanmoins insensible aux préférences humi-
liantes, comme il le fit quelquefois paroître, et un
jour d'une manière très-frappante. Son gouverneur,
dans une récréation qu'il donnoit à ses élèves, avoit
imaginé de faire tirer une loterie dans un rassemblement de personnes choisies. Il étoit convenu que
celui qui gagneroit un lot en feroit présent à la personne de la société qu'il aimoit le plus. Déjà les
autres princes avoient reçu des offrandes d'amitié
de la part des gagnans, et le duc de Berry avoit été
oublié. Lui-même, à son tour, ayant gagné un lot,
le mit en poche et ne l'offrit à personne. Le duc de
la Vauguyon le somma de remplir la condition du
jeu en faveur de la personne qu'il aimoit le plus.
« Eh ! monsieur, répond l'enfant, qui voulez-vous
» que j'aime *le plus*, ici où je ne me vois aimé de

«personne ? » A cette saillie, tous les assistans se regardèrent, étonnés que le jeune prince qu'ils négligeoient sût si bien sentir et payer leur procédé.

Comme le Dauphin plaçoit la vertu au-dessus de la science dans ses vues d'éducation, c'étoit à la culture du cœur plus spécialement encore qu'à celle de l'esprit que se rapportoient ses soins instituteurs. Sa conduite, sans qu'il y songeât, étoit déjà pour ses enfans le traité de morale le plus persuasif. Toutes les actions dont il les rendeit témoins étoient des exemples, et ses paroles des leçons. On eût vu, à certains jours, ce grand prince les catéchiser lui-même, les introduire comme par la main dans le sanctuaire auguste de la religion, et les environner des regards pénétrans de la Divinité. Les personnes appelées à partager ses soins dans la partie morale de leur éducation ne pouvoient le flatter plus agréablement que par le récit de quelques traits qui annonçassent la droiture de cœur, le goût de la piété, la compassion pour les malheureux.

Long-temps inconsolable de la mort du jeune duc de Bourgogne, le Dauphin, dans sa douleur profonde, ne cherchoit de distraction que dans ses soins plus actifs auprès des princes qui lui restoient. Il voulut que les exemples du frère devinssent l'héritage des frères. Ce fut par ses ordres, et même d'après des notes recueillies de sa main, que le marquis de Pompignan nous fit admirer, dans l'é-

loge historique d'un enfant de dix ans, les germes
précieux de toutes les qualités dont le développement fait les grands rois.

Aucun moyen n'échappoit au Dauphin, nulle
ressource ingénieuse qu'il n'employât pour obtenir
le succès de l'œuvre qu'il avoit à cœur. Personne,
surtout, ne savoit comme lui tirer avantage d'une
circonstance pour en faire une leçon, et lui donner
cet appareil solennel qui la grave dans la mémoire
de l'enfance, et y laisse des souvenirs ineffaçables.
C'est ainsi que le jour où, suivant l'usage observé
pour les princes, on suppléa les cérémonies du
baptême de ses enfans, il se fit apporter le registre
de la paroisse sur lequel leurs noms étoient inscrits,
les leur montra, leur fit remarquer que le nom qui
précédoit les leurs étoit celui du fils d'un artisan,
et leur dit : « Vous le voyez, mes enfans, dans
»l'ordre de la religion, aux yeux de Dieu, les dis-
»tinctions disparoissent, et il n'y a de véritable
»grandeur que celle que donnent la foi et la vertu.
»Vous serez un jour plus grands que cet enfant
»dans l'estime des hommes; mais il sera lui-même
»plus grand que vous devant Dieu, s'il est plus
»vertueux. »

Une autre fois, et c'étoit peu de temps avant sa
mort, le Dauphin ayant auprès de lui le duc de
Berry et le comte de Provence, se mit à considérer l'extrême maigreur de ses bras, la leur fit remarquer ; puis, leur parlant avec calme du terme

où le conduisoit le dépérissement progressif qu'il éprouvoit, il ajouta : « Comprenez, mes enfans, »ce que c'est qu'un grand prince : Dieu seul est »immortel; et ceux qu'on appelle les maîtres du »monde sont, comme les autres hommes, sujets »aux maladies et dévoués à la mort. » Ainsi, dans tous les temps, la même religion qui disoit anathème à l'égalité anarchique des hommes entre eux, proclamoit-elle, jusque dans le palais des rois, cette égalité originelle de tous les hommes devant Dieu.

Lorsque, dans l'extrême défaillance de ses forces, le Dauphin avoit renoncé à toutes les autres affaires, celle de l'instruction des jeunes princes occupoit encore les instans d'intermittence de ses maux; et un lit funèbre devenoit la chaire d'où ce modèle inimitable des pères donnoit ses dernières leçons à ses enfans. C'est la Dauphine elle-même qui, dans le journal de la maladie de son époux, écrit de sa main, nous dit : « Tout le temps qui s'est passé »depuis qu'il eût reçu ses sacremens pour la pre-»mière fois, jusqu'à quinze jours avant sa mort, il »a toujours continué à donner ses leçons à ses en-»fans, quoique cet exercice le fît tousser et lui »fatiguât la tête. Quelques jours après qu'il eût été »administré, sur ce qu'il apprit qu'ils étoient ins-»truits de son état, il les fit venir. — Pendant le »cours de la conversation, le propos tomba sur la » rapidité avec laquelle le temps passe. Le duc de

»Berry dit que le temps qui passoit le plus rapide-
»ment pour lui étoit celui de l'étude. M. le Dau-
»phin, transporté de joie, lui dit : Ah ! mon fils,
»puisque le temps de l'étude passe si vite pour
»vous, cela me prouve que vous vous y appliquez.
»Je le fis approcher de son lit ; il l'embrassa ten-
»drement. Le duc de Berry lui avoua pourtant que,
»quand l'étude n'alloit pas bien, le temps lui pas-
»soit plus lentement. M. le Dauphin prit de là oc-
»casion de lui peindre l'avantage et le bonheur
»d'un homme qui sait faire un bon usage du temps,
»et le malheur, au contraire, de ceux qui aiment
»l'oisiveté, ou qui ne savent pas s'occuper eux-
»mêmes. Après que les enfans furent sortis, il me
»répéta le plaisir qu'il ressentoit de ce que le duc
»de Berry lui avoit dit. » Précieuse leçon du sage
mourant ! La durable impression qu'elle fera sur
un cœur docile n'écartera pas seulement de lui
les écueils trop fameux du désœuvrement des
grands, elle aura le pouvoir encore de lui rendre
un jour supportables les longs tourmens de la plus
déplorable captivité.

Quand le Dauphin s'aperçut qu'il touchoit à sa
dernière heure, c'étoit la veille de sa mort, il ap
pela le gouverneur des princes, et lui dit : « Je vou
»charge, monsieur, de dire à mes enfans que
»leur souhaite toutes sortes de bonheur et de béné
»dictions !...... » Il vouloit continuer ; mais l'idée
sans doute, des obstacles qu'alloient rencontrer le

vœux de sa tendresse dans le pays qu'il connoissoit, lui serrant le cœur, il jeta un profond soupir,
se tourna vers son confesseur, et lui dit : « Ah !
» monsieur, il m'est impossible de poursuivre ; con-
» tinuez, je vous prie de dire en mon nom ce dont
» nous sommes convenus. » L'abbé Soldini alors
reprend : « Monsieur le Dauphin recommande par-
» dessus tout aux jeunes princes la crainte du Sei-
» gneur et l'amour de la religion : il leur recom-
» mande de mettre à profit la bonne éducation que
» vous leur donnez ; d'avoir toujours pour le roi la
» plus parfaite soumission et le plus profond res-
» pect ; de conserver pour madame la Dauphine
» l'obéissance et la confiance qu'ils doivent à une
» mère si respectable. »

Le duc de Berry, alors âgé de onze ans, accueil-
lit ce dernier adieu par un torrent de larmes,
parut sentir toute la grandeur de sa perte, et en
fut long-temps inconsolable. La première fois,
après la mort de son père, qu'il entendit les suisses
des appartemens crier devant lui, suivant l'éti-
quette : *Place à M. le Dauphin !* au souvenir de
celui qui, en lui laissant son nom, échappoit à sa
tendresse, il fondit en larmes ; et plusieurs mois
s'étoient écoulés que son cœur repoussoit encore
avec émotion le titre qui le plaçoit sur le premier
degré du trône.

La Dauphine avoit été associée par son époux à
la surveillance de l'éducation des princes, et c'étoit

particulièrement à elle qu'aux jours de répétitions ils avoient à rendre compte de leurs progrès dans l'étude de la religion et dans celle de l'histoire. Le Dauphin mourant avoit demandé pour dernière grâce au roi, et en avoit obtenu, que la Dauphine resteroit exclusivement chargée des soins qu'elle partageoit avec lui. Par cette disposition, la mort de ce prince n'apporta aucun changement, ni dans l'ordre, ni dans l'objet des études de ses enfans. La Dauphine embrassa dans sa surveillance toutes les parties de leur éducation; et l'on apprit, à cette occasion, ce que la modestie de la princesse laissoit ignorer, qu'elle savoit le latin.

Mais la partie vers laquelle se portoit sa grande sollicitude et ses soins les plus actifs, c'étoit celle de la religion, seul garant à ses yeux du bon emploi des autres sciences. Guidée par un zèle éclairé, la pieuse princesse n'imaginoit pas que ce soit dire quelque chose à l'enfance que de lui répéter sentencieusement : « Honorez la Divinité; pratiquez la »bienfaisance; soyez vertueux et humains (8). » Stériles adages du siècle philosophique, toujours vides de sens pour le jeune âge. En proportion des progrès de la raison chez ses enfans, elle leur développoit davantage le tableau majestueux et la divine économie de cette religion céleste, qu'il est impossible de bien connoître et de ne pas croire fermement. Elle vouloit qu'ils en connussent les grandes preuves et la miraculeuse histoire; qu'ils sussent

tout ce qu'ils devoient croire, sans rien ignorer de
ce qu'ils devoient pratiquer. Il ne suffisoit pas à la
Dauphine d'avoir élevé l'édifice de la foi dans le
cœur de ses enfans; sa grande application étoit de
les affectionner aux vérités de la religion, après les
en avoir instruits. Elle aimoit à leur apprendre, ce
qu'elle-même savoit si bien, dans quels sentimens
la créature doit se présenter aux pieds du Créateur
pour en être entendue et mériter de l'entendre.
Elle leur disoit souvent que la religion, le besoin
de tous, est doublement le besoin et le devoir des
grands; et que la sublimité de leur rang, loin de
les dispenser des utiles pratiques qu'elle prescrit
au commun des hommes, leur impose, outre l'o-
bligation de les respecter eux-mêmes, celle encore
de les rendre, par leurs exemples, vénérables aux
yeux des peuples.

Dès que le duc de Berry eut annoncé assez de
discernement pour s'approcher avec quelque fruit
du tribunal sacré, la Dauphine l'y avoit elle-même
présenté, et l'avoit adressé à un guide non moins
vertueux qu'éclairé dans la conduite des âmes, le
même dont elle avoit fait choix pour la direction
de sa conscience (9).

Une des principales attentions de la Dauphine,
dans la surveillance dont elle s'étoit chargée, ce fut
d'écarter loin de ses enfans toute espèce de lectures
qui eussent pu porter la plus légère atteinte, soit à
l'innocence de leurs mœurs, soit à la pureté de

leur foi. Ses précautions à cet égard alloient jusqu'à l'inquiétude, et paroissoient exagérées. Mais la sage princesse se les justifioit à elle-même, tant par le débordement des livres plus ou moins empoisonnés qui inondoient la France, que par le souvenir encore récent des malheurs qu'avoient causés au sein de sa famille des erreurs adoptées par ses ancêtres, et abjurées seulement par le roi son père.

Ce n'étoit pas seulement par ses instructions régulières, c'étoit aussi dans certaines conversations familières avec ses enfans, que la Dauphine s'appliquoit à les pénétrer d'un saint respect pour la religion. Souvent, dans ces épanchemens de sa tendresse, elle leur rappeloit le souvenir du père qui les avoit tant aimés, ses sages instructions, les touchans exemples qu'il leur avoit laissés, et la fin héroïque qui avoit couronné sa belle vie. Dans ce modèle, révéré de ses enfans, la mère trouvoit un moyen toujours présent d'encourager leur jeunesse aux combats de la vertu. Ce ne fut pas moins pour leur instruction que pour sa propre satisfaction qu'elle écrivit le journal de la maladie du Dauphin, et qu'elle fit recueillir les traits de sa vie les plus dignes de mémoire.

Cependant la judicieuse princesse, en se chargeant du grand fardeau que lui avoient également imposé la tendresse conjugale et l'amour maternel, s'étoit environnée de tout ce qui pouvoit l'aider à en soutenir le poids. Elle chercha surtout à s'éclairer des lumières d'un des hommes à qui son époux avoit marqué le plus de confiance pour l'éducation des princes, et à qui nous ne pouvons nous dispenser de restituer la part qu'il eut à l'instruction du duc de Berry. Le Dauphin, au moment de la dispersion des jésuites, avoit appelé à Versailles le P. Berthier. C'étoit un homme d'un profond savoir, le fléau des encyclopédistes, et non moins révéré de l'Europe savante que cher à l'Europe catholique. Le prince connoissoit assez le mérite du savant; mais, avant de se l'attacher, il avoit voulu connoître aussi sa personne. A la suite d'un entretien de trois heures, pendant lequel ces deux grands hommes avoient achevé de se pénétrer d'un respect réciproque, le prince dit au religieux : « Il faut, »Père, que vous soyez mon bibliothécaire : ce sera »là votre titre; mais votre emploi sera de m'aider »de vos lumières dans l'éducation de mes enfans. »Le roi n'a pas seulement donné son agrément à »cette disposition, il la désire, et veut vous faire »une pension. » Le savant Berthier n'avoit nulle ambition : mais la perspective d'un grand service à rendre à sa patrie ne lui permit pas de décliner un emploi que son seul mérite avoit sollicité. Il fut présenté au roi; et Louis XV, le lendemain, se félicitoit, en présence de ses courtisans, d'avoir attaché à l'éducation de ses petits-fils celui qu'il qualifia *un des savans les plus estimables de son royaume.*

Déplorable foiblesse d'un roi qui, dans la conscience de la justice, manque du courage qui peut seul en assurer le triomphe! L'homme qui, au jugement du monarque, étoit *un savant* si *estimable,* touchoit au moment de devenir un proscrit, entaché du crime irrémissible d'avoir été jésuite. En effet, les sectes discordantes du jansénisme et de la philosophie, réunies d'intérêt au fanatisme parlementaire, et soutenues de tout le crédit d'un ministre qui maîtrisoit entièrement son roi, sonnent l'alarme par toute la France sur le malheur que lui présage la faveur du Père Berthier. Elles publient qu'on est à la veille, malgré la dispersion des jésuites, de voir se perpétuer *la doctrine jésuitique :* c'est-à-dire qu'on étoit menacé d'entendre encore prêcher aux sujets le respect pour les puissances, et aux jeunes princes l'étude des grands devoirs qui les attendent. Pour parer à cette crainte, arracher le P. Berthier à son poste, ses rédacteurs au journal de Trévoux le désespoir de Voltaire, enfin tous les jésuites sécularisés à la vénération qui les suivoit encore, la cabale philosophique imagina de les placer entre les horreurs d'une mort civile et l'opprobre de l'apostasie. La formule d'épreuve fut dressée par le parlement de Normandie et adoptée par les autres. Les jésuites, morts comme société, furent sommés, comme individus, de dire anathème à l'institut qu'ils avoient professé, sous peine de bannissement du royaume pour les réfractaires à la loi impie. Le triomphe des méchans fut complet. Tous les membres dispersés, réunis par la conscience, reproduisirent un seul et même corps qui opta pour sa déportation, sans que l'exemple des infâmes Raynal et Cérutti eût pour lui rien de contagieux. Le P. Berthier, et quelques autres jésuites encore auxquels la famille royale donnoit asile à la cour, n'avoient pas été des derniers à se soumettre à ce nouvel arrêt de proscription, monument d'iniquité qui, pour n'être pas l'ouvrage direct de la puissance, n'en devenoit pas moins son crime, et un de ces crimes qui vont au-devant des châtimens mémorables (10).

Cependant la Dauphine, après la perte de son époux, chercha les moyens de correspondre avec le jésuite exilé; et le duc de la Vauguyon eut ordre de se concerter avec lui sur divers points d'instruction qu'il est essentiel de graver de bonne heure dans la mémoire des princes. Le P. Berthier saisit avec empressement l'occasion de se venger par les bienfaits de son ingrate patrie, et en s'occupant de son bonheur futur. Sur la demande que lui en fit le duc de la Vauguyon, il composa, pour l'instruction du jeune Dauphin, plusieurs petits traités en forme de conversations. Nous ne croirons pas nous écarter de notre sujet en déposant ici les pensées d'un des savans les plus estimables des derniers temps, et le précis de quelques-uns des opus-

cules dont se composa le premier catéchisme politique de Louis XVI (11).

I. DE LA NÉCESSITÉ POUR UN PRINCE D'APPRENDRE À RÉFLÉCHIR.

« L'on ne peut rien attendre de sensé, de suivi, de
bien concerté pour la réussite, de la part d'un esprit
léger, qui ne s'est pas exercé de bonne heure à l'habitude de se replier sur lui-même par la réflexion. —
Un génie médiocre trouve dans cette heureuse méthode une lumière pour les affaires, et de sages
tempéramens qui échappent au génie supérieur
emporté par la dissipation. — Ce recueillement intérieur, la pratique indispensable de quiconque
veut mettre de la précision dans ses idées et de
l'ordre dans ses affaires, est plus nécessaire au
prince qu'à tout autre, tant à raison des grands
intérêts dont il tient la balance, que comme unique moyen d'échapper à mille écueils semés sous
ses pas, et de juger sainement des préjugés qui
corrompent les cours et y font loi. — Par l'habitude
de la réflexion, le prince apprendra d'abord la plus
utile des sciences, celle de se connoître lui-même ;
il apprendra ensuite à bien juger ceux qui l'appro-
chent, à ne pas être dupe du babil de ces savans
débordés, qui savent mal toutes choses et en parlent
de même, hommes hardis et tranchans auprès de
l'ignorance ; qui promènent leur érudition vagabonde sur les deux hémisphères, ayant à peine

quelques notions confuses de ce qui se passe dans le petit monde de leur cœur. Le sort des princes est d'être assiégés par la flatterie. — Le prince qui ne saura pas se juger lui-même par la réflexion, court risque de ne jamais connoître à fond une foule de devoirs qu'il doit remplir, ni, moins encore, un nombre de défauts qu'il doit corriger. — Il s'expose encore à confondre, dans les affaires du dehors, les caprices de sa volonté avec les règles de la justice, et, dans le for intérieur, le vœu secret de ses passions avec la loi de Dieu, qui est la règle des princes comme celle des particuliers. — Le fracas habituel d'une cour, loin d'être pour un prince une dispense légitime de vaquer à la réflexion, est précisément ce qui lui en rend l'exercice plus nécessaire. — Le prince qui ne veut pas se laisser emporter au tourbillon des hommes et des affaires, se ménagera tous les jours de sa vie certains momens favorables à la réflexion, pour recueillir ses idées égarées par la dissipation, et les rattacher aux principes d'ordre qui doivent régler ses actions. Sans cette sage mesure, le prince compromettra habituellement sa dignité. N'ayant que des notions superficielles des choses, il n'aura qu'une volonté chancelante sur le bien à faire ou le mal à empêcher. Né pour gouverner, il sera r   men   gouverné, et le sera souvent au   doit au public, à sa gloire et

II. DE L'AMOUR DU TRAVAIL NÉCESSAIRE AU PRINCE.

«Une des plus dangereuses illusions qui pourroient s'emparer de l'esprit d'un prince, seroit
celle qui lui persuaderoit qu'il n'est pas né pour
le travail comme le commun des hommes. Il n'est
point de désordre qui traîne après lui de plus dé-
plorables suites que l'éloignement du travail dans
ceux que le ciel a favorisés de la naissance et des
richesses. Un grand roi en a tracé en deux mots le
portrait le plus énergique et le plus hideux. Il dé-
finit ces illustres fainéans des esclaves de l'orgueil,
couverts du double manteau de leurs vices et de
leur impiété *. — Un prince doit se pénétrer de
cette grande vérité, qui étoit toujours présente à
feu M. le Dauphin : que personne n'a plus besoin
de temps et ne doit en être plus avare que celui
qui en doit tous les instans à tous. —Ce seroit, en
effet, une véritable monstruosité dans l'ordre moral, que le spectacle d'un prince qui, destiné par
son rang à encourager et diriger tous les genres de
travaux qui doivent concourir au soutien du corps
social, ne montreroit lui-même que du dégoût
pour le travail. — Tout homme, né pour le travail,
est comptable à Dieu du temps que Dieu lui prête
pour le faire valoir; mais chaque instant que perd

* In labore hominum non sunt; ideo tenuit eos superbia :
perti sunt iniquitate et impietate suâ. Ps. 72.

un prince est de plus un larcin fait au bien public,
qui réclame tous ses momens. — La plus sévère
économie de son temps n'en donnera jamais trop
à un prince pour suffire à la multitude des devoirs qu'il ne peut négliger sans préjudice de sa
gloire. — Si un prince ne s'est pas sérieusement
appliqué au travail pendant sa jeunesse, il a perdu
pour jamais le moyen d'en contracter l'heureuse
habitude qui le convertit en plaisir, le premier dé-
dommagement des peines qu'il peut coûter. — Le
temps de la jeunesse passé, personne ne prescrit
plus le travail à un prince : tout l'invite au contraire au repos et aux plaisirs grossiers. Il pourra
s'y livrer impunément et trouver encore de lâches
approbateurs; mais il se flatteroit en vain d'échapper à la censure des contemporains et au mépris
de l'histoire. — Au sortir de son éducation, le prince
devient, comme tout homme public, le centre
d'une infinité de relations plus ou moins indispen-
sables. C'est alors que, sans négliger les bienséances, il devra craindre de s'en laisser accabler
au préjudice de l'essentiel. Mais, s'il est ami du
travail, il saura se procurer le loisir d'y vaquer.
Il se donnera du temps par sa prévoyance, et il le
doublera, il le triplera même par le bon ordre mis
dans l'emploi; par le retranchement des occupations inutiles et le sacrifice des plaisirs laborieux. »

III. DE L'ART DE RAISONNER JUSTE.

«Il est d'obligation d'autant plus étroite pour les princes de se former à la justesse du raisonnement, que leurs jugemens décident également du sort des états et de la fortune des particuliers. Ils sont d'ailleurs habituellement environnés d'hommes intéressés à les tromper, gens très-habiles d'ordinaire à colorer leurs sophismes. Il est impossible qu'un prince ne soit habituellement leur dupe, s'il ignore la méthode de juger un raisonnement, et de réduire un pompeux verbiage à la stricte épreuve de la logique. On se forme à raisonner juste, comme à calculer juste, par la règle et l'exercice; mais ce n'est que dans les jours de sa jeunesse qu'un prince peut acquérir ce talent. Il ne seroit plus temps pour lui d'y songer, s'il s'étoit une fois laissé pervertir l'entendement par les fausses maximes qui règnent dans les cours, les cours le pays ordinaire des illusions, où les préjugés sont érigés en principes.—Sur quelque matière que ce soit, on ne peut se promettre de raisonner juste que par une connoissance exacte des vrais principes en rapport avec le sujet que l'on traite. Si on les ignore, ou si on n'en possède que des notions incertaines, il faut nécessairement qu'on s'égare; comme, au contraire, les principes une fois bien établis, un discernement ordinaire suffit pour la juste application des conséquences qui en découlent. —Quoi-

que les règles de l'art soient la vraie pierre de
touche du raisonnement, et un préservatif contre
les mauvais raisonneurs, elles ne sont pas toujours, auprès d'eux, un moyen de conviction.
Les faux raisonnemens, en morale, ne sont d'ordinaire que les mensonges du cœur; et les règles
de l'art, qui servent à découvrir le jeu des passions, n'en sont pas le remède dans le cœur qui
les nourrit. Rectifier les passions est le triomphe
de la religion ; celui du prince, est de n'en être pas
dupe. »

IV. DE L'HUMANITÉ QUI CONVIENT AUX PRINCES.

« De tous les attributs, qui se réunissent et se
concilient au suprême degré de perfection dans le
père commun des hommes, il n'en est aucun dont
l'homme soit plus touché que de son infinie bonté.
Aussi ne dit-il pas, lorsqu'il a recours à Dieu,
qu'il prie le Dieu puissant et saint, le Dieu juste
et éternel : il prie *le bon Dieu*. Le titre aussi
le plus flatteur auquel puisse aspirer un prince
destiné au trône, c'est qu'un jour la famille entière de son peuple, en parlant de lui, l'appelle
notre bon Roi. — Le prince, établi par un ordre
de providence au-dessus des peuples, s'oublieroit
lui-même s'il oublioit que le chef est de la même
nature que les membres auxquels il commande.
La religion, beaucoup mieux encore que la raison,
lui montre, dans les derniers de ses sujets, des

frères et les enfans du même père, des sujets du
même maître, appelés à partager le commun héritage d'un empire d'où seront bannis tous les titres
et les distinctions du temps; et où ceux qui auront
été les meilleurs ici-bas, seront à jamais les plus
grands. — La philosophie peut bien prôner l'humanité; mais il n'y a que la religion qui puisse en
imposer le précepte à ses disciples, et le rendre
urgent par les motifs. C'est elle seule qui montre
au prince, dans les sujets de sa puissance mo-
mentanée, ses frères par nature et ses égaux devant Dieu. — L'humanité, dans un prince chrétien, se confondra donc avec la vertu chrétienne
appelée charité; elle en aura la fécondité, le zèle
actif, et tous les divins caractères que lui attribue
saint Paul, et qu'un prince ne sauroit trop approfondir. — L'humanité tempère dans le juge l'austé-
rité de la justice; elle aimeroit mieux, dans l'application des peines, pécher par douceur que par
sévérité. — Dans tout ce qui blesseroit l'ordre social
ou les intérêts d'un tiers, l'humanité du prince
ne peut descendre au-dessous de la justice; mais,
hors de là, et surtout si l'offense s'adressoit à sa
personne, son humanité doit prendre le caractère
de l'indulgence. Le pardon des injures est de précepte divin pour le prince comme pour les autres
hommes. — Ici, comme partout ailleurs, le vœu
de la religion se concilie avec l'intérêt du prince.
Les sages tempéramens de l'humanité gagnent tous

les cœurs; et rien n'aigrit plus les esprits que les
caprices de la vengeance et l'orgueil du commandement. Ce fut ce qui perdit le successeur de Salomon.—Le prince doit d'autant plus s'affectionner
aux lois de l'humanité, qu'il est plus souvent exposé à la tentation de les transgresser. On frémit
encore au souvenir du massacre de Thessalonique,
pour l'insulte faite à une statue. Le héros disparoît
dans Théodose, ses lauriers sont flétris, ses titres
à la vénération publique oubliés; et ce seul trait
d'inhumanité, s'il ne se fût rencontré un Ambroise
pour le lui faire expier par un repentir solennel,
eût suffi pour entacher la mémoire de ce grand
empereur de tout l'opprobre des tyrans. L'humanité
doit accompagner le prince dans son domestique
comme dans ses relations publiques. On peut même
dire des princes que, dans leur domestique, ils
sont encore sous les yeux du public, auquel rien
n'échappe de ce qui est de nature à compromettre
leur réputation. La sentence d'un païen : *Nihil
turpius præceptore furioso*, est parfaitement ap-
plicable au prince, qui doit être le maître des
mœurs dans son palais et le modèle de toutes les
bienséances. On raconte de Louis-le-Grand que,
se sentant ému d'une juste colère contre un de ses
serviteurs, il jeta par une fenêtre une canne qu'il
tenoit à la main, de peur de se compromettre par
une violence indigne d'un roi. — Rien n'est autant
recommandé aux princes dans les Livres saints que

la douceur et l'humanité. Le Saint-Esprit, faisant
l'éloge du législateur du peuple hébreu, l'appelle
le plus doux des hommes *; et quand David veut
attirer sur lui les regards de la divine clémence, il
la conjure de se souvenir de toute l'étendue de sa
douceur **. Ce grand roi la manifesta en donnant
la vie à Saül qui avoit plusieurs fois attenté à la
sienne ; en commandant à ses généraux d'épargner
le sang du rebelle Absalon ; en s'opposant à ce que
la fils de Sarvia le vengeât des outrages de Sé-
méi. »

V. LES ROIS SONT LES IMAGES DE DIEU SUR LA TERRE.

« Ce n'est point la flatterie, comme le prétend la
séditieuse impiété, c'est la religion que nous pro-
fessons, c'est Jésus-Christ lui-même son divin auteur, qui nous ordonne de voir et de révérer, dans
les ministres de l'autorité souveraine, les images de
Dieu sur la terre et ses lieutenans. Ce dogme, non
moins positif et moins sacré que tous ceux que
professe la religion catholique, est la réponse aussi
triomphante aujourd'hui qu'elle l'étoit sous les
empereurs païens, aux imputations calomnieuses

* Erat Moyses vir mitissimus. Num. xii, 3.
** Memento Domine David, et omnis mansuetudinis ejus.
Ps. 131, 1. Le malheur du jeune prince, qu'un homme de bien
instruit ici, sera que son cœur naturellement humain se soit laissé
trop vivement pénétrer de cette instruction, et pas assez du cor-
rectif, qui se trouve dans la suivante.

intentées par ses ennemis à cette religion, règle infaillible de la subordination sociale. — Ce n'est point le sang et la naissance, c'est le ministère auguste qu'exercent les rois, sous le bon plaisir de la Providence, qui les constitue les représentans du Créateur auprès de ses créatures, et ses images respectables. — L'homme qui est étranger à notre sainte religion, comme le sectaire qui l'abandonne, lui imputent également de favoriser l'idolâtrie des sujets envers les rois : reproche qui ne seroit pas sans fondement, si le profond respect du catholique pour ses rois s'arrêtoit à leur personne. Mais ce sentiment religieux s'élève jusqu'à Dieu qui le commande et le règle. — Les qualités personnelles du ministre sont étrangères aux prérogatives de son ministère. Un bon roi est l'instrument de la bonté de Dieu, un mauvais celui de sa justice; mais l'un et l'autre sont des instrumens sacrés aux yeux du vrai chrétien. — Les titres magnifiques par lesquels la religion consacre la puissance et le ministère des rois, seront moins pour eux, s'ils sont sages, une tentation d'orgueil, qu'un motif de crainte et un aiguillon pour le devoir, puisque la même voix qui les déclare inviolables au tribunal des hommes, leur déclare qu'ils sont réservés à un jugement plus rigoureux. — Pour se rendre le digne ministre du Créateur sur ses créatures, le prince doit sans cesse interroger ses volontés saintes et s'y conformer. — S'il veut être la noble image de Dieu

sur la terre, et que son titre n'y soit jamais blasphémé par les hommes, il doit sans cesse étudier
les divines perfections, s'efforcer de les retracer
dans son administration, et les prendre pour règles
de son gouvernement. — Il est du devoir du prince
de se considérer comme la providence visible de la
société dont Dieu l'a constitué le chef, et d'en
remplir les sublimes fonctions : il n'est plus à lui,
il appartient tout entier à cette société à laquelle
Dieu l'a donné. — Il doit s'appliquer avec un zèle
égal, soit à écarter de ses états les dangers du
dehors, soit à en bannir les désordres intérieurs.
Sa sollicitude paternelle doit s'étendre à tous,
vicaire en tout de celle du Père céleste, aussi attentive à préparer sa pâture à l'insecte qui rampe sur
la terre qu'à l'homme qui en est le roi. — La
justice du prince, tempérée par la miséricorde,
ne doit pas confondre la foiblesse avec la malice,
punir le préjugé comme le crime, ni frapper l'erreur comme la perversité. — Le prince, néanmoins,
se tromperoit beaucoup, s'il prétendoit imiter dans
sa longanimité le Dieu bon et clément, qui éclaire
également de son soleil le juste qui l'invoque et le
méchant qui l'outrage. Ce grand Dieu, suivant la
riche pensée d'un ancien, fait éclater sa patience
dans le temps, parce qu'il a l'éternité pour sa justice : mais les rois, qu'il a constitués les ministres
particuliers de sa providence universelle, n'ayant
qu'un jour pour régner, n'ont pas le droit d'en

dérober un seul instant à l'exercice de leur justice. Leur indulgence envers les méchans seroit cruauté pour les bons; et les crimes impunis, qui compromettroient l'ordre ou la morale publique, leur seroient imputables. »

VI. DE LA DÉVOTION EXTÉRIEURE QUI CONVIENT AUX PRINCES.

« CE n'est que par le cœur, et par la piété intérieure, que l'on plaît véritablement à Dieu; et la dévotion, ou, ce qui est la même chose, le dévouement à Dieu et aux choses de Dieu, est le plus noble des sentimens qui puisse occuper le cœur de l'homme. — Ils sont donc étrangement bornés dans leurs conceptions, ces prétendus grands esprits qui voudroient attacher une idée de petitesse à la dévotion. Mais, qu'on y prenne garde : ces calomniateurs du dévouement à Dieu sont des cœurs déréglés, plus près qu'on ne pense de calomnier le dévouement au prince. — S'il faut avoir éteint toute lumière de la raison, pour n'être pas frappé d'abord du droit inaliénable du Créateur aux hommages de sa créature, ce seroit tenir au même aveuglement que de ne pas découvrir que le sentiment de la reconnoissance doit se graduer sur les bienfaits, et, par une conséquence simple, que le prince, parce qu'il a plus reçu de Dieu que le commun des hommes, doit aussi se porter avec plus d'ardeur à l'adoration en esprit et en vérité. Outre cette dévotion, intérieure, l'âme et l'essence de la religion, il est une dévotion extérieure, qui en est comme le corps, et doit en être la compagne inséparable. L'une sanctifie, l'autre édifie. Le devoir d'édifier, commun à tous les hommes, et plus particulièrement celui de la supériorité, est éminemment le devoir du prince. — L'assiduité à la prière publique, le recueillement dans les cérémonies religieuses, le zèle pour la majesté du culte, le bon choix des premiers ministres du sanctuaire, sont autant de signes extérieurs qui attestent aux peuples la sincérité de la religion du prince. — Il leur en parle utilement encore quand il s'applique à faire disparoître de l'empire les scandales qui affligent les vrais fidèles, les livres surtout qui propagent l'impiété, et les auteurs qui les composent. — Les princes n'inspirent jamais plus d'intérêt et de confiance aux peuples, que quand ils les voient s'associer par la religion à la Divinité, soit qu'ils lui fassent rendre de solennelles actions de grâces pour ses bienfaits, soit qu'ils fassent implorer publiquement ses miséricordes dans les jours de calamité, ou qu'ils secondent le zèle des hommes apostoliques, qui vont lui conquérir des adorateurs au delà des mers. — Rien n'est grand dans l'absence de la religion : son esprit est partout à la tête des vertus héroïques ; et l'histoire, si féconde en erreurs, n'a pas encore commis celle de décerner à un prince impie le surnom de *Grand*. — Les plus

renommés des rois d'Israël furent aussi les plus
distingués par l'éclat de leur piété. — Aux Constantin et aux Théodose, nous pouvons comparer,
parmi nous, les Charlemagne et les Louis IX; et
la postérité, en confirmant son titre de Grand au
dernier de nos rois, ne séparera pas de ses exploits
son zèle pur pour la religion. — L'écueil à craindre
pour le prince, dans l'exercice de la dévotion extérieure, ce seroit que le motif n'en fût pas assez
épuré, et qu'il ne cherchât, dans une piété d'ostentation, qu'un instrument à sa politique. Ce
seroit faire les frais du bien, et en prostituer les
fruits. »

VII. DU POUVOIR DU PRINCE DANS L'ÉGLISE.

Aucun dogme n'est plus ancien dans l'Église catholique, ni plus solidement établi que celui de son
indépendance des puissances de la terre dans le
gouvernement spirituel de ses enfans. Les dernières
hérésies, en attaquant ce dogme, ne l'ont point
détruit, et n'ont fait que compromettre le repos du
monde, en ébranlant les bases sacrées de sa croyance
en ce point. — Comme les pontifes de l'ancienne
loi tenoient de Dieu même la puissance sacerdotale,
ainsi l'Église a-t-elle reçu immédiatement de Jésus-Christ l'autorité qu'elle est en possession d'exercer
depuis les siècles apostoliques. — C'est entre tous
ses apôtres que Jésus-Christ partagea le ministère
de l'enseignement doctrinal, de la dispensation des

choses saintes et du gouvernement des âmes; mais c'est sur la personne unique de Pierre, le chef de ses apôtres, qu'il a réuni la plénitude de sa puissance dans son royaume spirituel, avec primauté de juridiction sur l'universalité tant des pasteurs que des troupeaux particuliers : disposition de divine sagesse, nécessaire au maintien de l'unité de la foi dans une société qui devoit embrasser l'univers entier. — Un roi chrétien, souverain sans dépendance dans le domaine de son empire temporel, n'aspire qu'au rang de premier sujet dans le royaume spirituel de Jésus-Christ. — Le pouvoir du roi de France, dans l'Église, est celui du *fils aîné* dans la maison de sa mère; c'est un pouvoir de bienveillance et de protection, et nullement de domination. — Sujets du prince, les pontifes lui doivent respect, obéissance et fidélité ; enfant et premier sujet de l'Église, le prince lui doit un dévouement filial à ses saintes ordonnances, et le respect aux lois constitutives de son gouvernement.

La dénomination d'*évêques du dehors*, donnée autrefois à certains princes, atteste non leur autorité dans l'Église, mais leur affection pour elle, leur zèle à l'appuyer de leur autorité, à procurer la promulgation ou le maintien de ses décrets solennels. Jamais ces évêques du dehors, qu'on a quelquefois vus assister en personnes à des conciles, n'ont eu la prétention ni d'y faire la loi, ni même de concourir à sa confection par voix délibérative.

Ils dénonçoient des abus, ils proposoient des réformes; mais l'Église décidoit. — Les novateurs et les philosophes des derniers temps ont contradictoirement imputé à Charlemagne, tantôt d'avoir gouverné l'épiscopat, et tantôt d'en avoir été gouverné. La vérité est que ce prince, grand dans la paix, grand dans la guerre, avoit le bon esprit d'investir d'une grande considération les saints évêques de son temps, et de s'associer leurs lumières et leur zèle pour le gouvernement des mœurs dans l'étendue de son vaste empire. — Ces novateurs, toujours brouillons, objectent, comme des droits de l'autorité temporelle, ceux qu'elle exerce quelquefois par concession de l'autorité spirituelle. Nos rois de France, par exemple, sont en possession de présenter les sujets pour l'épiscopat. Ils présentent; mais c'est le souverain pontife qui nomme et qui institue. — L'Église, qui a eu tant à se louer du zèle et de la constante affection de nos rois, doit d'autant moins présumer qu'ils abusent de cette faculté de présentation, que l'abus, s'ils se le permettoient, n'iroit pas moins à leur propre détriment qu'à celui de l'Église. C'est, en effet, en s'appliquant à composer le corps épiscopal d'hommes éminens en lumières et en vertus, que le prince aura sous sa main l'instrument le plus doux et le plus puissant pour la réforme et le maintien des mœurs publiques (12). »

Ces leçons, et d'autres encore sur des sujets également sérieux, pourroient paroître précoces, adressées à un enfant de douze ans. Mais, outre qu'il est des vérités dont on ne peut trop tôt jeter les semences dans un cœur encore neuf et libre des passions, et que les plus importantes de ces vérités sont celles que l'on redit le moins aux princes après leur éducation, il est d'expérience encore que l'habitude où ils sont de ne converser qu'avec des hommes instruits, hâte chez eux le développement des facultés intellectuelles.

Aucun ouvrage, soit imprimé, soit manuscrit, pas même ceux qui partoient de sources communes, n'étoit admis pour l'instruction des princes, qu'après avoir passé sous les yeux de la Dauphine, qui, lorsqu'elle avoit toute confiance dans la sagesse des leçons données à ses enfans, étoit bien aise encore d'en juger l'à-propos. C'est ce qu'attestent plusieurs lettres du gouverneur du Dauphin que nous avons sous les yeux : « J'ai reçu le beau traité sur *l'hu-* » *manité des princes*, que vous m'avez envoyé. J'en » ai fait part à madame la Dauphine, qui le lira avec » toute l'attention qu'il mérite. — J'ai reçu la fin du » travail que vous avez eu la bonté de faire, pour servir » à l'éducation de messeigneurs les enfans de France. » Je n'ai rien vu en ce genre d'aussi bon, d'aussi » beau, d'aussi bien dit. — Avant d'en faire usage pour » nos princes, je l'ai communiqué à madame la Dau- » phine. On ne peut rien ajouter aux sentimens qu'elle » a témoignés pour vous, ni au plaisir avec lequel

»elle l'a reçu. » Rien ne prouve mieux que le jeune
Dauphin recevoit dès lors avec fruit les instructions
les plus sérieuses, que son empressement à les solliciter lui-même, et les témoignages de reconnoissance et d'amitié qu'il faisoit parvenir à ce sujet
au savant auteur qui les composoit.*

La Dauphine fit concourir encore à l'instruction
du jeune prince, les lumières d'un autre savant du
premier ordre, le plus profond de nos publicistes
modernes, et celui qui porta la plus judicieuse critique sur les obscurités de notre histoire. Le Dauphin père avoit distingué la plume de cet écrivain,
à l'occasion d'un très-petit ouvrage, plaisanterie
pleine de finesse et de raison, dans laquelle l'auteur
arrachoit le masque à la secte philosophique, tout
entière dès lors à la sape des principes religieux et
monarchiques.**

Ce fut en 1764, époque où déjà un germe de mort
fermentoit dans le sein de l'héritier du trône, que
le fils de Louis XV conçut un plan sur l'histoire,
digne de son génie. Sentant tout ce qu'il lui en avoit
coûté de temps et de peines pour acquérir les profondes connoissances qu'il possédoit en histoire, il
se représenta un jeune prince, placé dans des circonstances qui ne lui permettroient pas, comme à
lui, d'approfondir ce genre d'étude ; et il conclut

---

* Lettre du duc de la Vauguyon, 20 janvier 1767.
** Mémoires pour servir à l'histoire des Cacouacs.

que ce seroit lui rendre un service signalé, que de
lui mettre sous la main un monument historique
qui, en lui assurant le fruit de ses recherches et de
ses réflexions, lui en épargneroit le travail.

Cet ouvrage, selon que le conçoit le Dauphin,
doit se développer comme une sage et savante leçon
de morale, de politique et d'histoire. Le principal
but qu'on doive s'y proposer, et ne jamais perdre
de vue, c'est de faire connoître à un prince destiné
à régner sur la France, l'origine, l'étendue et les
bornes de son autorité, sans lui laisser ignorer la
destination imprescriptible et les devoirs sacrés de
la puissance. Le prince entend que la plume con-
fidente de ses pensées s'attachera à rapprocher des
événemens les causes qui les ont déterminés ; il
veut surtout qu'elle fasse ressortir, par l'enchaîne-
ment des faits historiques, ces maximes d'éternelle
vérité : « Que l'autorité qui gouverne le monde est
» l'autorité du Dieu qui le créa ; que le pouvoir de
» gouvernement n'est prêté aux chefs des sociétés que
» pour le bonheur des hommes, et la gloire de celui
» par qui règnent les rois ; que la puissance n'a pas
» moins essentiellement sa règle et ses bornes que sa
» destination ; que les peuples ne furent jamais plus
» heureux et plus libres que sous la constitution mo-
» narchique, la plus foible pour nuire, et la plus
» puissante pour protéger ; que, hors de la justice et
» des mœurs, il n'est nul garant de la stabilité des
» empires ; que l'artifice en négociation, non plus que

» la violence en administration, n'ont jamais préparé
» la gloire d'aucun règne ; que les crimes de la poli-
» tique ne furent, en aucun temps, des crimes heu-
» reux pour les rois; que toute injustice enfin devient
» fléau contre celui qui la commet, et la ruine cer-
» taine du pouvoir qui la sert. »

Tel est l'aperçu de la grande leçon que le Dauphin veut laisser à ses enfans; c'est la leçon de l'expérience universelle. Elle doit commencer par l'histoire de l'établissement et des progrès successifs de
la monarchie française. A côté de son plan, le sage
qui l'a tracé offre encore sa méthode d'exécution.
L'écrivain qu'il en charge « s'attachera moins à
» suivre les différens règnes dans leurs détails, qu'à
» les saisir et les juger dans leur ensemble. Il se
» placera dans le conseil du prince et à côté de ses
» ministres ; il interrogera leur conduite publique,
» il en développera les motifs apparens ou les ressorts
» secrets ; il exposera les moyens qu'ils ont employés ;
» il indiquera les résultats qu'ils ont obtenus. Enfin,
» il rendra sensibles les causes auxquelles on devra
» rapporter tantôt la prospérité qui, à telle époque,
» aura élevé le prince et la nation, et tantôt les revers
» qui, dans un autre temps, les auront humiliés. »

Après que le jeune prince aura parcouru, suivant
cette méthode, le champ de l'histoire nationale, le
Dauphin veut qu'il soit initié à l'histoire des peuples
qui, à raison du voisinage, ont plus d'intérêts à
concilier avec la nation française. L'historien doit

s'attacher à lui faire saisir, sans prévention et dans le point de vérité, le génie de ses voisins, leur caractère, leurs prétentions ou leurs intérêts, ainsi que les mesures générales de prévoyance qu'il convient de garder envers chacun d'eux, pour éviter les mésintelligences, prévenir les entreprises ou les réprimer, suivant que la justice et le droit des gens pourroient l'exiger. De là enfin on appellera l'attention du prince destiné à régner, sur l'histoire des différens peuples de l'Europe, qu'on lui fera parcourir plus succinctement, mais toujours suivant les mêmes principes, et en se proposant le même but d'instruction dans l'art de gouverner pour le bonheur des hommes.

Personne, sans doute, n'eût été plus en état de remplir ce plan, que le génie qui l'avoit si bien conçu. Mais, livré alors à trop d'occupations importantes, le Dauphin appela l'historiographe de France Moreau, lui développa ses idées, et le chargea d'en être le rédacteur. L'homme de lettres, dans l'admiration de ce beau projet, engagea sa plume, mais sous la condition que le prince, d'après une esquisse qu'il lui en retraceroit, jugeroit s'il avoit bien saisi l'ensemble du tableau dont il le chargeoit, et que, de plus, il voudroit bien en surveiller l'exécution. Le Dauphin convint de tout : mais sa mort rompit tout ; et ce fut sous les auspices de la Dauphine que l'ouvrage se continua.

Rien de tout ce qui avoit été concerté entre l'épouse et l'époux ne fut négligé après la mort du Dauphin ; et, tant que la Dauphine vécut, le succès accompagna ses soins et combla ses vœux. En embrassant dans sa sollicitude toutes les parties de l'éducation qui étoit restée à sa charge, cette princesse, le modèle des mères chrétiennes, s'appliqua par-dessus tout à établir le règne de la religion dans le cœur de ses enfans, et toujours en s'environnant de moyens qui attestent son discernement. Un des prélats les plus respectables du royaume, et non moins distingué par l'éminence de sa piété que par les charmes de son esprit, l'évêque d'Amiens, étoit un des hommes dont elle aimoit à recevoir les conseils en cette partie ; et il paroît, par une de ses lettres, que M. de la Motte montroit autant de réserve à les donner, que la princesse mettoit d'empressement à les obtenir. Elle venoit de conduire au pied des autels le Dauphin, préparé par ses soins à sa première communion, lorsqu'elle écrivoit en ces termes au saint évêque : « Si vous saviez, monsieur, le » plaisir que me donnent vos lettres, vous ne seriez » pas si discret à attendre les occasions. Celle qui m'a » procuré votre dernière, a été bien consolante pour » moi. Les dispositions avec lesquelles mon fils a » tâché de s'approcher de la sainte communion, » m'ont fait verser des larmes bien douces. Je tâcherai » de profiter de vos avis pour lui. Dieu m'a mise dans » le cas de la reine Blanche, et j'ai le plus vif désir » de l'imiter. Je sens combien je suis au-dessous

»d'elle ; mais j'espère que, malgré mon indignité,
»le bon Dieu me donnera les forces et les talens né-
»cessaires pour faire de mès enfans des sujets dignes
»de lui. L'aîné paroît pénétré de ce qui regarde la
»religion, et a horreur du vice. »

L'on peut en croire à cet aveu d'une mère que
n'aveugla jamais sa tendresse, et qui s'explique ici
dans l'intimité de la confiance. Le même témoignage, en faveur du jeune prince, étoit confirmé
par le duc de la Vauguyon, qui, vers la même époque,
écrivoit au Père Berthier : « Il n'y a sorte de bien
»qu'on ne puisse dire de M. le Dauphin.* »

Le seul lien qui attachât encore la Dauphine à la
vie, depuis la mort de son époux, n'étoit que le
désir de mettre la dernière main à l'éducation de
ses enfans. Bientôt le dépérissement de sa santé
l'avertit qu'elle sera privée de cette jouissance ; et,
comme le Dauphin, sa vertueuse épouse montre
encore en ce point tout le courage de la résignation.
Mais, comme ce prince aussi, la mort seule pourra
l'arracher à l'œuvre de sa prédilection ; et le dernier
jour de sa vie sera témoin de ses dernières instructions à ses enfans. N'ayant plus qu'un souffle de
vie, elle demande qu'on lui amène le Dauphin et
ses frères : ils paroissent autour de son lit. La malade
se croit encore la force de leur adresser la parole ;
mais son courage la trompe, elle ne peut leur parler

* Lettre du 20 janvier 1767.

que le langage muet de la religion et de la nature.
Elle étend sur eux une main défaillante pour les
bénir, et ses larmes leur redisent toute sa tendresse.
Alors l'abbé Soldini, sur l'invitation que lui en fait
la princesse mourante, dit aux princes : « Messei-
» gneurs, madame la Dauphine m'ordonne de vous
» dire qu'en même temps qu'elle vous donne sa bé-
» nédiction, elle prie Dieu qu'il vous comble de
» toutes les siennes. Elle vous recommande de mar-
» cher devant le Seigneur dans la droiture de votre
» cœur, d'honorer le roi et la reine, de les consoler
» en retraçant les vertus de votre auguste père ; de
» ne vous écarter jamais des sages instructions que
» vous donnent les personnes qui sont chargées de
» votre éducation, et de vous souvenir de prier Dieu
» pour elle. »

La mort de la Dauphine mit le comble à la perte
déja irréparable que les princes avoient faite à la
mort de leur père. Ce fut, sans contredit, le plus
grand des malheurs pour le prince destiné au trône,
de n'avoir pas été assez de temps à l'école de son
père pour recevoir ses confidences sur les perfidies
de la cour et les manœuvres philosophiques qui dépravoient les cœurs, corrompoient l'éducation publique, et minoient la monarchie. Quoique LouisXV
mît peu d'ordre dans sa conduite particulière, il
l'aimoit dans les autres ; et, après la mort de la
Dauphine, il voulut que le plan d'éducation tracé
par le Dauphin, son fils, fût respecté dans tous ses

points. Par ses ordres, l'instruction de l'héritier du trône se continua sous les mêmes maîtres, suivant la même méthode, et avec un succès supérieur à ce que les circonstances sembloient promettre.

Cependant, il pourra paroître étonnant qu'on ait osé présenter au public, comme une éducation négligée, celle dont nous venons de tracer l'histoire, et plus étonnant encore qu'on ait apporté à l'appui d'une telle imputation, l'imputation plus grossière encore d'une prédilection des parens du jeune Dauphin pour les princes ses frères. S'il pouvoit être permis à l'historien de se taire sur la calomnie connue, nous laisserions subsister celle-ci à la gloire de Louis XVI, et nous dirions qu'une éducation négligée n'empêcha pas que ce prince ne parût à tous ceux qui l'approchèrent sans prévention, un des esprits les plus judicieux et les plus cultivés de son royaume, et le plus instruit peut-être de tous les rois ses contemporains.

Mais les philosophes du dix-huitième siècle, qui se proclamoient les précepteurs du genre humain, se trouvoient humiliés de n'avoir pas donné un précepteur au Dauphin. Ils affectèrent de publier que son éducation avoit été négligée, manquée, dirigée par des hommes ineptes; par la raison que, malgré toutes leurs intrigues, ils s'étoient vus sévèrement exclus de toute influence dans cette éducation; et parce que le mérite vertueux des la Vauguyon et des Coëtlosquet, des Berthier et des Moreau, des Nollet

et des Radonvilliers n'avoit rien de commun avec
le mérite philosophique des d'Alembert et des Helvétius (13), des Condorcet et des Raynal, des frères
Mably et autres sophistes révolutionnaires, oracles
néanmoins révérés dans d'autres cours, et que la
secte prônoit comme les maîtres les plus dignes
d'endoctriner l'héritier du trône, pour le bonheur
des Français (14).

LIVRE II.

Depuis la mort du Dauphin son fils unique, Louis XV attendoit avec impatience le moment où il pourroit marier le Dauphin son petit-fils. Le duc de Choiseul, tout-puissant alors sur l'esprit de son foible maître, avoit imaginé, comme moyen de se perpétuer en crédit, de donner au jeune prince une épouse de son choix. Ce ministre, qui se flattoit de tenir par alliance à la maison d'Autriche, lui fut constamment dévoué, et ne la servit pas mieux néanmoins par sa politique que par sa morale. Il avoit préparé, pendant son ambassade à la cour de Vienne, le traité de 1756, occasion de la guerre appelée de *sept ans*, guerre également désastreuse et pour l'Autriche, à laquelle elle coûta la Silésie, et pour la France qui ne s'en tira que par des défaites, suivies d'une paix honteuse. Soit que Choiseul voulût laisser à l'Autriche un moyen de compenser les pertes qu'elle avoit faites dans la dernière guerre, soit qu'il eût ignoré le projet des trois puissances usurpatrices de la Pologne, il garda le silence dans le cabinet de Versailles sur cette disposition d'iniquité, qu'on peut regarder comme le premier acte politique de la tragédie révolutionnaire du dix-huitième siècle. Enfin ce ministre, dont il semble que toutes les

opérations, quand elles n'étoient pas des calamités,
devoient encore en préparer, fit décider le mariage
du Dauphin avec une des princesses filles de l'impératrice Marie-Thérèse.

Le prince nubile annonçoit des inclinations trop
vertueuses, et une aversion trop décidée du libertinage, pour qu'un ministre pût se flatter de le gouverner jamais par des maîtresses : le duc de Choiseul engagea Louis XV à demander pour le Dauphin
l'archiduchesse Marie-Antoinette, celle des princesses d'Autriche qu'il crut la plus capable, par les
grâces extérieures et les qualités de l'esprit, d'exercer
à la cour et sur son époux l'empire de l'amabilité.
Ce fut le baron de Breteuil, ambassadeur à la cour
de Vienne, qui fut chargé de terminer la négociation de cette alliance.

Loin d'adopter, nous repousserons hautement le
bruit qui circula long-temps, qu'une condition
tacite du mariage du Dauphin, proposée par le duc
de Choiseul et agréée par l'impératrice Marie-The-
rèse, avoit été la promesse de sa part d'un concours
au moins passif pour l'entière abolition de l'ordre
des jésuites, déjà effectuée dans les états de la
maison de Bourbon. Ce n'est pas sur des bruits
vagues et des conjectures destituées de preuves,
qu'il peut être permis à l'historien de fonder, à la
charge de cette grande princesse, l'inculpation d'a-
voir transigé avec les premiers principes de l'é-
quité, et pu sacrifier à l'ambition d'une alliance,

la cause de l'innocence, celle de la religion et de la morale publique. Mais, ce que les circonstances autorisent à présumer, c'est que dès lors le ministre de confiance de cette princesse, le prince de Kaunitz, qui a si bien démasqué son philosophisme sous Joseph II, et son ministre encore à la cour de France, le comte Mercy-d'Argentau, que nous vîmes depuis se vautrer dans la fange du jacobinisme, et s'associer à ses premiers brigandages, étoient l'un et l'autre, à cette époque, les complices secrets dans le cabinet de Vienne, des Choiseul et des d'Aranda, des Pombal et des autres sophistes qui conjuroient hautement, dans le conseil des rois, l'entière extermination d'une société trop utile aux rois et trop redoutable à la secte philosophique. Le seul fait que nous rapporterons, parce qu'il est le seul dont nous puissions garantir la certitude, c'est que, à dater précisément de l'époque du mariage de l'archiduchesse Marie-Antoinette avec le Dauphin, quelque agent secret et puissant dans le conseil de l'impératrice, paralysa tout à coup la constante bienveillance de cette princesse et son zèle jusqu'alors affectueux pour les jésuites; et ce fut en vain que ces religieux, en expirant, allèrent réclamer au pied de son trône l'intervention d'une autorité dont elle leur avoit solennellement promis la protection et l'efficace (1).

Mais, en faudroit-il davantage que cette criminelle activité d'une part, et cette molle neutralité

de l'autre, dans la cause de l'innocence opprimée,
pour justifier la Providence sur les mystérieuses
rigueurs qui sembleront menacer d'abord cette alliance, qui la poursuivront ensuite, qui en opére-
ront la dissolution violente, avec le déchirement de
la monarchie, la chute du trône français, et la
confusion de l'Europe? Tant il est vrai que les injustices des gouvernemens, quels qu'en soient les
agens immédiats, accusent toujours les chefs; et
que tous les crimes de ses conseils sont les crimes
de la puissance. Que la politique triomphe donc,
et qu'elle s'applaudisse; parce que le châtiment
mérité aura été un instant suspendu, il n'en est
pas moins indéclinable; et les enfans seront les victimes où les parens furent les coupables.

Nous avons remarqué que des présages malheureux avoient ombragé le berceau du duc de Berry;
des présages plus sinistres encore se déclareront au
mariage du Dauphin, qui rappelleront les premiers
et sembleront les confirmer. En effet, tout s'apprête,
et tout conspirera bientôt à changer les signes en
réalité : les extrêmes, s'il le faut, se rapprocheront,
et les obstacles deviendront moyens, jusqu'à ce
qu'une force invincible nous ait entraînés dans le
gouffre des malheurs présagés.

Dès que l'époque du mariage eut été fixée, l'impératrice reine pria Louis XV de lui envoyer un
ecclésiastique recommandable, qui pût perfectionner dans la langue et les usages qu'elle devoit

adopter, la princesse qui, déjà française de cœur, vouloit l'être et le paroître en tout à son arrivée en France. Il n'est personne qui ne sente de quelle conséquence pouvoit être l'erreur dans le choix; pour une mission dont il étoit aisé de conjecturer que la bienveillance de la Dauphine deviendroit le prix. Le duc de Choiseul, qui devoit s'attendre à être consulté, ne le fut pas; et le roi, de son propre mouvement, chargea l'évêque de Limoges de désigner l'ecclésiastique qui iroit commencer à Vienne l'office de lecteur auprès de la jeune princesse. Le prélat jette les yeux sur un sujet en qui la modestie est égale à l'instruction, et d'ailleurs si peu jaloux de cette grande faveur qu'il ne consent à l'accepter que sous la réserve qu'elle ne l'obligera pas à résider à la cour. Mais, tandis que le mérite vertueux hésite ainsi, et redoute de se produire sur le théâtre des brillantes perspectives, le philosophisme aux aguets assiége Louis XV, presse, pousse, décide le prince à ne pas différer de satisfaire le juste empressement de Marie-Thérèse; et nous vîmes le choix de la vertu écarté par celui de l'intrigue, le protégé de l'évêque de Limoges supplanté par celui de l'archevêque de Toulouse (2). Ainsi, le premier présent de la France à l'infortunée princesse sera un présent empoisonné. Car, de protégé de Brienne devenu son protecteur, le lecteur de Marie-Antoinette appellera un jour au ministère le prélat philosophe, qui appellera les Etats généraux, qui

appelleront eux-mêmes les fléaux et la mort sur
Marie-Antoinette et son époux, et sur les enfans
encore qui vont naître de leur union.

Mais descendons, et ne franchissons pas les degrés qui nous conduisent à nos derniers malheurs.
Ce fut le 16 avril 1770 que, tout étant convenu
entre les deux cours, le comte de Durfort, nommé
ministre plénipotentiaire de Louis XV auprès de
Marie-Thérèse, fit solennellement la demande de
l'archiduchesse; et, le 20 du même mois, l'archi-
duc Ferdinand, ayant procuration du Dauphin,
épousa la princesse en son nom.

Tout jusqu'alors avoit paru riant, tout avoit promis le parfait bonheur à celle qui épousoit, avec
un prince recommandable par ses vertus personnelles, le prochain espoir d'une brillante couronne.
Cependant, au moment du départ, la jeune princesse sent son âme agitée d'idées tristes et déso-
lantes : elle pleure, elle fond en larmes; et, sans
savoir pourquoi, ne voudroit plus partir. « Quoi!
« pour la France?» s'écrie-t-elle. On se rit de ses
tardives réflexions : elle les réitère, et part en pleu-
rant. Arrivée à la ville de Lintz, elle laisse éclater
sa douleur et fait une scène à la poste, conjurant
les personnes qui la conduisent de reprendre le
chemin de Vienne. Le même sentiment la tourmente et la suit jusqu'à Ausbourg. Là se trouve un
résident de la cour impériale : elle emploie auprès
de ce ministre les prières et les larmes, pour lui

persuader de la faire reconduire; et le refrain à toutes ses instances est : « Partout où l'on voudra, » mais pas en France. » Ce ne fut qu'avec beaucoup de peine qu'on parvint, non pas à vaincre, mais à faire taire sa répugnance. En rapportant des faits publics et attestés par des personnes encore vivantes, nous laissons au lecteur liberté d'interprétation ; mais nous ne regarderions pas comme la moins raisonnable celle qui attribueroit cette aversion si décidée de la princesse pour une terre où l'appeloit un trône, mais aussi où l'attendoit un échafaud, à l'inspiration officieuse de ces moniteurs invisibles, chargés par le ciel de veiller sur les pas des hommes.*

Ce fut par Strasbourg que l'archiduchesse fit son entrée en France. Elle se dirigea de là sur Compiègne, où elle arriva le 15 mai. Le roi, le Dauphin et les princesses filles du roi s'étoient rendus dans cette ville, pour l'y recevoir. La première entrevue eut lieu dans la forêt, et offrit une scène également touchante et rassurante pour la princesse étrangère.

Le lendemain, la cour alla dîner au couvent des Carmélites de Saint-Denis, où madame Louise faisoit alors son noviciat. Louis XV présenta l'archiduchesse à sa fille ; et la jeune princesse remit à la carmelite une lettre de l'impératrice sa mère. Marie-

---

* Angelis suis mandavit de te, ut custodiant te in omnibus viis tuis. Ps. xc, 11.

Thérèse, qui partageoit l'admiration de l'Europe pour les vertus héroïques de la princesse Louise, lui recommandoit instamment sa fille ; elle la supplioit de ne pas refuser à sa jeunesse les conseils de la religion, et ceux de son expérience sur le pays qu'elle avoit quitté.

De Saint-Denis, l'archiduchesse se rendit, avec sa suite, au château de la Muette, et le roi retourna à Versailles, accompagné du Dauphin. Le lendemain matin, la future Dauphine. arriva à Versailles, et les jeunes époux furent conduits à l'autel où, en présence du curé de la paroisse, le grand aumônier de France, cardinal de la Roche-Aymon, leur donna la bénédiction nuptiale.

Les fêtes de la cour, à l'occasion du mariage de l'héritier du trône, furent brillantes ; et celles de la capitale les surpassèrent encore. De pompeuses annonces avoient circulé dans toutes les provinces, la saison étoit favorable et la soif des plaisirs étoit extrême à cette époque dans toutes les classes fortunées. On vit se rendre à Paris, de tous les points de la France, une affluence de curieux telle qu'il ne s'y en étoit vue de mémoire d'homme.

Le dimanche 30 mai 1770, après des distributions de vin et de comestibles, faites au petit peuple dans les différens quartiers de la ville, à neuf heures du soir, par le temps le plus serein, tandis que de magnifiques illuminations font spectacles devant les palais et les édifices publics, le signal donné

par une salve d'artillerie avertit qu'on touche au
plus beau moment de la fête. On tire un feu d'artifice sur la place de Louis XV; il réussit à souhait;
l'effet tout entier en est répété sur le miroir de la
Seine, et tout a concouru à frapper la vue d'un
spectacle enchanteur. Mais là finit le charme des
yeux, et voici qu'une scène inverse leur demande des
larmes, et devient le présage de plus amères encore.

Dans le moment où la foule immense qui remplissoit la place, s'ébranloit tout entière, après le
jeu du feu d'artifice, pour se porter sur le boule-
vard, par la rue appelée Royale, une autre foule,
accourant des faubourgs, se précipitoit du boule-
vard dans la même rue, pour contempler à son
tour les décorations de la fête. On se rencontre, on
se heurte, on s'obstine de part et d'autre à vaincre
la résistance. Une légère inégalité de terrain fait
trébucher et tomber quelques personnes, qui, ne
pouvant se relever, occasionent la chute d'un nombre d'autres, qui s'amoncellent à la suite (5). On
entend alors les cris lamentables de ceux qu'on
foule aux pieds. La frayeur glace les cœurs, on ne
raisonne plus, on se croit aux prises avec un ennemi inconnu. Des écervelés augmentent la confusion, en essayant de se faire jour l'épée à la main.

Cependant le peuple des filous, qui ne se trouve
jamais plus à l'aise que dans la presse, saisit le
moment pour enlever les montres et les bourses,
et arracher les pendans d'oreilles; ce qui met le

comble au tumulte et à l'effroi. En un instant,
l'engorgement étant devenu général, on n'entend
plus que les hurlemens confus d'une multitude dé-
sespérée dans son obstination à s'étouffer elle-même.
Chacun croit toucher à sa dernière heure, et chacun
conspire à rendre plus éminent un danger qui ces-
seroit d'être si l'on cessoit de faire effort pour s'y
soustraire. Durant cette tourmente, nombre de gens
perdent terre, et sont long-temps le jouet des flots
qui se heurtent et se balancent. Plusieurs par-
viennent, en marchant sur les têtes, à se jeter der-
rière une palissade qui borde la rue du côté des
Champs-Elysées. Ceux qui se trouvent à portée du
rassemblement des voitures, courent s'y réfugier,
entrent dedans, se guindent dessus, se glissent des-
sous, montent sur les chevaux. Plusieurs carrosses
sont fracassés, des chevaux furent étouffés, ceux
entre autres du comte d'Argental, ministre de Parme,
et du maréchal de Biron. Ce dernier ne dut la vie
qu'à la présence d'esprit d'un de ses grenadiers des
gardes françaises.

Du côté opposé à celui où étoit le plus grand désordre, une foule éperdue et emportée par la peur,
couroit se jeter dans la Seine. Il y eut peu de noyés,
parce que la rivière étoit couverte de batelets ; mais
on estima à plus de cinq cents, quelques-uns ont
porté jusqu'à douze cents, le nombre des personnes
de tout âge et de tout sexe qui furent étouffées. Il
y eut une infinité de blessés. Plusieurs filous, dont

quelques-uns de familles très-honnêtes, furent reconnus parmi les morts, accusés par la quantité d'effets précieux dont ils se trouvoient porteurs.

Ce tragique événement, l'effroi de la ville, jeta également la consternation à la cour. Long-temps après l'horrible scène, elle paroissoit encore une énigme à ceux mêmes qui s'y étoient trouvés acteurs. Le public parut en soupçonner quelque moteur caché ; et le parlement de Paris reçut ordre du roi d'informer du fait et de ses circonstances. Le seul éclaircissement qui résulta de l'information, fut que, sur la réclamation de prétendus droits, la manutention de la police passa, ce jour-là, des mains du magistrat ordinaire dans celles du maire, ou prevôt des marchands; et le Parisien se consola du malheur, en chantant l'imbécillité de son prevôt *Jérôme Bignon.*

Depuis qu'on a saisi le dernier secret des arrière-loges maçonniques, on a supposé, et non sans vraisemblance, que le but de ceux qui avoient désorganisé la police de la capitale en pareille circonstance, avoit été d'occasioner quelque grand désordre, de nature à monter les esprits au ton de la défiance, au préjudice d'un prince sous le règne duquel la franc-maçonnerie se flattoit d'effectuer ce qu'elle appeloit *la ruine des Assyriens* (4).

Quoi qu'il en soit, personne ne prit autant de part à ce funeste événement, et n'en parut aussi douloureusement affecté que le Dauphin. « Oh ! quel

»malheur, s'écria-t-il en soupirant, et pourquoi »faut-il qu'il ait eu lieu à mon occasion ? » La Dauphine, à cette nouvelle, accourt auprès de son époux, partage sa désolation, et confond ses larmes avec les siennes.

Le lendemain matin, on apporta au prince une somme de six mille livres en or. C'étoit un mois de la pension que lui accordoit le roi pour ses dépenses de goût. Son valet de chambre alloit la serrer dans sa cassette ; il lui ordonne de la laisser sur la table et d'appeler un page qu'il lui nomme : « Vous irez »à Paris, dit-il à celui-ci ; vous remettrez cette »lettre à M. de Sartine, avec le paquet que voici : »je vous enjoins le silence absolu sur ma commis- »sion. Comme il y a du monde dans les apparte- »mens, et qu'on pourroit vous questionner, sautez »par cette fenêtre ; partez de suite, et faites dili- »gence. »

Peu d'heures après, le page étoit de retour, avec la réponse du lieutenant de police. Le Dauphin la lit, la déchire par petits morceaux, et passe dans son cabinet pour donner un libre essor à la douleur qui le pénètre. Personne n'eût soupçonné sa belle action ; mais, ayant oublié de recommander au lieutenant de police le secret qu'il avoit enjoint à son page ; ce magistrat laissa prendre copie à ses amis du billet que lui avoit écrit le prince, et il devint public. Il étoit conçu en ces termes : « J'ai »appris le malheur arrivé à Paris, à mon occasion ;

» j'en suis inconsolable. On m'apporte en ce moment
» ce que le roi m'accorde tous les mois pour mes
» menus plaisirs : c'est tout ce dont je puis disposer,
» je vous l'envoie : secourez les plus malheureux.
» Vous connoissez, monsieur, mon estime pour vous. »

LOUIS-AUGUSTE.

Les sentimens qu'exprime ici le Dauphin n'a-
voient rien d'affecté. Une douleur vive et profonde
remplaça les amusemens qui devoient se prolonger
à la suite de ses noces. Il oublioit tous les plaisirs,
et le sujet de son affliction étoit devenu celui de
tous ses entretiens. C'est à ce sujet qu'un poëte
écrivoit :

« — O trait, de tous les cœurs applaudi !
» Si ce nouvel Auguste est tel dès son aurore,
» Que sera-t-il dans son midi ! »

Il étoit aisé de l'augurer ce que seroit alors ce
cœur sensible : mais, ce que seroit pour lui, à la
même époque de sa vie, un peuple qui auroit été
le constant objet de ses affections, c'étoit un mystère au-dessus de tous les calculs de la prévoyance
humaine ; et il eût été relégué parmi les insensés,
le prophète inspiré dans la circonstance pour dire
à cette foule de Français rassemblés dans la capitale : « Vous êtes accourus au spectacle du plaisir,
» et vous avez vu la mort : et moi, dans ce moment,
» je vois pire encore que la mort ; je vois tomber de

»son trône le prince que vous fêtez en ce jour : je
»vois, sur la place même que couvrent ces guir-
»landes et ces emblèmes de votre amour, je vois
»s'élever un échafaud, j'en vois tomber la tête san-
»glante de ce Dauphin devenu votre roi. »

Les imaginations étoient encore en proie aux
terreurs de la veille, lorsque la nuit suivante, un
ouragan effroyable vient fondre sur la ville de Paris.
La Seine offre l'image d'une mer en furie : les ba-
teaux se brisent contre les quais où ils sont amar-
rés. Les plus grands arbres sont déracinés dans les
jardins publics ; de toutes parts les tuiles volent, les
cheminées sont renversées, les rues sont jonchées
de décombres. On avoit laissé subsister les décorations de la fête, dont la plus apparente figuroit un
temple de dimensions majestueuses (5); c'étoit le
temple du dieu Hymen ; car l'esprit philosophique
ne cessoit de repousser la France chrétienne vers
les habitudes du paganisme ; et l'on sentoit peu
l'inconvenance de faire présider aux fêtes nuptiales
de l'héritier des Charlemagne et des Louis IX, le
fils débauché du dieu de la débauche et de la déesse
adultère. L'ouragan, qui n'avoit fait qu'ébranler
les autres édifices de la ville, avoit écrasé ce temple
d'Hymen ; et nous vîmes l'autel et l'idole renversés
par terre et couverts de boue. A la vue de ces débris irréligieux, qui couvroient le même sol d'où
la veille on avoit recueilli tant de malheureuses
victimes, nous ne pûmes nous défendre d'un sen-

timent pénible, en songeant à l'alliance que sembloient menacer tant de signes réprobateurs.

Dans les mêmes circonstances, une particularité assez remarquable vint fatiguer de nouveau les imaginations blessées, et fortifier encore tous ces sinistres présages. Une des personnes attachées au service de la Dauphine, s'étant procuré copie d'une lettre que l'impératrice Marie-Thérèse écrivoit au Dauphin sur son mariage avec sa fille, la pièce se répandit et fut imprimée dans les journaux. Cette publicité déplut à la cour, et les journalistes eurent ordre de désavouer la lettre. Ils le firent, alléguant, pour en infirmer l'authenticité, les motifs que, précisément, on voudroit apporter aujourd'hui pour la persuader : « Qu'il étoit contre »toutes les vraisemblances qu'à l'occasion d'un »mariage, et dans l'épanchement de son cœur avec »le prince qui devenoit son gendre, l'impératrice »eût voulu faire intervenir les idées lugubres de »*sceptre brisé* et de *trône renversé.* » Ces expressions, en effet, se remarquoient dans sa lettre au Dauphin (6).

Divers fléaux encore, et des calamités de tous les genres se succédèrent rapidement, qui firent, de l'année du mariage du Dauphin, une année mémorable parmi les années désastreuses. Tandis qu'une cruelle disette de grains se fait sentir dans nos provinces, des banqueroutes fameuses ébranlent le crédit du commerce, d'horribles tempêtes soulèvent les mers dans nos parages : la terre tremble, et des villes entières sont renversées à Saint-Domingue. Enfin l'agitation des esprits n'est pas moindre autour de nous que celle des élémens. La naissance du duc de Berry avoit occasioné un rappel du parlement exilé; le mariage du Dauphin fut suivi d'une dernière disgrâce de ce corps turbulent, que le patient Louis XV se vit enfin forcé d'anéantir, pour l'avoir trop ménagé. Ne pourroit-on pas ranger encore parmi les événemens qui marquèrent l'année du mariage du Dauphin, cette entrevue de l'héritier du trône de Suède avec l'héritier du trône de France, qui se lient dès lors d'étroite amitié, destinés l'un et l'autre, à la suite de deux révolutions inverses, à périr de mort violente, en haine des mêmes principes, et par le fer des mêmes conspirateurs (7) ?

Cependant les deux jeunes époux, après leur mariage, offroient, au sein d'une cour licencieuse, le touchant spectacle de la vertueuse innocence, et une sagesse de conduite qui faisoit leçon pour l'âge mûr.

La Dauphine, jusqu'à l'avénement de son époux au trône, ne fit, non plus que lui, nulle sensation en France sous le rapport politique. On donnoit à cette princesse autant d'esprit qu'elle avoit de beauté. On parloit des grâces infinies qu'elle savoit mettre à tout ce qu'elle faisoit et ce qu'elle disoit. On lui savoit gré de partager les sentimens du Dau-

phin sur les déréglemens qu'elle avoit sous les yeux,
et de savoir, comme lui, allier à un respect inaltérable pour le roi, un éloignement décidé pour la
courtisane en faveur, et tout ce qui la soutenoit.
Mais on louoit par-dessus tout, en elle, la bonté
de cœur et les inclinations généreuses. On ne
tarissoit point sur sa tendre compassion envers les
malheureux, dont tous les jours on citoit quelque trait nouveau. Nous en rappellerons un entre
mille : Le roi chassoit dans la forêt de Fontaine-
bleau, et la Dauphine suivoit la chasse. Près du
village d'Achères, une paysanne accourt, tout
éplorée, se jeter aux pieds de Louis XV, lui dit
qu'un cerf, poursuivi par les chasseurs, a cruellement blessé son mari qui travailloit dans son jardin. Le roi donne aussitôt ses ordres pour qu'on
aille au secours du blessé, et fait une gratification
à sa femme. La Dauphine, touchée du récit et des
larmes de la villageoise, confondit ses larmes avec
les siennes ; et, lorsque cette femme se retiroit :
« Venez, ma bonne, lui dit la princesse, je veux
» vous ramener ; montez dans ma calèche, vous
» arriverez plutôt auprès de votre mari. » Elle la
fait monter, elle et deux jeunes enfans qui l'ont
suivie, la reconduit à sa chaumière, y porte des
paroles de consolation au malade, laisse une bourse
sur la table, et court au château, ordonner à son
premier chirurgien de se rendre auprès du paysan
et de lui donner tous ses soins.

Toute la conduite extérieure de la jeune princesse annonçoit chez elle un fonds vertueux et libéral. Docile au conseil que lui en avoit donné
l'impératrice sa mère, elle mettoit le plus grand
prix à l'amitié de madame Louise; et, aussi souvent qu'elle le pouvoit, sans se rendre indiscrète,
elle alloit à Saint-Denis recevoir de touchantes leçons sur la valeur réelle des grandeurs humaines.
Dans les deux cérémonies religieuses, dont l'une
prépare et l'autre consacre le dévouement des
vierges chrétiennes, la Dauphine réclamera la première place auprès de madame Louise; et, dans
l'une et l'autre circonstance, elle fera également
parler son cœur et sa piété. Ce fut elle-même
qui offrit à cette princesse le voile qui alloit la dérober au monde, avec la bure qu'elle préféroit à
la pourpre; et elle encore qui, lorsque sa courageuse amie consomma son sacrifice, vint l'honorer
des larmes de sa tendresse et de l'assentiment de
sa religion.

Tandis que la Dauphine se concilioit de jour en
jour l'estime et l'affection des Français, son époux,
tantôt l'émule, et tantôt le guide de ces vertus, se
livroit dans le silence au sérieux des études. Âgé
seulement de seize ans à l'époque de son mariage,
il ne convenoit pas qu'il fût encore laissé à ses
propres lumières; et son instruction se continua. Il
conserva les mêmes maîtres, avec la différence
qu'ils ne virent plus en lui leur écolier, et que lui-

même ne vit en eux que des amis. L'usage que fit
dès lors le Dauphin de la mesure de liberté qui lui
fut accordée, annonça tout ce que l'on pouvoit se
promettre de sa sagesse pour le jour où la mort de
son aïeul le mettroit en possession du trône et de
l'indépendance.

Comme peu de princes aiment à avoir sous les
yeux le mérite actif d'un enfant qui leur annonce
un héritier, c'étoit plutôt de la théorie, et de l'é-
tude des principes du gouvernement que de leur
application que pouvoit s'occuper un Dauphin de
France, à quelque âge qu'il fût parvenu. Ce ne
fut qu'après la chute du duc de Choiseul qu'un ministre, ami décidé de la monarchie, fit sentir à
Louis XV l'importance d'initier son petit-fils aux
affaires de l'état. Celle des parlemens occupoit alors
exclusivement la cour. Le Dauphin en suivit les
détails avec autant d'intérêt que de discernement.
Quoique la Dauphine crût sa reconnoissance inté-
ressée à se montrer sensible à la disgrâce du duc
de Choiseul, le Dauphin ne s'en déclara pas moins
ouvertement pour l'acte de vigueur auquel le chancelier de Maupeou avoit porté son aïeul. Un jour
que ce chef de la magistrature entroit chez lui, il
dit aux courtisans qui l'environnoient : « Voilà,
» messieurs, le véritable ami de l'autorité du roi (8). »
Il suivoit alors l'impulsion de son bon esprit. Heureuse la France, heureux ce prince lui-même, si
une complication de perfides manœuvres, que nous

aurons lieu de développer, ne lui faisoit pas sacrifier un jour ce sage aperçu aux vertueuses illusions de son cœur!

L'habitude du travail, que le Dauphin avoit contractée dès ses premiers ans, le suivra dans l'adolescence, et lui laissera ignorer toute sa vie les dégoûts du désœuvrement qui conduisent aux plaisirs dangereux. Ce fut cet art, trop peu connu des grands, de savoir s'occuper et se suffire à soi-même, qui valut au jeune prince d'échapper à tous les écueils, dont le plus à redouter pour lui étoit celui de l'exemple. En cessant d'obéir à des maîtres, il s'étoit fait le disciple de la règle. Un cercle d'occupations utiles remplissoit toutes les heures de sa journée; à des études plus importantes succédoient des études de goût. Du nombre de ces dernières fut la géographie, dont l'étude de l'histoire lui avoit fait sentir l'importance. Peut-être même se rendit-il plus habile en cette science qu'il ne convient à un grand prince; car il y étoit versé au point que, simple particulier, il eût fait inscrire son nom à côté de ceux des plus savans géographes.

Parmi les études dont le Dauphin s'occupoit alors, il faisoit entrer celle des arts qu'il seroit un jour chargé d'encourager; donnant toujours la préférence à l'art utile sur l'agréable. Il en connoissoit assez la théorie pour pouvoir en parler avec intérêt à ceux qui les professoient. Il marquoit beaucoup

d'estime pour l'agriculture, et une affection particulière à ceux qui s'appliquent à faire valoir ce
fonds le plus solide de la richesse nationale. On le
vit quelquefois, abordant un laboureur dans la
plaine, l'entretenir avec bonté de la culture de ses
champs, et de tout ce qui a rapport au labourage.
Un jour même, rappelant une cérémonie des empereurs de la Chine, il prit en mains le soc de la
charrue, et traça lui-même un sillon. Il avoit le
plus grand respect pour les productions de la terre,
et il n'eût pas souffert que les plaisirs du prince af-
fligeassent le laboureur. Un jour qu'il suivoit la
chasse du roi, ayant dans sa voiture les deux princes
ses frères, son cocher, dans la crainte de ne pas
arriver à temps pour que son maître vît lancer le
cerf, alloit traverser un champ ensemencé : « Sui-
» vez la route, lui cria le Dauphin; ce champ n'est
» pas à nous; et puis, fût-il à nous, il faudroit en-
» core en respecter les fruits. »

Ne pouvant supporter un seul instant d'oisiveté,
le Dauphin se délassoit des exercices de l'esprit par
ceux du corps. Il se faisoit un amusement du travail des mains, dont il s'occupoit après les repas,
quand le temps ne lui permettoit pas de faire
d'autre exercice. On l'y avoit appliqué dès son enfance, pour fortifier l'extrême foiblesse de son tempérament. Il avoit dans son appartement un laboratoire, où il s'amusoit solitairement, tantôt du
tour, tantôt de la serrurerie, passe-temps simples

et naturels, qui lui tiendront lieu des jeux, des spectacles, de tous les genres de frivolités dont se compose la vie des courtisans; mais passe-temps trop innocens pour ne pas être en butte à la malignité de ceux dont ils condamnoient les bruyans scandales et les plaisirs ruineux. Ces vicieux fainéans parloient des amusemens du Dauphin dans son laboratoire, et se taisoient sur ses occupations dans le cabinet; ils s'appesantissoient sur ses momens de récréation, sans dire mot de ses longues séances à l'étude; et, comme ils avoient réussi à ridiculiser, pour un temps, le père, en disant : *Il fait de la musique*, ils essayèrent d'entacher le fils d'un ridicule semblable, en disant : *Il fait des serrures !* Ce seul mot des malintentionnés fera fortune, au préjudice de la réputation du Dauphin. On lui imputera le caractère de la dureté, parce qu'il a celui de la franchise; des inclinations basses, parce qu'il les a pures; des mœurs agrestes, parce qu'elles n'ont rien de vicieux : et la malveillance emploiera, pour étayer ces imputations, les mêmes traits que l'histoire doit recueillir comme les vertueux élans d'une âme que révoltent les bassesses du vice.

En effet, dès les jours de son enfance, le duc de Berry avoit apprécié le caractère des courtisans, et jugé leur injustice à son égard : dans son adolescence, et devenu Dauphin, il sentit toute la fadeur de leurs adulations; et ce contraste ne lui

inspira que plus de mépris pour eux. Il avoit dit
autrefois dans un cercle : « Qui aimerois-je ici, où je
» ne me vois aimé de personne ? » On lui entendoit
dire alors : « Qui pourrois-je estimer où je ne ren-
» contre que des flatteurs ? » Et c'est bien là, en effet,
le courtisan, tour à tour indifférent par égoïsme
et bas flatteur par intérêt. Un de ces hommes
qu'il estimoit peu, s'étant hasardé de lui demander
quel surnom il voudroit mériter quand il seroit
roi, *Le sévère*, répondit-il sans hésiter, et d'un
ton à faire comprendre qu'il sentoit tout le besoin
de son siècle. Ce mot étonna les uns, effraya les
autres, déplut généralement à la cour. La malice
le dénonça comme la satire du roi ; et, de toutes
parts, il en revint des reproches au jeune prince,
comme d'une brusquerie que le public ne lui par-
donnoit pas. Le concert étoit général, pour étouffer
dans son cœur ce précieux germe d'énergie, dont
le développement eût pu sauver la France, en ré-
formant la cour.

Dans la plus délicate des circonstances, le Dauphin déploya le caractère et tout le courage de la
vertu. La courtisane en faveur, soit vanité, soit
désir de triompher des froideurs que lui marquoit
la Dauphine, se mit en tête de l'avoir à souper
chez elle, et lui en fit faire l'invitation au nom du
roi. Le Dauphin, en apprenant cette disposition,
sent son cœur se soulever ; et, fort d'un exemple
du Dauphin son père en circonstance à peu près

semblable, il se rend chez son aïeul, et, d'un ton aussi pénétré que respectueux, lui dit : « Ma ten-
» dresse pour vous, sire, n'aura jamais de bornes, » et vous pouvez mettre ma soumission et mon res-
» pect à tous les genres d'épreuves ; mais madame » la Dauphine est ma femme ; et votre majesté sen-
» tira qu'il est de mon intérêt comme de mon de-
» voir de la juger déplacée chez la comtesse Du-
» barry. » Louis XV, aussi judicieux qu'il étoit foible, ne s'offensa pas de la représentation, et le souper n'eut pas lieu. C'étoit la seconde fois que cette femme se voyoit humiliée par le vertueux Dauphin. Un jour qu'elle étoit venue lui faire la présentation d'une de ses parentes, le prince, sans interrompre d'un seul instant sa conversation avec les personnes qui l'environnoient, ni vouloir apercevoir la comtesse, lui donna, par le silence du mépris, la leçon qu'elle méritoit, et la seule que la discrétion lui permit de lui faire.

D'autres traits analogues annonçoient dans le Dauphin ce caractère ami de la vertu et décidé contre le vice. Ayant appris qu'un gentilhomme, dont il connoissoit la conduite licencieuse, faisoit solliciter auprès du roi une des premières places de sa maison, il dit publiquement : « S'il parvient » à l'obtenir, il aura double avantage ; celui de la » charge et la dispense du service. » Le sujet averti se désista de ses poursuites.

C'est par mille voies diverses que le vice cherche

à se frayer accès auprès des princes. Pendant un voyage de la cour à Fontainebleau, les comédiens, pour se donner un patron dans la personne du Dauphin, avoient imaginé qu'ils pouvoient entrer en correspondance directe avec lui, et lui avoient fait parvenir une requête, tendant à l'intéresser à quelques pièces nouvelles. Justement étonné de ce ton de familiarité, le Dauphin déchire le placet, et dit, en le jetant au feu : « Voilà le cas que je »fais des grandes affaires du théâtre.» L'orgueil blessé de nos histrions ne pardonna jamais à ce prince d'avoir apprécié de la sorte des talens que d'autres princes et les premiers seigneurs de la cour honoroient d'une considération distinguée; et l'on verra un jour ces rois de théâtre, fidèles à la morale dont ils étoient les apôtres, se venger sur le roi de France des mépris du Dauphin.

Il y avoit loin cependant de ces dispositions d'une âme franche, et sans partage pour le bien, à ce caractère dur et brutal, dont le vice, en défaveur auprès de lui, s'efforçoit de lui faire la réputation. Des personnes, dépouillées de tout intérêt, qui l'ont servi dans son domestique, et d'autres qui ont vécu dans son intimité, s'accordent dans nos Mémoires, à lui attribuer un fonds inépuisable de bonté, à le peindre d'un naturel doux, affable, compatissant, accessible; mais incapable de flatter le vice ou de ménager la duplicité.

Ces généreuses dispositions suivirent le progrès

des années dans le Dauphin. Ni ses nouveaux engagemens comme époux, ni la fidélité à tous ses
autres devoirs ne purent jamais le distraire des
pratiques bienfaisantes devenues le besoin de son
cœur. Il faudroit copier le journal de sa jeunesse
pour offrir le tableau exact des œuvres de miséricorde dont il remplit toute cette partie de sa vie.
Dans l'âge des goûts frivoles qui enchantent, et des
passions qui entraînent, on le verra constamment
sacrifier tous les plaisirs qui coûtent, au plaisir plus
doux pour lui de soulager des malheureux ; et, tant
qu'il sera Dauphin, la cassette de ses menus plaisirs sera le trésor des pauvres.

Il ne sera pas toujours nécessaire que l'indigent,
pour qu'il vienne à son secours, réclame son assistance ; lui-même ira souvent à la rencontre de ses
besoins. Tantôt il se dérobe à sa suite, dans une
promenade ou dans une chasse ; il entre dans la
cabane du paysan, il veut voir le pain qu'il mange,
goûter les mets grossiers dont il se nourrit, manier
jusqu'à la paille sur laquelle il se repose de ses
fatigues. D'autres fois, il s'applique à découvrir
dans la ville royale des misérables qu'il se propose
d'aller lui-même soulager. Le contraste ne pouvoit être plus remarquable, par l'époque et les
circonstances. Au déclin du siècle corrupteur, lorsqu'il est glorieux de s'épuiser en profusions pour
des goûts libertins ; lorsque les valets complices
du jeune débauché font métier d'aller préparer

les voies à ses plaisirs honteux et lui marchander des crimes, l'héritier du trône a aussi sa passion et ses affidés pour la servir. « Allez, leur dit le Dau- »phin, informez-vous de la maison où gémiroit »une famille honnête, honteuse de sa misère; »trouvez-moi le réduit habité par un vieillard sans »ressources ou un malade abandonné : remarquez »bien l'endroit, et gardez-moi le secret. » Le Dau- phin est obéi, et on a découvert un digne objet de ses affections charitables. Alors, déguisé sous l'habit le plus commun, accompagné d'un seul valet qui le guide, il s'introduit comme furtive- ment dans l'asile de la misère, dit un mot en dé- posant son offrande, puis se dérobe à l'instant aux empressemens de la reconnoissance, sans que la misère secourue ait soupçonné qui est l'ange con- solateur qui l'a visitée. Une fois néanmoins le Dau- phin fut surpris dans l'exercice de ces œuvres de miséricorde, et reconnu par quelques officiers de la cour, fort étonnés de le voir sortir d'une mai- son qui s'annonçoit comme une des plus misérables dans le quartier des pauvres. Alors, sans se dé- concerter, et prenant le ton de la gaieté : « Vous »conviendrez, messieurs, dit-il, que je ne suis »pas heureux : je ne puis essayer d'aller en bonne »fortune qu'on ne le sache. »

En quelque endroit que souffrît un malheureux, le Dauphin ne pouvoit l'apprendre sans désirer son soulagement. Il entend raconter qu'un navire ayant échoué sur une des îles des Lucayes, sept hommes de l'équipage, tombés au pouvoir des insulaires, périront sans un prompt secours, victimes des cruautés que ces barbares exercent envers leurs esclaves. Touché de ce récit, le prince se porte pour patron de ces malheureux, offre de contribuer de tout ce qu'il possède à leur délivrance. Son exemple délie toutes les bourses : Louis XV applaudit au beau zèle de son petit-fils : deux bâtimens sont équipés ; les prisonniers sont retrouvés ; mais trois déjà avoient succombé aux mauvais traitemens ; les quatre autres sont rachetés, et reviennent en France bénir le nom de leur jeune libérateur.

Quoique la vertu du Dauphin portât un caractère de simplicité éloigné de toute ostentation, et que souvent encore la malveillance servit sa modestie, il eût été difficile néanmoins de faire illusion au peuple sur les précieuses qualités de ce prince ; et la Dauphine, par la part qu'elle y avoit, sembloit y ajouter un nouveau lustre encore. L'opinion étoit prononcée sur les jeunes époux, et toutes les préventions de la multitude étoient en leur faveur, lorsqu'ils firent leur première entrée dans la capitale. Il faut en avoir été témoin, comme nous le fûmes, pour se figurer les transports d'allégresse publique qui éclatèrent en ce jour. On vole à leur rencontre ; des cris de bénédiction ont précédé leur entrée dans la ville ; ils y sont poursuivis de

rue en rue par les acclamations d'un peuple ivre
de joie. On sait qu'ils se rendront au jardin des
Tuileries, la foule s'y précipite, la vaste enceinte
du lieu ne suffit pas pour la contenir. Les terrasses
sont couvertes de spectateurs, les arbres en sont
chargés, on en voit aux fenêtres et jusque sur les
toits des maisons environnantes. Ce ne fut qu'après
avoir essuyé à l'Hôtel de ville et en divers endroits,
les fatigues d'un long cérémonial, que le Dauphin
et son épouse arrivèrent, pour se promener, au
lieu où la multitude les attendoit. La promenade
ne fut pas longue : on s'approche, on les environne, et bientôt ils respirent à peine dans le cercle étroit où les resserre l'amour des Français.
On les a vus, on leur a parlé, et l'on n'en paroît que
plus avide de les voir et de les entendre. Ce n'est
pas sans efforts que leurs gardes fendent la presse
pour favoriser leur retour au château. Alors des
cris perçans s'élèvent jusqu'aux nues, qui leur
annoncent que le peuple n'est pas rassasié du
plaisir de leur présence, et qu'il veut les revoir.
Il faut qu'ils se présentent sur le balcon qui domine le jardin. Les acclamations recommencent
et se prolongent, les chapeaux volent en l'air, et
le couple idolâtré répond à cet enthousiasme public par des larmes d'attendrissement.

Les deux époux n'étoient pas de retour à Versailles, que déjà Louis XV étoit informé de l'accueil qu'ils avoient reçu dans sa capitale. Ce prince,

à leur arrivée, les plaignoit, comme s'ils eussent été accablés des fatigues de la journée. «Oh ! point »du tout, papa, lui répond la Dauphine; de notre »vie nous n'avons passé de momens si doux. Le »bon peuple, l'excellent peuple que celui de Pa- »ris ! » Infortunée princesse ! eh ! qu'aurez-vous donc fait à ce même peuple, vous et votre époux, pour que ce même jardin, aujourd'hui témoin de ses transports d'amour, le soit un jour de ses fu- reurs contre vous ?

Le Dauphin, dans l'état de santé florissante où se trouvoit son aïeul, pouvoit se promettre bien des années encore, pour se préparer à porter le fardeau de la couronne, lorsque tout à coup une maladie cruelle précipita le monarque du trône dans le tombeau. Par une singularité des plus frap- pantes, cette mort, que toutes les apparences pla- çoient dans un lointain indéfini, un prélat recom- mandable par son zèle et ses talens, en avoit dé- terminé le terme prochain, dans le style et avec la précision des prophètes. Appelé pour annoncer les vérités du salut sur un théâtre où le désordre est à son comble, l'orateur, par une de ces inspi- rations extraordinaires, dont les ministres de la divine parole ne sont que les canaux et non la source, dénonce à son brillant auditoire les mêmes châtimens dont la menace convertit autrefois un roi et toute sa capitale : il fait de cette menace le texte et le fond de son discours : «Encore quarante

»jours, s'écrie-t-il dans la chaire de Versailles, et
» Ninive sera détruite. » L'arrêt n'étoit que commi-
natoire, l'impénitence le rendit définitif; et au
bout de quarante jours Ninive n'étoit plus : le
deuil et la mort remplissoient le palais des plaisirs.

La vie privée des rois est toujours publique pour
leurs sujets; et tout y fait pour eux exemple ou
scandale. Aucun Français n'ignora que c'étoit la
même passion qui avoit tyrannisé le monarque
pendant sa vie, qui lui ouvroit encore les portes
du tombeau. D'heureuses circonstances néanmoins
se rassemblèrent autour du lit funèbre de Louis XV,
qui balancèrent l'effet de ce dernier scandale. La
foi, que ce prince avoit toujours conservée pure,
parut se réveiller chez lui, dans toute sa vivacité.
Il reconnut et baisa la main qui le frappoit : sa
résignation fut sans réserve et son repentir solennel. Malgré les manœuvres des philosophes de la
cour, ligués avec ceux de la ville pour donner à
la France le spectacle de son roi mourant dans
l'insouciance des derniers secours de la religion,
Louis XV les demanda avec instances (9), les reçut avec piété; et les sentimens de pénitence chrétienne dans lesquels il expira, parmi des douleurs
dévorantes, parurent un trait rare de miséricorde
dans un exemple de justice effrayante.

Le Dauphin, dans cette circonstance, fit preuve
d'un cœur sensible et religieux. Il ne fallut rien
moins que l'ordre exprès du roi pour l'éloigner

d'une maladie contagieuse dont il vouloit braver toutes les chances. A la nouvelle du danger plus éminent, son tendre attachement pour son aïeul lui dicta le billet suivant, qu'il écrivit de Choisy, au ministre des finances : « Je vous prie, monsieur » le contrôleur général, de distribuer, dans la mi- » nute, deux cent mille livres aux pauvres, afin » qu'ils prient pour la conservation du roi ; et, si » vous trouvez que la distraction de cette somme » puisse nuire à vos arrangemens, vous la retiendrez » sur nos pensions. LOUIS DAUPHIN. »

Ce trait de piété filiale fut le dernier digne de remarque dans la carrière vertueuse que parcourut le Dauphin avant son avénement au trône.

LIVRE III.

Ç'avoit été le jeudi 31 de mars 1774, que l'évêque de Sénez, dans le sermon de la Cène, avoit ajourné à quarante jours la subversion de la moderne Ninive ; et c'étoit le 10 de mai suivant, le quarantième jour après l'arrêt porté, que la cour de Louis XV étoit dispersée, et que ce prince tomboit du trône dans le cercueil. La mort de son aïeul fut annoncée à Louis XVI par son premier valet de chambre Thierry, qui, en venant prendre ses ordres, lui dit : Sire ! A ce mot, qui lui annonce une couronne, le prince se sent comme accablé du double poids de sa douleur et de sa dignité. Il lève au ciel des mains suppliantes : la mort de son aïeul est pour lui comme la seconde mort du Dauphin son père ; il pleure de nouveau son absence ; il déplore le malheur de son peuple, abandonné, disoit-il, à son inexpérience. Dès que le calme eût été rétabli dans son âme, il entra dans son cabinet, où il minuta de sa main une lettre à l'archevêque de Paris, dans laquelle on lisoit : « Il eût été bien à souhaiter que la »vie du roi eût été assez longue pour me donner le »temps d'acquérir l'expérience nécessaire pour lui »succéder ; mais la divine Providence en a autre-»ment disposé. Je ne puis, dans l'état où il est, lui

»donner d'autre preuve de mon respect, de ma ten-
»dresse et de ma reconnoissance, que celle d'im-
»plorer pour lui la miséricorde infinie de Dieu, et
»de joindre mes prières à celles de mes sujets, pour
»le repos de son âme. »

Louis XV, quand il mourut, n'étoit plus Louis *le Bien-Aimé*. Les désordres de sa cour, principe du désordre des affaires, aigrissoient les uns et affligeoient les autres. Une partie de la nation murmuroit hautement, tandis que l'autre gémissoit en silence ; et le respect pour la puissance n'affectoit plus que les cœurs assez religieux pour faire abstraction du titulaire en faveur de la dignité. Ainsi, la mort de Louis XV, sujet de triomphe pour les uns, et d'indifférence pour les autres, parut à tous un bienfait. Il n'en est pas moins vrai qu'elle fut, dans les circonstances, une vraie calamité pour l'état, en ce qu'elle ôta au monarque le temps nécessaire pour consolider, en l'améliorant, la vigoureuse opération par laquelle il avoit secoué le joug inique de la magistrature.

Par suite naturelle de la disposition des esprits envers Louis XV, tout parut se déclarer en faveur de son successeur ; et jamais règne ne s'annonça sous de plus favorables auspices. La secte ennemie de la monarchie se tut devant l'enthousiasme général pour le nouveau monarque. La nation fondoit l'espoir de son bonheur sur les inclinations connues du prince qui montoit sur le trône. Louis XVI quitta le château de Choisy pour aller se fixer à celui de la Muette, près de Paris. Tous les jours, et à toutes les heures du jour, un peuple immense se portoit de la capitale à cette résidence, et sous les fenêtres du roi; demandoit à le voir, et faisoit retentir les airs de ses cris de bénédiction. Il parut dans cette occasion, un nombre de pièces de poésie, qui toutes, plus ou moins imprégnées des préjugés philosophiques, s'accordoient à faire au jeune roi des leçons d'indulgence et d'humanité. Dans une de celles qu'on prôna le plus *, Louis XVI étoit invité à *éloigner la crainte* pour *n'inspirer que l'amour*, à faire plutôt *aimer la bonté* que *respecter le rang*, à se montrer *un roi citoyen*. On s'aperçoit dès lors que le peuple licencieux des littérateurs tremble que le roi ne s'applique à mériter le surnom de *sévère*, dont les avoit menacés le Dauphin. L'académie française, par l'organe de son directeur, recommandoit au religieux monarque, qui venoit de se faire sacrer, de se tenir en garde contre l'*intolérance et la superstition*, de donner *aux peuples des ministres nommés par la voix publique, et aux lettres une puissante protection* **.

Ce qui fut dit de plus sensé dans cette circonstance, le fut néanmoins à l'académie. L'abbé Delille y entroit, et la philosophie ne l'avoit point perverti.

---

* Cette pièce étoit du poëte Dorat.
** L'orateur étoit l'académicien Gaillard.

Témoin de l'enthousiasme national, il apostrophoit
en ces termes le jeune monarque qui en étoit l'objet :
« Auguste, espoir de la France, jouissez de votre gloire,
» jouissez du bonheur, que vous méritez si bien, de
» commander à des Français. — Entendez-vous ces ap-
» plaudissemens qui vous reçoivent, qui vous assiégent
» au sortir de votre palais ? Voyez-vous cette foule qui
» s'empresse autour de votre char ? Et, lorsqu'au
» milieu de ces cris d'allégresse, ralentissant votre
» marche, charmé de voir votre peuple, lui prodi-
» guant, sans pouvoir l'en rassasier, le bonheur de
» vous voir, vous prolongez vos mutuels plaisirs, est-
» il, fut-il jamais un triomphe que vous puissiez
» encore envier ? — Pourrions-nous craindre les flat-
» teurs ? Mais quand vous n'en seriez pas naturelle-
» ment l'ennemi, quel charme pourriez-vous trouver
» à la fausse douceur de l'adulation, après avoir
» éprouvé la douceur pure de ces acclamations si
» flatteuses ? — Ce plaisir si touchant de rendre un
» peuple heureux, vous en savourez mieux la dou-
» ceur en le partageant avec votre auguste épouse.
» — Tous deux, à d'heureuses inclinations, vous
» joignez de grands modèles : la reine, une mère
» adorée de ses sujets ; vous, un père qui eût été
» adoré des siens, si le ciel... Mais, hélas ! ne
» rouvrons pas la source de nos larmes. Il vous
» parle, ce père, du fond de son tombeau : « Mon
» fils, dit-il, fais ce que j'aurois voulu faire : rends
» heureux ce bon peuple ! Je me consolois quelque-

» fois d'être destiné au trône, par l'espérance de lui
» prouver mon amour et de mériter le sien. »

· Déjà la voix de ce père dans le tombeau s'étoit
fait entendre au cœur de son fils montant sur le
trône, et lui avoit causé une bien vive émotion.
Louis XVI n'étoit pas encore revenu des premières
agitations que lui faisoit éprouver la mort de son
aïeul, et se sentoit comme accablé du fardeau redoutable de la royauté, lorsque son premier valet
de chambre vient lui annoncer que l'évêque de Verdun est dans l'antichambre, et demande avec instance d'être introduit pour affaire de la dernière
importance. « Ah ! s'écrie Louis XVI, c'est l'ami de
» mon père : faites entrer M. de Nicolaï. — Sire, dit
» le prélat, en présentant au roi une cassette scellée
» aux armes de son père, voici un dépôt que mon-
» seigneur le Dauphin, avant sa mort, confia à ma-
» dame la Dauphine. La princesse, sentant sa fin
» approcher, s'en déchargea sur moi, avec injonction
» du secret, et l'ordre de le remettre à votre majesté,
» dès le moment même de son avénement au trône ;
» et ç'a été pour remplir ponctuellement cet enga-
» gement sacré qu'à la nouvelle de la maladie déses-
» pérée du feu roi, je me suis rendu à Paris. » Un
envoyé du ciel, pour apporter au jeune roi des nouvelles de son père, disoit l'évêque de Verdun, ne
lui eût pas causé une joie plus vive que celle qu'il
manifesta en recevant ce gage posthume de la tendresse paternelle. Il le baise, il l'arrose de ses

larmes, en s'écriant : « Ah ! mon père, mon père ! que
» n'êtes-vous à ma place, pour faire mon bonheur et
» celui d'un grand peuple qui n'a que ma jeunesse
» pour ressource ! »

Dès que l'évêque de Verdun fut retiré, Louis XVI
s'enferma seul dans son cabinet, où il passa cinq
heures entières à faire le premier inventaire des
papiers renfermés dans la cassette qu'on venoit de
lui remettre. Nous ne savons pas tout ce que con-
tenoient ces écrits, où l'on peut imaginer que se
trouvoient consignés des avis et des secrets importans ; mais nous en connoissons assez pour pouvoir
assurer qu'ils renfermoient les principes de la plus
saine politique, et de grandes leçons pour un roi.

Nous savons, par exemple, que Louis XVI a lu
dans les manuscrits que lui légua son père : « Le
» monarque doit se regarder comme le chef d'une
» nombreuse famille. Il doit aimer ses peuples,
» non comme un maître aime ses esclaves, mais
» comme un père aime ses propres enfans. Il leur
» doit le même soin, la même protection, la même
» application à les rendre heureux ; il doit avoir le
» même désir d'entretenir et d'augmenter leur res-
» pect et leur amour pour la religion. — Le monarque
» n'est que l'économe des revenus de l'état. — Il faut
» nécessairement qu'un état périsse, si ses revenus
» ne sont pas administrés avec la plus exacte et la
» plus prudente économie.

» Dans toutes les sociétés, une partie des hommes

8.

»conduit l'autre : ceux qui ont eu l'esprit cultivé
»par les lettres, se trouvent naturellement à la tête
»de ceux qui n'ont pas eu le même avantage, et
»leur communiquent nécessairement leurs vices ou
»leurs vertus. — Rien n'influe plus directement sur
»les mœurs d'une nation, que l'éducation publique. »

Louis XVI a lu encore dans les écrits du Dau-
»phin : « Un monarque, image de la Divinité sur la
»terre, doit la prendre pour modèle dans l'usage
»de sa puissance. — Et, s'il n'a pas de juge ici-bas,
»il ne doit jamais oublier qu'il en est un au ciel,
»qui juge également et les rois et les peuples. — La
»puissance des rois n'est établie que pour exercer
»en particulier celle de Dieu; pour récompenser et
»pour punir; pour effrayer par les châtimens, at-
»tirer par les bienfaits, faire naître une louable
»émulation, maintenir le bon droit, le défendre
»contre la violence, terminer les dissensions et les
»querelles, entretenir l'union entre tous les membres
»de l'état. — Un roi doit faire tourner au profit des
»peuples les trésors dont il est dépositaire, s'oc-
»cuper tout entier de ce qui peut faire leur bon-
»heur, leur sacrifier son temps, son plaisir, sa vie
»et sa gloire même. Voilà les traits de ressemblance
»que l'autorité des rois doit avoir avec celle de Dieu
»même. »

Nous savons que Louis XVI a lu dans les écrits
de son père cette dénonciation des principes philosophiques : « Suivant nos nouveaux philosophes,

» le trône ne porte plus l'empreinte de la Divinité :
» ils décident qu'il fut l'ouvrage de la violence, et
» que, ce que la force eut le droit d'élever, la force
» a le droit de l'abattre et de le détruire. — Que le
» peuple ne peut jamais céder l'autorité ; qu'il ne
» peut que la prêter, toujours en droit de la commu-
» niquer ou de s'en ressaisir, selon que la loi con-
» seille l'intérêt personnel, son unique maître. Ce
» que les passions se contenteroient d'insinuer, nos
» philosophes l'enseignent ici : Que tout est permis
» au prince quand il peut tout, et qu'il a rempli ses
» devoirs quand il a contenté ses désirs. Car enfin,
» si cette loi de l'intérêt, c'est-à-dire du caprice des
» passions humaines, venoit à être généralement
» adoptée, au point de faire oublier la loi de Dieu,
» alors toutes les idées du juste et de l'injuste, de la
» vertu et du vice, du bien et du mal moral, seroient
» effacées et anéanties dans l'esprit de l'homme ; les
» trônes deviendroient chancelans, les sujets seroient
» indociles et factieux, les maîtres sans bienfaisance
» et sans humanité : *les peuples seroient donc tou-*
» *jours dans la révolte ou dans l'oppression* (1). »

Outre les écrits de son père, Louis XVI avoit
trouvé dans la même cassette un manuscrit digne
de leur être associé, et qui fut imprimé en 1777,
sous le titre de *Traité de la connoissance des*
hommes. Cet excellent ouvrage, spécialement destiné à l'usage des princes, avoit été composé, d'après

les vues et les ordres du fils de Louis XV, par le savant jésuite Griffet (2).

Il paroît hors de doute que le Dauphin, dans ses instructions à son fils, lui avoit signalé le comte du Muy comme l'homme de la cour qui méritoit le plus sa confiance. Mais quant à l'opinion généralement accréditée, que le comte de Maurepas fut redevable de sa faveur auprès de Louis XVI à la recommandation du Dauphin son père, nous osons protester contre. Jamais la plume de ce grand prince ne fut souillée de l'éloge de ce frivole mentor, dont l'élévation, fruit d'une intrigue, et la première erreur de la vertu de Louis XVI, fut d'un poids si décisif dans la balance de nos malheurs.

Dès que les jours de Louis XV avoient paru menacés, les ambitieux et les sophistes aux aguets avoient dressé leurs batteries et réuni leurs moyens pour parvenir à perpétuer les abus, le commun intérêt et des courtisans qui en vivent et des philosophes qui en trafiquent. Le concert fut unanime pour égarer le choix de Louis XVI en faveur d'un guide qui eût, par-dessus tout, le talent de neutraliser le penchant déjà manifesté par le jeune prince vers les réformes et la sévérité. Il étoit aisé de conjecturer qu'il voudroit, dans le désir du bien, se mettre à l'école de l'expérience; et l'on ne doutoit pas que, dans un choix de cette importance, une sage amie de son père, la princesse Adélaïde, ne fût consultée. On savoit encore que la prudente princesse

ne voudroit pas décider par elle-même en matière
si grave; mais on avoit lieu de présumer qu'elle
indiqueroit pour conseil, au roi son neveu, l'abbé
de Radonvilliers; et les mesures les plus précises
furent prises pour que cet homme de bien trompé,
trompât son élève et son roi, avec le désir le plus
sincère de le bien servir (3).

Trois sujets furent présentés à Louis XVI, et
leurs qualités balancées en sa présence, avant
qu'il ne fixât son choix. Le premier fut l'ancien
ministre des finances de Machault, qui fut écarté
d'abord, sous le prétexte de ses anciens torts, mais
en effet pour la raison contraire de sa réconcilia-
tion sincère avec les principes religieux et monarchiques. Le duc de Choiseul fut le second : tant il
faut voir de confusion et de bizarrerie dans le
jeu des passions qui agitent les cours et désordon-
nent les empires. Car on ne sait qui eût le plus
désiré alors le retour de ce duc au ministère, ou
la jeune reine ou les philosophes, les plus ardens
ennemis de la puissance monarchique. Ce seigneur avoit conservé, malgré sa disgrâce, une
existence imposante dans le royaume (4), et à la
cour un puissant parti, qui s'appuyoit de la reconnoissance inconsidérée de la reine. Mais il étoit
impossible que l'ennemi connu du père devînt jamais le conseil intime du fils; et, dès lors, le
choix de Louis XVI alloit comme naturellement
se reposer sur le troisième des aspirans à sa con-

fiance, le comte de Maurepas. C'est ainsi que, l'intrigue dirigeant astucieusement des instrumens aveugles, le jeune monarque sera égaré dès l'entrée de sa carrière; et, par cela même, le sort de la monarchie, déjà trop décidé, n'aura plus rien de douteux : c'en sera fait de la France malade et traitée par Maurepas.

Phélypeaux, comte de Maurepas, étoit un de ces esprits superficiels et agréables, qui savent s'exprimer avec grâce, dire tout ce qu'ils veulent et penser tout ce qu'on veut; qui donnent de jolies phrases pour des raisons, leur frivolité même et leur inconstance pour une facilité de génie qui sait, en variant ses formes, aplanir tous les obstacles. Contemporain du duc de Richelieu, ce ministre s'étoit beaucoup occupé de ses plaisirs, et très-superficiellement des affaires, dont tout le soin reposoit sur un premier commis. Les goûts frivoles et licencieux de sa jeunesse l'avoient accompagné dans son exil; ils le suivirent jusqu'au tombeau. Inhabile aux jouissances épicuriennes, il aimoit encore à s'en donner le spectacle On vantoit son talent à ménager d'heureux rapprochemens d'âge et d'inclinations, à ordonner un souper, un bal, une comédie de société. Aussi une femme estimable, et la plus à portée d'apprécier le nouveau ministre, la duchesse de Nivernais sa sœur, en apprenant le choix du roi, ne put-elle retenir l'exclamation : « Pauvre France, que je te plains !

Louis XVI avoit cherché à s'appuyer d'un mérite universel, et n'avoit réellement rencontré dans
Maurepas que celui de la vieillesse. Beaucoup plus
occupé de sa personne que de l'état, le ministre,
en sacrifiant l'avenir au présent, croira légitimer
son égoïsme par ces formules qui lui sont familières : « Je suis trop vieux pour.... Ce n'est point
» à mon âge que.... Je laisse à celui qui me suc-
» cédera de..... » Il lui importe peu, ce semble,
que la monarchie périsse, pourvu que ce soit un
jour après lui. Il n'essaiera pas même de réparer
la digue morale que le philosophisme a rompue ;
et son insouciance sur les ravages de l'inondation
équivaudra, dans ses effets, à la perversité qui
la détermina (5).

Cependant on est touché de la pureté des motifs et de la droiture d'intention qui ont dirigé le
jeune roi dans le choix de ce ministre. Elles se
peignent parfaitement dans la lettre suivante :
« Dans la juste douleur qui m'accable, et que je
» partage avec tout le royaume, j'ai de grands de-
» voirs à remplir : je suis roi !... Ce mot renferme
» toutes mes obligations. Mais je n'ai que vingt ans,
» et n'ai pas toutes les connoissances qui me sont
» nécessaires. De plus, je ne puis voir aucun mi-
» nistre, tous ayant approché le roi pendant sa
» cruelle maladie. *La certitude que j'ai de votre*
» *probité* et de votre connoissance profonde des
» affaires, m'engage à vous prier de m'aider de vos

» conseils. Venez donc le plus tôt qu'il vous sera pos-
» sible, et vous me ferez grand plaisir. LOUIS-AU-
» GUSTE (6). »

Cette lettre étoit écrite de Choisy, en date du
11 mai 1774. Celui qu'elle appeloit ne se fit pas
long-temps désirer, et la première entrevue parut
avoir également satisfait le jeune monarque et
son mentor. Louis XVI, dès le soir même, parla
de la reconnoissance qu'il devoit aux personnes
qui avoient éclairé son choix pour le bonheur de
son peuple, et nomma la princesse Adélaïde. Le
comte de Maurepas, de son côté, et à l'occasion
de la même entrevue, écrivoit de Louis XVI : « Il
» m'a paru avoir du caractère et de la volonté. Cette
» qualité est accompagnée d'un sens droit, aidé en-
» core par quelques connoissances. Ce prince a
» beaucoup lu et profité de ses lectures : j'ai été
» fort satisfait de quelques-unes de ses réflexions.
» Je le crois capable d'une application constante,
» et de suivre un plan avec persévérance. » Et ce
sera celui qui paroît si bien sentir l'importance de
gouverner d'après des principes, et de suivre un
plan, qui n'aura jamais d'autre plan lui-même que
celui que lui dictera l'opinion dépravée du jour.

Le témoignage que le comte de Maurepas rendoit à Louis XVI après l'avoir entretenu pour la
première fois, les personnes qui avoient eu des
rapports suivis avec ce prince pouvoient le rendre
publiquement, sans craindre le reproche de flat-

terie; et c'étoit devant des juges plus disposés à
accueillir la satire que l'éloge des rois, c'étoit au
sein de l'académie française qu'on disoit de lui :
«La justesse d'esprit, la droiture de cœur, l'a-
»mour du devoir, telles sont les qualités princi-
»pales dont le germe s'est montré dans le roi dès
»son enfance, et que vous voyez se développer
»tous les jours depuis son avénement au trône.
»Il en est d'autres non moins importantes pour
»sa gloire, que vous verrez dans les occasions se
»développer également. Ami de l'ordre, il main-
»tiendra le respect pour la religion, la décence des
»mœurs, la règle dans toutes les parties de l'ad-
»ministration. Ennemi des frivolités, il dédaignera
»un vain luxe, de vaines parures, un vain éta-
»lage de discours superflus. Ne craignez pas que la
»louange l'enivre de son encens : la louange, dès
»qu'elle approchera de l'adulation, ne parviendra
»pas aisément jusqu'à lui. »

Il eût été difficile, en effet, que le jeune roi
montrât à la fois plus d'éloignement pour la louange
et plus d'empressement pour les actions qui la méritent. Aussi un des princes les plus attentifs à
étudier le caractère des rois ses contemporains,
Frédéric, écrivoit-il à cette époque : «On dit des
»merveilles de Louis XVI; tout l'empire des *Vel-*
»*ches* chante ses louanges. — Le successeur de
»Louis XV débute avec beaucoup de sagesse et fait
»espérer   hes un gouvernement heureux.

» — Ce prince paroît mesuré et sage dans ses dé-
»marches : c'est un phénomène rare à son âge,
»de posséder des qualités qui ne sont que le fruit
»d'une longue expérience.—Votre jeune roi se con-
»duit sagement. Ce que j'approuve surtout en lui,
»c'est la volonté qu'il a de bien faire. — Je félicite
»les Français de pouvoir être contens de leur roi ;
»je leur en souhaite toujours de semblables. —
»Louis XVI attire bien autrement ma curiosité que
»l'empereur *Kienlong*. — Le parlement auroit dû
»applaudir aux édits de son souverain, au lieu de
»lui faire des remontrances ridicules. — Vous avez
»un très-bon roi, mon cher d'Alembert, je vous
»en félicite de tout mon cœur. Un roi sage et ver-
»tueux est plus redoutable à ses rivaux qu'un
»prince qui n'a que du courage. — J'aime Louis
»XVI. Ce prince, en montant sur le trône, s'an-
»nonce d'une manière avantageuse; il veut faire
»le bien, et réparer les maux de sa nation. — Il
»n'est point porté à la dépense, il n'a point de fa-
»voris, point de maîtresses à entretenir, point de
»palais qu'il fasse bâtir, aucun luxe dans son ex-
»térieur *. »

* Lettre à Voltaire, 19 juin 1774, 20 avril 1776. Lettre à
d'Alembert, 28 juillet, 11 octobre, 15 novembre 1774, 6 janvier, 5 août 1775. D'Alembert lui-même qualifie Louis XVI
notre jeune et vertueux monarque; il dit de lui : « Il a le cœur
»droit et vertueux. — Pour le bonheur de l'humanité, il est le
»prince, de toute la maison de Bourbon, le plus digne du trône.

Il est peu de princes dont le portrait moral soit aussi facile à tracer que celui de Louis XVI, à quelque époque qu'on veuille le saisir, tant il est simple et prononcé dans son genre. Aussi les traits principaux dont il doit se composer, à un seul près dont nous parlerons, sont-ils partout les mêmes sous les divers pinceaux qui les ont exprimés. Les hommes les plus opposés de sentimens et de principes se rapprochent et se copient dès qu'ils ont à parler de ce prince. Ses courtisans et ses ministres, ceux qui l'auront trahi, comme ceux qui l'auront bien servi, s'accorderont sur ses vertus ; et ce qu'alléguera un jour Necker pour le justifier, Calonne l'aura dit de lui, avant qu'il n'eût besoin de justification. « C'est un monarque vertueux, avec » qui l'on peut opérer tout le bien qu'on doit vou- » loir, et à qui l'on est toujours sûr de plaire, en » lui présentant les moyens de l'effectuer. Il aime » la vérité; il veut l'ordre et l'économie ; il est scru-

» — Il aime le bien, la justice, l'économie et la paix. — Il est » celui que nous devrions désirer pour roi, si la destinée propice » ne nous l'avoit pas donné. » Et d'Alembert ne s'en déchaînoit pas moins contre l'éducation qu'avoit reçue Louis XVI, et nous faisoit lire : « Rien n'égale l'indignation de toute la France » contre les instituteurs qui ont élevé ce monarque, » lequel néanmoins, au sortir de leurs mains, se trouvoit assez vertueux, assez parfait pour être *celui que nous devrions désirer pour roi, si la destinée propice ne nous l'avoit pas donné.* Lettre au roi de Prusse, des 15 décembre 1774, 3 octobre 1775, 26 avril 1776.

»puleusement fidèle à sa parole : il chérit tendre-
»ment son peuple et n'aspire qu'à son soulage-
»ment. »

A cette esquisse des qualités morales de Louis
XVI, le lecteur pourra nous savoir gré de joindre
son portrait physique. Le prince qui se présentoit
aux regards de la nation avec tant d'heureuses
dispositions, et tous les avantages d'une jeunesse
passée dans l'innocence, ne lui offroit pas en même
proportion les grâces extérieures qui séduisent la
frivolité. L'état de langueur habituelle dans lequel il avoit passé sa première enfance avoit
exigé de l'indulgence et des ménagemens, d'où
étoit résulté une sorte de négligence dans le maintien et la démarche, que le temps ne corrigea pas
entièrement. Un autre désavantage extérieur de ce
prince étoit d'avoir la vue très-basse quoique excel-
lente; défaut qui ne donne pas un air spirituel. Et,
aux yeux de la foule légère, tout le mérite réel ne
sauroit suppléer à l'élégance des formes.

Ce ne fut qu'à l'époque de son adolescence, et
surtout depuis qu'il fut roi, que le tempérament
de Louis XVI se fortifia et s'affermit, au point
qu'il étoit peu d'hommes plus robustes que lui et
mieux constitués dans son royaume. Il étoit d'une
force peu commune, et aucun exercice, soit du
corps ou de l'esprit, ne nuisoit à sa santé. Il portoit une fort belle tête sur un buste majestueusement proportionné. Son abord annonçoit la séré-

nité d'un cœur maître de ses passions. Sérieux sans froideur auprès des étrangers, il laissoit paroître une douce gaieté avec les personnes de sa connoissance : la bonté se peignoit dans ses regards; tous les traits de son visage se composoient pour l'expression de la candeur. Dans le commerce intime et la familiarité domestique, le sourire gracieux se plaçoit sur ses lèvres, mais jamais il ne rioit aux éclats. Il avoit la voix douce et agréable dans la conversation; et, quand il parloit en public, il le faisoit avec un ton de dignité qui captivoit l'attention des plus déterminés à lui refuser leur assentiment. De toutes les monnoies marquées au coin de ce prince durant son règne, il n'en est pas qui rendent sa figure avec autant d'expression et de vérité que les écus de six livres frappés à la lettre I en 1792 : Louis XVI semble y respirer.

Quoi qu'il en soit de ce mélange de faveur et de disgrâce dans la dispensation des dons extérieurs de la nature, ce n'est que par l'esprit et par le cœur que l'on est homme, et surtout que l'on est roi; et ce sont les qualités morales de Louis XVI qui fixeront sur lui le jugement de la postérité.

Mais, avant d'entamer le récit détaillé des vertus et des malheurs du monarque, plaçons ici une anecdote qui se rapporte au commencement de son règne. Déjà trop de signes avant-coureurs signaloient à la France la catastrophe qui se préparoit; et la marche de plus en plus licencieuse de

nos mœurs ne pouvoit qu'ajouter à nos sinistres
pressentimens sur le règne qui commençoit, lorsqu'à ces présages menaçans vint se réunir une de
ces particularités insignifiantes dans le lointain,
mais qui frappent d'un effroi rétrograde lorsque le
temps a déterminé ses rapports. Le jour que Louis
XVI, accompagné de la reine, fit sa première entrée comme roi dans sa capitale, jour nébuleux,
durant lequel une pluie incommode faisoit, de la
cérémonie, un spectacle désordonné et sans éclat,
l'université de Paris, autorisée à se qualifier *la
fille aînée de nos rois*, saisit la circonstance pour
faire hommage au jeune monarque des talens contemporains qu'elle cultivoit pour la gloire de son
règne. Le roi et la reine, prévenus, consentirent
à suspendre leur marche devant le collége de
Louis-le-Grand, devenu le chef-lieu de l'université,
depuis que les jésuites en avoient été bannis. Parmi
les milliers de disciples qui remplissoient les écoles
de l'université, il s'agissoit d'en admettre un à la
faveur ambitionnée de tous, de haranguer ses nouveaux souverains; et l'être privilégié à qui cet honneur fut dévolu, ce fut celui-là même en qui
Louis XVI, si le voile de l'avenir se fût soulevé
à ses yeux, eût reconnu son féroce assassin, l'assassin de sa famille et de ses plus fidèles sujets : ce
fut Robespierre.

J'étois présent au spectacle, et il me semble
voir encore le jeune monarque et son épouse

abaisser des regards de bonté sur le serpent qui rampoit en ce moment à leurs pieds, chantant leurs vertus et leur présageant le règne du bonheur (7).

Cependant, tandis que tout va se précipiter vers la funeste révolution, et que Louis XVI en a déjà sous les yeux le plus effroyable instrument, nulle part on ne pourra raisonnablement assigner, pour cause des prochains malheurs et du déchirement de l'empire, ni les vices ni moins encore les crimes de son chef actuel. Nous ne nous dissimulons pas qu'il existe encore une ligue tacite, mais réelle, au préjudice de la réputation de ce prince. Elle se forme des hommes de tous les partis qui ont besoin de trouver hors d'eux-mêmes de quoi s'absoudre, les uns de ce qu'ils furent, et les autres de ce qu'ils firent. C'est cette disposition des esprits qui nous impose la nécessité d'abonder en preuves lorsqu'il devroit nous suffire de raconter des faits; et le présent livre exige d'autant plus cette méthode, que nous avons à y montrer Louis XVI orné d'une variété de connoissances et de qualités précieuses, dont l'ensemble, sans l'obstacle du siècle, n'eût pu manquer de former en sa personne le grand roi en même temps que l'homme vertueux.

C'est à l'âge des passions fougueuses, et avec tous les moyens de les satisfaire, c'est au sein d'une cour dépravée, et parmi les invitations d'un siècle fameux par ses prestiges et sa licence, que l'héritier d'une brillante couronne ne se laisse ni éblouir par l'éclat du trône, ni corrompre par l'orgueil du pouvoir. Le premier usage qu'on lui voit faire de sa puissance, est un premier hommage qu'il rend aux mœurs publiques : par ses ordres, la courtisane Dubarry est reléguée pour un temps dans un monastère. Le lieutenant-général de police fut appelé pour recevoir ses instructions à ce sujet; et, à la suite d'une longue conversation, le monarque, se résumant, dit au magistrat : « Vous veillerez donc, monsieur, sur »les mœurs à Paris, tandis que je tâcherai de les »rétablir à la cour. » Sa première démarche vers ce but, fut de déclarer à son premier ministère son intention formelle de congédier le ministre immoral qui gouvernoit alors les affaires ; et Phelypeaux de Maurepas ne fut pas plus maître de soutenir en place Phelypeaux de la Vrillière, son parent, et le duc d'Aiguillon, son allié, que le scandaleux abbé Terray.

Le désir d'approfondir les devoirs de la royauté égalait dans le jeune roi celui d'écarter les obstacles à leur accomplissement. Un ouvrage composé dans l'esprit du Télémaque, par le même auteur et pour la même fin, avoit été imprimé furtivement en pays étranger, sans que, depuis un siècle, il s'en fût fait une seule édition en France. Ce précieux abrégé des devoirs des rois tombe

entre les mains de Louis XVI, parvenu au trône :
il le lit, le médite, et veut que désormais Fénélon soit le conseiller et le guide de sa conscience.
Il fait plus encore ; et, comme pour se mettre
dans l'heureuse impuissance de jamais méconnoître ou négliger des devoirs sacrés, il forme le
généreux projet d'appeler l'attention de ses sujets
sur les obligations de la royauté, et de leur en
mettre lui-même le tableau sous les yeux. Dans
ce dessein, il appelle l'abbé Soldini, son confesseur ; et, en lui montrant un vieil exemplaire des
Directions pour la conscience d'un roi, il lui dit :
« Voici, monsieur, un bien bon livre : pourquoi
» donc est-il si rare ? on ne le trouve nulle part. —
» Sire, répond l'ecclésiastique, c'est que les su-
» blimes obligations des rois y sont pesées au poids
» du sanctuaire, et qu'il renferme bon nombre de
» ces vérités fortes, qu'il importe autant aux rois
» de savoir qu'aux courtisans de leur laisser ignorer.
» —Eh bien ! reprend Louis XVI, comme je suis
» résolu de remplir tous mes devoirs, je n'ai pas
» intérêt d'en faire mystère au public : il seroit fâ-
» cheux d'ailleurs qu'un aussi bon livre vînt à se
» perdre pour mes successeurs ; faites-moi le plaisir
» de le faire réimprimer *. »
Mais, lorsqu'à l'ouverture de ce code de la con-

---

* C'est de l'abbé Soldini lui-même que nous tenons l'anecdote.

science des rois, on lit : *Imprimé par ordre de Louis XVI,* il n'est personne qui ne croie entendre le nouveau roi interpeller ses nouveaux sujets et leur dire : « Je connois mes devoirs, et je veux »que, les connoissant vous-mêmes, vous soyez les »témoins de ma fidélité à les remplir. La règle que »j'adopte, et que je fais publier aujourd'hui, veut »qu'un roi soit le père et le pasteur de ses peuples; »accusez-moi, si jamais il entroit dans ma pensée »d'en devenir l'oppresseur. Cette règle veut que je »vous donne l'exemple du respect pour la religion »et les bonnes mœurs; accusez-moi, si jamais je »connivois à l'impiété, ou si, faisant asseoir le »vice à côté du trône, je venois à renverser moi-»même les barrières de la pudeur. Elle me fait un »devoir de rendre une égale justice à tous mes su-»jets : accusez-moi, si je la refusois au dernier »d'entre eux, et si l'innocent ne trouvoit pas tou-»jours en moi le vengeur de son droit et le tuteur »de sa foiblesse. Elle m'apprend, cette règle, que »les revenus de l'état ne sont qu'un dépôt sacré, »que je dois faire tourner au profit de l'état; ac-»cusez-moi, si je surchargeois mon peuple pour »alimenter des passions ou flatter l'orgueil du trône. »Cette règle, que je vous mets entre les mains, »me prescrit de rechercher et d'embrasser tous les »moyens légitimes de diminuer les charges et d'aug-»menter l'aisance de mon peuple; accusez-moi, si »je négligeois un seul de ces moyens qui fût en

»mon pouvoir. Elle prescrit de justes bornes à
»l'autorité dont le Ciel m'a fait le dépositaire et
»le ministre; accusez-moi, si j'osois les trans-
»gresser et mettre le caprice à la place de la justice
»éternelle et des lois sages qui en dérivent. Elle
»me rappelle que c'est sur moi que peseroit la
»responsabilité des fléaux d'une guerre injuste ou
»légèrement entreprise; accusez-moi, si jamais
»j'exposois le sang et la fortune des Français pour
»une guerre qui ne fût pas commandée par la
»justice et la nécessité. Elle me fait souvenir qu'un
»roi doit être esclave de la foi des traités; accusez-
»moi, si je compromettois ma probité par la vio-
»lation d'un seul. Cette règle me dit encore que
»les emplois publics sont le patrimoine des vrais
»talens et du mérite vertueux; accusez-moi, s'ils
»devenoient entre mes mains la proie de la faveur
»ou de l'improbité. Elle m'apprend qu'un roi,
»coupable du mal qu'il fait, ne peut être inno-
»cent de celui qu'il laisse faire; accusez-moi, si
»j'autorise un désordre que j'aie dû prévenir, ou
»que j'aie pu réprimer. Enfin, cette règle me dit
»que, pour être supérieur aux autres en dignité,
»je ne dois pas m'estimer infaillible en lumières;
»accusez-moi donc, si j'avois la présomption de
»mépriser les conseils de l'expérience et les leçons
»de la sagesse (8). »

Non content d'appeler ainsi ses sujets en confidence des grands devoirs qu'il se sent le courage

de pratiquer, Louis XVI, à son avénement au trône, ordonna la publication d'un autre ouvrage, composé dans le même esprit que celui de Fénélon, d'après le plan du Dauphin dont nous avons déjà parlé; et ce fut de l'imprimerie royale que nous vîmes sortir le traité qui a pour titre : *Les devoirs du prince réduits à un seul principe* (la justice); avec les *discours sur l'histoire*, qui sont le développement et la preuve justificative de ce principe. Et c'est néanmoins à ce prince, qui ne connoît et ne voudra jamais connoître que des devoirs; qui, en recevant d'une main sa couronne, nous présente de l'autre *la déclaration de ses devoirs*, c'est à lui-même que les philosophes de son siècle présenteront insolemment *la déclaration de leurs droits*.

Cet engagement à tous ses devoirs, que Louis XVI osoit prendre à la face de la nation, il n'avoit pas craint de le contracter vis-à-vis des hommes les plus à portée de juger de sa fidélité à le remplir. Dans le premier conseil d'état qu'il tint, il avoit dit à ses ministres : « Ma juste douleur, mes-
» sieurs, cède aux devoirs de la royauté. Je vous ai
» appelés pour vous instruire de mes intentions.
» Indépendamment des conseils, *où je promets
» d'assister régulièrement*, et où j'appellerai les
» personnes qui m'en auront paru dignes par leur
» zèle et leurs lumières, que chacun de vous se
» tienne prêt, aux heures que j'indiquerai, à me

»rendre un compte clair et exact de son départe-
»ment, et à prendre mes ordres pour la suite des
»opérations qui y seront relatives. Comme je ne
»veux m'occuper que de la prospérité de mon
»royaume, et du bonheur de mes sujets, ce n'est
»qu'en vous conformant à mes principes que votre
»travail aura mon approbation. »

Telles sont les vues de sagesse d'un roi de vingt
ans; et l'on peut dire que, le premier jour qu'il
monta sur le trône, il se montra tel à nos yeux
que le jour qu'il en descendit pour monter à l'é-
chafaud : prince aussi sincèrement probe et religieux que tendrement affectionné à ses sujets. Dans
le premier acte public émané de sa puissance :
« Assis, dit-il, sur le trône où il a plu à Dieu de
» nous placer, nous espérons que sa bonté soutien-
» dra notre jeunesse, et nous guidera dans les
» moyens qui pourront rendre nos peuples heureux :
» c'est notre premier désir. — Il est des dépenses
» qui tiennent à notre personne et au faste de notre
» cour. Sur celles-là, nous pourrons suivre plus
» promptement les mouvemens de notre cœur; et
» nous nous occupons déjà des moyens de les ré-
» duire à des bornes convenables. De tels sacrifices
» ne nous coûteront rien, dès qu'ils pourront tour-
» ner au soulagement de nos sujets. Leur bonheur
» sera notre gloire; et le bien que nous pourrons
» leur faire sera la plus douce récompense de nos
» soins et de nos travaux. »

A ce sentiment vif de tous les devoirs que lui imposoit la royauté, ce prince joignoit un fonds précieux d'instruction, qu'il cultivoit tous les jours. Il étoit, sans contredit, plus instruit en littérature que ses sujets, de même âge que lui, qui en avoient fait leur unique étude, et assez pour étonner quelquefois, sans qu'il y songeât, des érudits qui ne lui eussent pas soupçonné l'esprit si orné. Ce n'étoit guère que dans la familiarité de son domestique, et à l'heure qu'on appeloit le petit lever, que le prince qui ne vouloit alors ni parler d'affaires d'état, ni moins encore des futilités, l'occupation de la cour, se livroit à des conversations qu'il rendoit singulièrement intéressantes aux personnes admises à y prendre part. Un homme de lettres, des plus en état d'en juger, l'ayant un jour entendu faire la comparaison suivie d'une ode d'Horace avec une hymne de Santeuil, ne pouvoit revenir de son étonnement, et le racontoit au valet de chambre Thierry. « Vous ne vous doutiez pas, lui dit l'officier, que le » roi fût si instruit : eh bien, lui-même ne s'en doute » pas davantage, et il étoit sûrement loin de sa pensée » de songer à vous étonner ; mais vous êtes homme » de lettres, il vous a parlé littérature. »

« Louis XVI étoit doué d'une mémoire peu commune, qu'il avoit cultivée dans sa jeunesse, en apprenant par cœur les plus beaux morceaux des auteurs latins et français, qu'il n'avoit pas oubliés. Il conserva toujours le goût des lectures sérieuses. Il

lisoit avec fruit, accoutumé à le faire avec méthode.
Ses lectures étoient autant de méditations profondes,
par lesquelles il s'approprioit tout le savoir de l'auteur qu'il avoit lu. Quand les matières le compor-
toient, il en accompagnoit les lectures de notes marginales, et d'observations, qui toutes se rapportoient
à ses affections chéries, les avantages et le bonheur
de son peuple. Le désir du bien public le porta,
dès les premiers jours de son règne, à s'ouvrir un
répertoire dans lequel il déposoit ses observations
sur les principaux événemens de son règne. C'étoit
un compte rendu à sa conscience, de ses vues, de
ses projets, de ses motifs, dans tout ce qu'il avoit
fait. Il y racontoit avec candeur, non-seulement
les fautes qu'on lui avoit fait faire, mais celles encore qu'il n'attribuoit qu'à lui seul. Ce recueil intéressant sera un jour inutilement réclamé par les
défenseurs de ce prince : ses oppresseurs, qui feront
publier tant de pièces insignifiantes ou malicieuse-
ment dénaturées, se garderont bien de donner
la même publicité à celles qui eussent suffi, pour
dessiller tous les yeux, et rendre le monarque
à l'amour de ses sujets et à la vénération du
monde.

Louis XVI, outre sa langue, savoit fort bien le
latin et l'italien, un peu l'allemand, et l'anglais assez
bien pour lire les journaux de Londres. Il avoit appris cette langue sans maîtres, et en s'exerçant à la
traduction. Le premier ouvrage anglais qu'il tra-

duisit fut l'histoire de ses propres malheurs, dans
l'*Histoire de Charles Ier, par Hume*. Il en tra-
duisit deux autres : *Les Doutes historiques sur les
crimes imputés à Richard III, par Horace Wal-
pole*, et les cinq premiers volumes *de la Décadence
de l'empire romain, par Gibbon*.

Nous ne ferons pas un mérite à ce prince d'avoir
parlé sa langue dans la perfection : on ne pouvoit
la parler autrement quand on avoit été élevé à la
cour. Un terme impropre, une inconvenance d'expression ne lui échappoient pas : il les faisoit quelquefois remarquer à ses ministres, dans les pièces
qu'ils lui soumettoient et qui devoient être impri-
mées. Quoique l'esprit de critique ne fût pas le
sien, et qu'il s'abaissât rarement jusqu'à produire
ses observations grammaticales, un jour néanmoins
qu'il lisoit un discours prononcé par Condorcet, au
club des Jacobins, il ne put s'empêcher de dire : « On
» devroit bien au moins, quand on a été de l'aca-
» démie française, et qu'on dit des injures au roi
» des Français, le faire en termes français. »

Un talent plus rare à la cour que celui de bien
parler, c'étoit celui de penser juste et de bien écrire.
Louis XVI ignoroit l'art de parsemer d'esprit et d'é-
pigrammes, de jolies phrases vides de choses ou de
logique ; mais il écrivoit avec clarté et précision,
toujours en style serré et concluant. Presque tous
les discours qu'il tint, ou les messages qu'il adressa
à ces deux assemblées déloyales, qui avoient juré

la perte de la monarchie, ce fût lui-même qui les composa ; et ceux qu'il ne composa pas, il les corrigea et les perfectionna. Entre ces pièces, qui sont entièrement de lui, nous en citerons une que l'on soupçonna d'autant moins d'être sortie de sa plume, qu'elle étoit pour la cause particulière d'un de ses ministres, dont l'assemblée lui demandoit le renvoi par un très-long mémoire, chargé d'accusations. C'étoit au ministre inculpé de composer sa justification : il le fit, en effet, et vint la soumettre à l'approbation et à la signature du roi. L'apologie étoit victorieuse, mais elle étoit de quatre pages. Le roi, en ayant ouï la lecture, tire un papier de son portefeuille, et dit à son ministre : « J'avois » fait ma réponse ; mais dix fois plus courte que la » vôtre : voyez si vous voudriez la préférer. » Comme il s'agissoit d'une affaire capitale, et que le roi étoit loin d'exiger des sacrifices de complaisance, le ministre pesa avec beaucoup d'attention la réponse proposée ; et, la jugeant plus concluante que celle qu'il avoit minutée, il l'avoua franchement, et dit au roi : « C'est la vôtre, sire, qu'il faut envoyer, et » sans y changer un seul mot. » Elle fut en effet envoyée le 10 mars 1790 ; et, comme elle avoit la force de ce qu'on appelle argument *ad hominem*, l'assemblée se tut : et l'on peut se rappeler qu'à cette époque toute la France fit écho pour répéter, après la capitale, que le ministre de la marine avoit confondu ses ennemis par une réponse inattaquable.

C'est,de ce ministre lui-même que nous savons que
cette réponse étoit de Louis XVI (9).

Les mathématiques, la science favorite du dix-
huitième siècle, étoient aussi entrées dans l'éducation de ce prince, et il en savoit plus que n'en
surent jamais les rois ses prédécesseurs ; et vrai-
semblablement les rois ses contemporains. La géo-
métrie l'avoit surtout occupé, et plus spécialement
la trigonométrie, qu'il appliqua à la géographie et
à l'hydrographie, sciences dans lesquelles il se perfectionna seul, et avec un tel succès que, de l'aveu
de ses maîtres, il les surpassoit infiniment. Ce n'é-
toit qu'un jeu pour lui de tracer ou de réduire une
carte, et d'y rectifier des erreurs échappées aux
plus habiles géographes. La guerre d'Amérique avoit
été pour lui une occasion de s'appliquer à l'hydrographie. Ce fut par ses ordres, et l'on pourroit dire
sous sa direction, que l'on fît, sur toutes les côtes
de la France, les reconnoissances les plus précises,
et d'après lesquelles furent gravées les cartes les plus
exactes que nous ayons aujourd'hui, et les plus
sûres pour la navigation.

Les connoissances hydro-géographiques de Louis
XVI lui firent sentir, dans son cabinet, qu'il manquoit à la marine française un port sur la Manche,
et celui de Cherbourg fut entrepris. Etant allé sur
les lieux pour visiter et encourager les travaux, il
ne parut étranger à rien de ce qui s'offroit à ses regards. A son entrée dans un vaisseau, le premier

qu'il eût encore vu, il s'y trouva comme dans son
appartement, désignant les choses par leur nom et
leur usage, parlant aux personnes de sa suite,
comme un maître eût fait à des disciples, de tout
ce qui concourt à donner le mouvement et la vie
à cette étonnante machine. Dans les évolutions
qu'exécuta une escadre en sa présence (Dumouriez
doit se le rappeler), il étonna les marins, non pas
seulement en parlant leur langue, mais en raison-
nant sur les manœuvres qu'il avoit sous les yeux,
comme s'il en eût fait une étude d'expérience. On
fut surtout étonné de la remarque qu'il fit d'une
faute, au moment où elle se commettoit. On l'eût
été moins, sans doute, si on eût su que les ouvrages de Léonard Euler lui étoient familiers; qu'il
avoit lu, avec tant de satisfaction et d'intérêt, ce
que ce célèbre géomètre a écrit sur la construction
et la manœuvre des vaisseaux, qu'il lui avoit fait
parvenir à ce sujet une preuve de son estime pour
les talens utiles, et de sa munificence à les récompenser.

Un autre fruit des connoissances approfondies
de Louis XVI en hydro-géographie, fut le célèbre
voyage du comte de La Peyrouse, qu'il ordonna,
tant par des considérations d'humanité qu'à raison
des avantages qu'il s'en promettoit en faveur de
l'astronomie, du commerce maritime et de l'histoire naturelle. La Peyrouse avoit fait ses preuves
d'intelligence dans plusieurs expéditions difficiles

dans le genre des reconnoissances, et il avoit de
plus, aux yeux de Louis XVI, le mérite d'une probité franche, et incapable d'accréditer, aux dépens
de la vérité, les systèmes mensongers des modernes
sophistes en faveur de l'homme de la nature (10).
Ce fut ce prince lui-même, et lui seul, qui traça
au voyageur la route qu'il devoit tenir; et le malheureux sort de cet habile marin peut d'autant
moins être attribué à son guide, que ce ne fut qu'à
son retour qu'il disparut, et après avoir heureusement rempli le principal but de sa mission, qui
étoit de chercher à découvrir un passage par le
nord dans les mers de l'Inde; ou plutôt de vérifier
une bonne fois son impossibilité plus que soupçon-
née. A l'appui d'une carte de ce voyage, que
Louis XVI avoit dressée, ce prince avoit joint un
mémoire, en forme de préservatif, contre le danger des écueils connus dans ces parages, et les
dangers plus à craindre encore dans les tentatives
nouvelles. La carte et le mémoire, sans qu'on pût
en soupçonner l'auteur, furent soumis à l'examen
d'une commission de savans et d'hommes de mer
les plus en état d'en juger, avec ordre du ministre
de la marine d'en faire leur rapport. L'avis unanime des commissaires fut : que La Peyrouse ne
pouvoit rien faire de mieux que de régler son voyage
d'après la carte et le mémoire, qui ne leur avoient
paru susceptibles d'aucune modification.

· Le voyageur ayant eu une audience particulière

de Louis XVI avant son départ, en sortit émerveillé, et disoit à ses amis : « J'aurois cru, en vérité, en- » tendre Danville et Cook, en entendant parler le » roi sur mon voyage. » L'étonnement du marin eût encore augmenté, sans doute, s'il eût su que ses instructions, qu'il avoit discutées avec le roi, étoient exclusivement du roi. Le ministre de la marine l'i- gnoroit également, et ne l'apprit que trois mois après le départ de La Peyrouse. Il marqua quel- que surprise au monarque, sur ce qu'il étoit resté si impénétrable à son égard. « J'ai dû l'être envers » tous, répondit Louis XVI, afin que les commis- » saires jugeassent la chose et non pas le roi, et » aussi pour ne pas exposer La Peyrouse à user de » complaisance dans les rapports qu'il nous adres- » sera. » Le ministre observa qu'il y avoit déjà trois mois que La Peyrouse étoit parti. «Oui, re- » prit le roi, mais il étoit possible qu'un accident » de mer le renvoyât sur nos côtes, où il auroit pu » apprendre ce que je jugeois essentiel qu'il igno- » rât*. »

A cette variété de connoissances utiles, Louis XVI

* Le 26 avril 1814, S. M. l'empereur d'Autriche François II, en visitant la bibliothèque Mazarine, y considéra, avec une at- tention particulière, le beau globe de bronze verni que Louis XVI avoit fait faire pour son usage.

L'exemplaire du projet de voyage de La Peyrouse, qui avoit appartenu à ce monarque, ayant été présenté à S. M., elle a jeté les yeux sur des remarques qui étoient en marge. On lui a dit en joignoit de plus nécessaires à un roi : il avoit des principes exacts sur le droit public, sur les lois du royaume, sur toutes les branches de l'administration publique. Il avoit étudié les auteurs les plus estimés qui traitent ces matières ; ce qui, joint à la méditation des écrits de son père, l'avoit doué de ce discernement en affaires, et de cette justesse de vues qu'il montra toujours dans ses conseils. Il avoit aussi sur les arts utiles, et sur la plupart des métiers, des notions suffisantes pour s'en montrer le protecteur éclairé, pour savoir, dans l'occasion, entretenir un instant, avec intérêt, un fabricant, un artiste, un ouvrier, et s'instruire davantage en l'interrogeant. Quant aux arts et aux talens frivoles, il s'en reposoit sur la frivolité nationale du soin de les faire valoir. Mais un sentiment trop étranger à son siècle pour que son siècle le lui pardonnât, c'étoit le mépris qu'il marquoit pour les talens et les arts corrupteurs.

Les personnes les plus à portée de connoître et d'apprécier Louis XVI, mettent encore au-dessus de ses connoissances ses qualités royales, auxquelles

---

qu'elles étoient de Louis XVI lui-même, et qu'elles prouvoient l'instruction étendue de ce roi, dont les factieux avoient voulu contester les connoissances et la capacité. « Il en est des rois » comme des autres hommes, a répondu l'empereur, ce ne » sont pas ceux qui font le plus de bruit qui méritent le plus de » renommée, et souvent on ne leur rend justice qu'après leur » mort. »

Il ne manqua, selon eux, pour le raffermissement du trône, que d'y être montées à une époque où le philosophisme en avoit entièrement ruiné les bases. Un ex-ministre de ce prince, et l'un des premiers artisans de ses malheurs, mais qui, dans la suite, expia bien courageusement ses torts, Malesherbes, en avouant qu'il avoit été un fort mauvais ministre de Louis XVI, parloit de ce prince en ces termes à un de ses ministres actuels : « Depuis que j'ai pu » apprécier les bonnes qualités du roi, je lui suis » sincèrement attaché. Vous devez avoir été surpris, » en voyant à quel point il gagne à être mieux » connu. Ceux qui ne l'ont pas approché le jugent » et le peignent mal. *Je n'ai jamais connu per-* » *sonne dont l'entendement fût plus sain.* Avez- » vous remarqué dans le conseil, comme il saisit » toujours la meilleure opinion? De bons ministres » eussent fait de son règne le plus heureux de la » monarchie *. »

Mais la conjuration philosophique, qui, dans ses conceptions audacieuses, avoit résolu l'anéantisse- ment de la royauté, devoit calomnier les rois ; et comme, pour opérer la ruine des ordres religieux, elle avoit attaqué d'abord le plus irréprochable, de même, pour arriver plus sûrement au renversement de tous les trônes, elle attaquera avec fureur le plus méritant des rois. Tous les moyens seront em-

---

* Mémoires de Bertrand de Molleville, tome III, page 24.

ployés, tous les crimes mis en jeu, pour avilir d'abord, et, suivant le langage des conspirateurs, *tuer* ensuite la royauté dans la personne de Louis XVI.

Les ennemis de la monarchie, malheureusement, ne seront pas les seuls qui combattent contre le monarque sous le règne de Louis XVI; et ce qui rend partout sensible l'action de cette Providence, pour qui tout est moyen quand elle a résolu d'envelopper tout un peuple dans un grand châtiment, c'est que le roi sous lequel devoit s'opérer la catastrophe, n'ayant aucun vice qu'on puisse lui reprocher, aura souvent contre lui ses vertus mêmes. Une excessive modestie étouffoit en Louis XVI le sentiment de ses forces morales; une défiance extrême de ses lumières lui commandoit la déférence pour des conseils très-inférieurs aux siens; trop de crainte enfin de compromettre les intérêts de son peuple le rendoit timide à décider dans les affaires importantes. Content de dire son opinion dans son conseil, il se fût reproché de la faire prévaloir par autorité. Il n'étoit pas rare qu'il ouvrît un avis, négligé de l'avis de tous, et qui se trouvoit ensuite vengé par l'événement. Nous en citerons un trait remarquable. Après que la nation entière, poussée par ses sophistes, comme nous le verrons ailleurs, l'eut entraîné malgré lui dans la guerre d'Amérique, son conseil lui proposa de faire le siége de Gibraltar. Louis XVI, la carte à la main, combattit comme chimérique le projet de réduire par la force un roc inaccessible et bien gardé. « Mon avis, dit-»il, seroit de porter plutôt nos forces navales sur »les possessions des Anglais qui sont ouvertes, et »d'aller prendre Gibraltar aux Antilles et dans les »Indes. » La sagesse de l'avis ne fut sentie qu'après qu'on eut échoué dans l'entreprise qu'il avoit com-battue.

Il n'eût fallu que des occasions à Louis XVI pour montrer à sa nation un des rois les plus ins-truits qui eussent jamais occupé le trône français. Mais ces occasions ne se présentèrent qu'à l'époque où l'opinion pervertie n'avoit plus d'oreilles pour la justice. C'est le lendemain de cet effroyable 6 oc-tobre, si capable de bouleverser les idées dans une tête moins forte que la sienne, que Louis XVI, en-traîné de son palais dans sa capitale affamée, mande son comité des subsistances, pour conférer avec lui sur les mesures à prendre pour mettre fin à la di-sette. Il commence par interroger et écouter ce co-mité, puis il lui fait part de ses observations et de ses calculs : il lui développe ses vues et ses moyens, de manière à produire un silence d'admiration sur ses connoissances en cette partie. Le membre du comité, chargé du rapport à la commune, y dit : « C'est avec la plus grande satisfaction et le plus »grand étonnement que nous avons vu le roi entrer »dans tous les détails des causes de la disette, et des »moyens d'y subvenir. De bonne foi, il en savoit

»plus que nous*.» C'étoit là la conclusion ordinaire
des hommes les plus instruits, quand ils avoient
entendu Louis XVI discuter un point d'administration.

Ce prince portoit jusque dans ses délassemens
les soucis de la royauté. On l'avoit cru tout occupé
d'une chasse, et il avoit mûri une affaire sérieuse,
ou répondu à un mémoire important. Le monarque
partoit un jour pour Saint-Hubert, lorsque le ministre de la guerre lui envoie trois mémoires d'une
demi-heure de lecture, qui lui sont remis dans sa
voiture. Il importoit que ces pièces partissent la
nuit suivante pour Brest. Mais le ministre, sachant
que le roi est allé à la chasse, est persuadé qu'il
manquera son courrier. A six heures du soir, le
roi rentre dans Versailles, s'arrête devant l'Hôtel de
la guerre, fait remettre au ministre ses trois mémoires, qu'il trouve raturés, et apostillés de dix
notes marginales, dont huit sont des décisions très-
judicieuses, la neuvième l'exposé d'un doute à
éclaircir, et la dixième la remarque d'une contradiction qui se trouve entre deux paragraphes d'un
des mémoires.

C'étoit en morale comme en affaires que ce prince
annonçoit la justesse d'esprit et le goût du vrai.
L'abbé de Radonvilliers lui lisoit un journal qui
exaltoit beaucoup les lumières du dix-huitième
siècle. « Oui, précieuses lumières! dit le roi, qui

* Rapport du commissaire Delavigne.

»font briller nos vices et nos travers. » Une autre fois on parloit en sa présence du mérite de Voltaire, qu'on qualifioit d'universel. « Universel pour le »mal, » reprit Louis XVI. La personne ajouta qu'elle ne prétendoit parler que du mérite littéraire et de l'esprit. « Eh bien, répliqua le prince, à ne »considérer que l'esprit, j'en trouve fort peu à »l'homme de lettres qui n'en a pas assez pour se »concilier l'estime des lecteurs honnêtes, amis de »l'ordre et de la vérité. »

Cette droiture de jugement de Louis XVI se fait remarquer de l'observateur impartial jusque dans les erreurs et les traits de sa vie qui ont le plus prêté au blâme des contemporains. Les mesures les plus sages ne garantissent plus les résultats auprès d'un peuple corrompu, et le souverain s'égare en partant des meilleurs principes, avec des sujets qui les méprisent. Dans tous les siècles qui précédèrent le dix-huitième, on inculquoit aux rois les leçons de la modération; on louoit la longanimité de ceux qui aimoient mieux assouplir les obstacles par la douceur que de les briser par la force; et la religion, d'accord en ce point avec la politique, répétoit aux maîtres du monde, « que la patience les sert mieux »que le courage, et que le héros qui prend des »villes d'assaut n'est pas comparable à celui qui sait »commander à son propre cœur *. » Elevé dans

* Melior est patiens viro forti, et qui dominatur animo expugnatore urbium. Parab. Salom. xvi, 32.

ces principes sacrés, Louis XVI eût-il été sage de n'en pas faire la règle habituelle de sa conduite ?

Qu'il soit incontestable aujourd'hui que ce monarque, dans tous les temps, vit mieux que tous ses conseils, c'étoit une vérité qu'un jeune prince n'auroit pu se persuader sans présomption. La trop grande douceur de Louis XVI influa, sans contredit, sur les malheurs de l'empire et sur ses propres malheurs : mais peut-on se plaindre des conséquences, après qu'on a soi-même invoqué le principe ? et, quand la France entière, conseillée par ses sophistes, ne cessa durant son règne de réclamer auprès de lui la tolérance et l'humanité, de quel droit lui reprocheroit-elle d'avoir été exaucée ? Pourquoi ceux qui se mêloient de diriger l'opinion publique, pourquoi ses conseils et ses courtisans ne disoient-ils pas au jeune monarque, et lorsqu'il en étoit temps encore : « Défiez-vous, sire, de votre » cœur, défiez-vous même des règles communes : » elles ne furent pas faites pour une époque de per- » versité sans exemple. Ne craignez pas de mériter, » étant roi, le surnom de *sévère,* dont vous fîtes » choix étant Dauphin : le sceptre de la sévérité » peut seul, dans ces jours d'effervescence et de dé- » lire, replacer un peuple mutiné sous l'empire » des lois, et lui épargner les horreurs de l'anar- » chie. »

Cependant le reproche de foiblesse, celui qui fut le plus généralement intenté à la mémoire de

Louis XVI, est-il bien le reproche qui convienne
à ce prince, et qu'il ait mérité? Nous ne le croyons
pas. La faiblesse, sans contredit, est un grand
défaut, une sorte d'irrégularité dans tout homme
constitué en autorité, depuis le père de famille,
qui doit ordonner sa maison, jusqu'au monarque
qui doit régir l'empire; et le premier instituteur
de Louis XVI, le Dauphin son père, énonçoit une
grande vérité quand il disoit : « La foiblesse, dans
» un roi, lui rend toutes ses vertus inutiles. » Mais
la foiblesse constituoit-elle véritablement le caractère de ce prince? Maurepas lui trouvoit *du caractère et une volonté*; le roi de Prusse, *une volonté
à lui*; Malesherbes disoit aux satellites de la prison
du Temple : « Le roi n'est pas un homme comme
» un autre, *il a l'âme forte*, et une énergie qui
» le met au-dessus de tout. » Si les assassins de la
reine ont reproché à cette princesse d'avoir abusé
du *caractère foible* de Louis XVI, les assassins de
Louis XVI, au contraire, ont dit dans leur acte
d'accusation : « *Plus fort* et plus affermi dans ses
» desseins que tout son conseil, *il n'a jamais été
» influencé* par ses ministres. » Que penser de jugemens si opposés? L'âme la plus droite seroit-elle
donc indéfinissable? Essayons de concilier ces contradictions. Il nous semble que les uns ont plus
particulièrement envisagé le roi dans Louis XVI,
et qu'ils l'ont jugé foible, et que les autres ont plus
spécialement considéré l'homme, et lui ont donné

un caractère de fermeté. C'est après avoir également étudié ce prince sous ces deux rapports, qu'il nous paroît démontré que la foiblesse ne fut pas le vice de son caractère. L'homme foible est celui qui, au préjudice du vrai ou du bien connu, cède à des considérations pour se soustraire à des inconvéniens, ou éluder des combats. Or, jamais Louis XVI ne parut se conduire par ces motifs. Ni les travaux à supporter, ni les obstacles à vaincre ne rebutoient sa constance à la poursuite des affaires; et ce n'étoit pas non plus par voie d'importunité qu'on l'amenoit à changer de sentiment : l'univers à ses pieds ne l'eût pas fait agir contre la conscience intime d'un devoir; et, dans le cours orageux de sa vie, mille traits divers attesteront sa fermeté dans le bien, son intrépidité dans les dangers, son héroïsme même en présence de la mort. Quand il s'étoit fixé à une opinion, il falloit, pour l'en faire changer, qu'on l'assiégeât de raisons assez spécieuses, ou de suffrages assez imposans, pour lui persuader que ce changement ne seroit qu'un sacrifice au mieux. Sa volonté n'étoit jamais subjuguée; mais elle fut souvent égarée : ce qui produisoit en lui, non la foiblesse, mais l'indécision. Et le moyen d'éviter ce défaut pour un roi qui, obligé de se décider sur des rapports étrangers, étoit habituellement trompé par ces rapports?

Louis XVI sera réputé foible, pour avoir constamment refusé d'employer la force des armes pour réduire les factieux. Mais cette résistance opiniâtre nous paroît bien plus tenir de la fermeté que de la foiblesse. Et si ceux qui environnoient ce prince l'eussent cru si foible, n'eussent-ils pas tenté de le faire triompher malgré lui ? Cette détermination, au reste, avoit plusieurs motifs qui renforçoient celui qu'il puisoit dans son cœur : il vouloit éviter le reproche fait à Charles Iᵉʳ. et on lui entendit souvent dire : « Si je succombe à la violence de mes »ennemis, les Français au moins n'auront pas à me »reprocher de les avoir armés les uns contre les »autres. » Dans un entretien avec un officier-général, lorsque ses troupes étoient campées dans la plaine de Grenelle, « Je crois ma cause, lui dit-il, »beaucoup plus juste que celle de l'empereur : mais »croyez-vous nos moyens actuels plus infaillibles »que les siens, et êtes-vous plus sûrs de vos soldats »que le général d'Alton ne l'étoit des siens? » L'officier n'osa répondre affirmativement.

Le vulgaire le moins instruit est toujours le plus hardi à juger ceux qui le gouvernent : il leur prête des torts qui ne sont que dans son ignorance. Il se persuade qu'un roi n'a ni vu ni senti, lorsque, voyant et sentant mieux que lui, il a dissimulé et dû sagement dissimuler. Une princesse parloit à Louis XVI d'un ministre qui avoit mal répondu à sa confiance, et qu'il congédioit néanmoins avec une pension : « J'ai eu deux raisons, répondit Louis »XVI, pour en agir ainsi : je n'ai pas cru que ce

»fût le cas de le perdre de réputation, ni non plus
»de mettre le public en confidence de mon erreur
»sur son compte. » Quoique personne ne sentît
mieux que ce prince tout ce qu'avoit de répréhen-
sible la conduite de ses parlemens, qui ajoutoient
d'ordinaire, à l'indécence de leurs représentations,
le scandale de la publicité, jamais il ne se départit
vis-à-vis d'eux de cette dignité impassible, qui ne
sait se venger que par une supériorité de raison.
Un jour qu'il venoit d'essuyer une de ces remontrances que les magistrats appeloient courageuses,
et le public insolentes : « J'aurois été bien tenté,
»dit-il, de raconter à ces messieurs-là à quelles
»conditions certains membres de leur grand'chambre
»se faisoient forts de m'épargner leurs contradic-
»tions; mais nous devons craindre de dépouiller de
»la considération publique un corps qui en a besoin
»pour le bien de nos sujets. » Une autre fois, après
une audience où le parlement de Paris venoit de lui
répéter la vérité banale : « Sans une volonté ferme
»et invariable, il n'y a ni gouvernement ni véri-
»table administration, » Louis XVI tira à l'écart le
chef de la députation, et lui dit : « Je n'ai pas
»voulu, monsieur, en faire l'observation en public :
»mais pourquoi, mon parlement, en contradiction
»directe avec ses principes, résiste-t-il depuis si long-
»temps à ma volonté ferme et invariable d'abolir
»les corvées? Il faudra pourtant bien qu'il y vienne. »

S'il est vrai que Louis XVI étoit timide dans ses

décisions, lorsqu'il ne pouvoit les former que sur les aperçus si souvent fautifs de ses ministres, ce qui paroît plus incontestable encore, d'après l'aveu de ces mêmes ministres, c'est que ce prince étoit d'une capacité d'intelligence et d'une rectitude de jugement qui le plaçoient au-dessus de ses conseils et de tout ce qui l'environnoit. On parle avec admiration de quelques esprits féconds, en qui on remarqua la faculté de s'occuper, sans confusion, de plusieurs objets à la fois : Louis XVI s'étoit formé à cet heureux talent, de donner simultanément une attention sérieuse à plusieurs affaires. Chez lui, les deux organes de la vue et de l'ouïe parloient en même temps à son esprit, et si distinctement, qu'il étoit également prêt à motiver son avis sur deux affaires, dont l'une venoit d'être exposée dans son conseil, tandis qu'il s'étoit occupé de l'autre par la lecture d'un mémoire. Un de ses ministres, qui, dans les derniers temps, a eu le plus de part à la confiance de ce prince, lui rend ce témoignage : « La timidité naturelle du roi, dans son conseil, » disparoissoit totalement lorsqu'il étoit question » de la religion, du soulagement du peuple ou du » bonheur de la France. Dans ces occasions, il par-» loit avec une énergie et une facilité dont les mi-» nistres, qui partageoient l'opinion générale de son » incapacité, étoient toujours infiniment surpris. » Nous avions journellement l'occasion de recon-» noître en lui les indices généralement considérés

»comme les preuves d'un esprit actif et intelligent.
»Tout en lisant des lettres ou des mémoires, il pré-
»toit assez d'attention aux discussions du conseil
»pour être parfaitement au fait de ce qui s'y passoit,
»et il nous l'a souvent prouvé par ses observations
»sur ce qu'il avoit lu et sur ce qu'il avoit entendu.
»En voici un exemple frappant : Un jour que le roi
»lisoit des lettres et des mémoires, tandis que les
»ministres discutoient les affaires de leur départe-
»ment, M. de Gerville fit un rapport sur une affaire
»délicate, dont la décision fut remise à la huitaine.
»Mais ce ministre ayant omis, dans son second
»rapport, une circonstance essentielle qu'il avoit
»insérée dans le précédent, le roi lui en fit l'obser-
»vation, à la grande surprise de tous les membres
»du conseil, qui l'avoient supposé exclusivement
»attentif à ses lettres et mémoires, sur lesquels il
»avoit effectivement fait des réflexions très-judi-
»cieuses *. »

L'attention de Louis XVI aux affaires qui se traitoient en sa présence étoit telle , et sa mémoire le
servoit si bien, qu'il lui arriva plusieurs fois de dire,
dans son conseil des dépêches : « Il y a un an, il
»y a deux ans que nous avons jugé différemment la
»même espèce d'affaire; et nous avons eu tort. »
Le gardé du trésor royal lui ayant un jour remis
l'état qu'il étoit d'usage qu'il présentât tous les trois

---

* *Mémoires* de Bertrand de Molleville, tome II, page 17.

mois à son conseil, le roi, en le lisant, dit : « Voici
» un article, monsieur, qui a déjà été porté dans un
» état précédent. » L'observation étoit juste, et personne ne l'avoit faite. Il fallut qu'on en vînt à des
explications et des vérifications de pièces. « Il est de
» fait, dit le ministre déjà cité, qu'aucun de nous
» ne pouvoit jouter avec le roi pour la mémoire ;
» et son jugement n'étoit pas moins sûr. Je puis af-
» firmer avec vérité que tout le temps de mon ad-
» ministration, toutes les mesures importantes que
» j'ai vu soumettre au jugement du roi, ont été per-
» fectionnées par les changemens qu'il a proposé d'y
» faire. — Son jugement me paroissoit beaucoup plus
» sûr que celui de mes collègues. »

Ce coup d'œil juste, cette aptitude de Louis XVI
à saisir le vrai dans toute affaire qui ne demandoit
que du discernement, étoit accompagné chez lui de
la droiture d'intention et de la volonté sincère de se
fixer au point de vérité connu. Jamais aucun ministre, ni dans les discussions politiques, ni dans
les détails d'administration, ne lui surprit la pensée
d'une injustice. Sa maxime favorite étoit celle de
Louis IX : TOUT CE QUI EST INJUSTE EST IMPOSSIBLE. Il
s'annonça, en montant sur le trône, pour ne vouloir
régner que par la justice ; et l'on a défié ses plus
ardens ennemis de citer une seule injustice de son
règne qui lui ait été personnelle. Il n'étoit roi que
d'un jour, et n'avoit encore de conseil que son équité
naturelle, qu'il donnoit à la France les premières

preuves de son amour pour la justice. Le prince habitoit le château de la Muette, dépendance du village de Passy. On lui annonce que les habitans de l'endroit réclament sa justice contre un boulanger, qui, profitant de l'affluence du peuple qui accourt pour voir son nouveau roi, lui vend le pain, du poids de quatre livres, six sous au-dessus de la taxe. Le roi, après avoir reçu la plainte de ces villageois, leur dit : « Je vous ai entendus, mes en- »fans, il faut que j'entende aussi celui que vous »accusez. » Le monopoleur est mandé, il est interrogé, et le délit est prouvé. Le roi alors se fait représenter la loi ; et la lecture qu'il en fait faire au coupable, lui apprend qu'elle le condamne à une amende de cinq cents livres. Le condamné se jette à genoux, demande grâce pour une faute qu'il assure être la première de sa vie en ce genre : « Mon ami, »lui dit Louis XVI, si tu m'avois trompé, je pour- »rois te faire grâce ; mais je ne la ferai jamais, il »m'est impossible de la faire aux ennemis de mon »peuple. » Tel fut le premier jugement rendu par Louis XVI.

Quelques jours après, comme il se promenoit dans ses jardins, où des femmes et des enfans étoient occupés à arracher les mauvaises herbes, il s'arrête, et leur dit : « Combien gagnez-vous par »jour ? — Sire, répond une des femmes, je ne ga- »gnons que six sous. — Comment, six sous ? je n'ai »jamais ouï dire qu'on payât des journées six sous ;

»je sais qu'à Choisy elles se paient vingt. —Il faut
»tout dire, notre bon roi, comme *je faisons* tra-
»vailler nos enfans avec nous, M. le jardinier dit
»que c'est *ben* assez *l'in* portant *l'aute ; ma fine,*
»pourtant, ces enfans-là *faisont quasiment* au-
»tant de besogne que nous *autes.* —Je verrai cela.»
De retour de sa promenade, le roi se fait représenter l'état des ouvriers occupés dans les jardins ;
et, voyant que les journées sont payées vingt sous,
il fait appeler le premier jardinier, et lui dit :
« Combien donnes-tu à ces femmes occupées du
»sarclage dans les jardins? — Sire, elles gagnent
»vingt sous par jour. —Un salaire de vingt sous
»n'est pas trop pour une journée du mois de juin,
»si elle est bien employée : ce prix cependant me
»paroîtroit un peu fort pour tous ces petits en-
»fans que tu occupes? — Sire, c'est le prix fixé ; et
»ces enfans, plus souples et plus agiles, sont plus
»propres que les autres à ce genre de travail. —
»Fort bien, mon ami, mais tu es un fripon, qui
»détournes à ton profit la substance des pauvres.»
L'intendant du château étoit présent : le roi lui reproche sa négligence ; lui ordonne de renvoyer son
premier jardinier et de prélever, sur les gages qui
lui sont dus, la juste indemnité des ouvriers qu'il
a frustrés de leur salaire. C'est par ces traits intéressans que son jeune roi s'annonçoit à la France.

La justice, aux yeux de ce prince, étoit moins
la vertu que la dette sacrée d'un roi, et en quel-

que sorte son essence royale. Aussi ne croyoit-il pas blesser la modestie, en se donnant pour le constant ami de la justice. Il étoit persuadé qu'on la devoit même à des hommes injustes par profession. A son avénement au trône, les Tripolitains, dont l'existence est fondée sur le brigandage, faisoient pressentir ses dispositions sur les traités existans entre eux et la France, et Louis XVI répondoit à l'envoyé de ces pirates : « Le premier » devoir des souverains, c'est la fidélité aux traités : » j'en donnerai l'exemple, et la justice sera toujours » la base de ma conduite. » Jamais en effet, si on parvient quelquefois à l'induire en erreur, on ne le rendra complice de la plus légère injustice connue.

Ses ministres, dans une de ses premières séances au conseil des dépêches, eurent lieu de se convaincre que la rigide équité seroit sa règle. On y sollicitoit un arrêt de surséance aux poursuites des créanciers d'un seigneur de sa cour, faveur qui s'accordoit trop facilement sous le règne précédent. Louis XVI, ne jugeant pas les motifs de la demande fondée en justice, se prononça contre le courtisan en faveur des créanciers en souffrance. Dans la même séance une requête semblable fut présentée au nom d'un marchand. « La » cause est décidée, dit le roi : ainsi que le sei- » gneur, le marchand doit payer ses dettes. » Le maître des requêtes, rapporteur de l'affaire, observa

qu'il étoit dû à ce même marchand, pour fourni-
tures faites au compte du feu roi, une somme qui
lui suffiroit pour payer ses créanciers, s'il pouvoit
la toucher. « Eh bien, reprend Louis XVI, je dois
» l'exemple, et j'ordonne que le roi paiera sans dé-
» lai, afin que le marchand puisse payer. »

Dans toutes les occasions où la justice parloit,
ce prince se montroit prompt à condamner le roi
en faveur du particulier. Il le fit dans un procès
considérable avec la maison de Rohan, au sujet
du port de Lorient; et d'une manière plus éclatante encore dans la fameuse affaire des landes de
Bordeaux. Dans la persuasion où l'avoit mis son
conseil, que ces landes, dans toute leur étendue,
faisoient partie de son domaine, et que leur mise
en valeur tourneroit à l'avantage public, il s'étoit
déterminé à en faire des concessions à des particuliers assez riches pour faire les avances des dé-
frichemens. Mais les propriétaires riverains, lésés
par ces dispositions, se pourvurent en réclamation
au parlement de Bordeaux, qui admit leur requête,
et adressa ses remontrances au roi. Ainsi placé
entre l'avis de son conseil qui le déclaroit propriétaire, et celui des magistrats qui le faisoit usur-
pateur, Louis XVI se défia de la justice de sa cause,
et, après avoir pesé les raisons de part et d'autre,
il voulut, avant de prononcer, avoir une explica-
tion franche et paternelle avec les officiers de son
parlement, dont une députation se rendit à Ver-

sailles. Là, pendant une conférence qui dura six
heures, le monarque étonna quarante magistrats
par la précision de ses connoissances sur l'affaire
en litige, les attendrit jusqu'aux larmes par l'exposé
simple et sans apprêt de ses principes de justice,
et par une décision qu'aucune loi précise ne lui
indiquoit, mais dont il trouva la règle dans son
cœur. « A Dieu ne plaise, messieurs, leur dit-il,
»que jamais j'autorise qu'il soit porté la plus lé-
»gère atteinte à la propriété du moindre de mes
»sujets; mais j'ai voulu m'éclaircir, et conférer
»avec vous sur les moyens qui pourroient être en
»mon pouvoir, d'augmenter en même temps la
»fertilité et la salubrité de votre pays, sans que la
»justice en souffre. »

Ce n'est pas seulement envers ceux qui savent
défendre leurs droits, c'est plus spécialement encore en faveur de ceux qui ont le moins de moyens
de les faire valoir, que Louis XVI aime à faire
éclater sa justice; et c'est jusqu'au pied de son
trône qu'il leur est permis de la réclamer. Des
habitans d'un de ses domaines viennent dénoncer à
son conseil des dégâts causés à leurs moissons par
le gibier; Louis XVI examine leur requête, s'en
fait lui-même le rapporteur; et ses conclusions
sont : que le dommage sera vérifié et réparé; que,
de plus, pour prévenir de semblables abus, il in-
terviendra un arrêt de son conseil, qui servira de
titre à tout laboureur, pour se pourvoir en indem-

nité contre tout seigneur ayant droit exclusif de chasse.

Dans une autre occasion, une troupe de paysans, au nombre de plus de cent, arrivent à Versailles du fond de l'Alsace, et demandent à parler au roi, annonçant qu'ils ont à se plaindre des vexations de l'intendant de leur province. Les ministres, en prenant les ordres du roi sur ces voyageurs, lui représentent l'inconvénient d'accueillir de pareilles dénonciations, qui peuvent n'être que le jeu d'une intrigue, dont des hommes simples deviennent souvent les crédules instrumens. «Cela peut être, »dit Louis XVI; mais aussi il y a peu d'apparence »que, sans l'intime conviction de quelque abus »d'autorité à leur préjudice, des paysans se déter- »minent à un si long voyage, au risque de se faire »un ennemi puissant de celui dont ils n'auroient »pas réussi à faire un coupable à mes yeux.» Ces paysans furent entendus : le roi leur promit que leur affaire seroit examinée; et ils reprirent le che- min de leur pays, en bénissant le bon roi qui les avoit écoutés. Louis XVI, en effet, chargea un de ses ministres de prendre des informations exactes sur les griefs allégués à la charge de l'intendant d'Alsace; et, peu de temps après, ce magistrat fut révoqué.

Tous les genres d'injustices trouvoient ce prince également inexorable. La première fois qu'il en- tend parler dans son conseil de la solidarité par contrainte, établie pour le recouvrement de l'impôt; frappé de l'injustice de la loi, il en ordonne la réforme. Lui revient-il qu'on emploie la ruse et la supercherie dans les enrôlemens pour ses armées, il les proscrit sous des peines très-graves; il fait publier la nullité de tout engagement surpris, et la liberté de tout homme engagé pour un corps, et qu'on voudroit forcer de servir dans un autre. Sur le rapport qui lui est fait qu'en certaines provinces ses sujets ne peuvent réclamer la justice devant les tribunaux, sans se voir dévorés par la chicane, par ses ordres, des commissaires d'une intégrité reconnue se transportent sur les lieux, avec charge de recueillir en son nom les plaintes des peuples, et d'adresser à son conseil toutes les réclamations fondées, soit à la charge des officiers, soit à celle des suppôts de ces tribunaux diffamés.

Le zèle dont Louis XVI étoit animé pour la justice n'avoit rien d'amer et de précipité. Jamais il ne préjugeoit le mal, et tout accusé, soit devant son conseil, soit seulement auprès de sa personne, avoit la plus ample liberté de faire valoir ses moyens de défense : il pouvoit même compter que, s'il parvenoit à prouver son innocence, le bon roi partageroit son triomphe. Un seul trait en ce genre suffiroit pour le prouver. L'opinion publique, d'après le cri général de l'armée navale, plaçoit le comte de Grasse entre le reproche de trahison ou de lâcheté, pour être resté dans l'inaction durant'un combat auquel l'honneur et le devoir lui ordonnoient de prendre part. Le conseil d'état ayant jugé nécessaire que le procès fût fait à cet officier, il se rendit à Versailles pour en attendre l'issue, et il demanda à être présenté au roi. On n'imaginoit pas qu'il en obtînt la permission; et, quand le roi se fut montré disposé à le recevoir, on voulut l'en détourner. « Eh! pourquoi, » dit Louis XVI, refuser si peu de chose à celui qui, » de quelque manière que ce soit, est dans le mal- » heur ? Si je ne puis lui faire un accueil bien » empressé, je lui prouverai du moins que ma pré- » vention n'influera pas sur son jugement; » et il le reçut. L'officier général fut dégradé; et, par une clause de son jugement, déclaré indigne de paroître désormais devant le roi.

Ce sera aussi par amour de la justice, et par la crainte exagérée de devenir injuste, que Louis XVI acquiescera à la demande des États généraux : mesure qu'on lui vantera comme infaillible pour la restauration des finances. C'est ce que prouve sa réponse à un seigneur de sa cour, qui lui disoit qu'une banqueroute lui paroîtroit préférable au remède adopté pour l'éviter : « Et moi, monsieur, » répondit Louis XVI avec vivacité, je vendrois » mes souliers et me condamnerois à porter des sa- » bots, plutôt que de manquer à mes engagemens, » et de me sentir injuste envers un seul de mes su- » jets. »

Ajoutons à ces traits caractéristiques de la justice de ce prince, un dernier trait qui nous paroît digne de Salomon, et qui suffiroit seul pour immortaliser un roi sous le rapport de justice. Son ministre de la guerre, le prince de Montbarrey, travaillant pour la première fois avec lui, lui présenta une liste nombreuse de jeunes gens, pour lesquels on sollicitoit la faveur d'être placés dans des régimens. Le mérite personnel des candidats étoit censé se réduire pour tous à une égale bonne volonté présumée. Mais plusieurs étoient puissamment recommandés, et le ministre avoit écrit à côté de leurs noms ceux de leurs patrons. Comme le nombre des places à accorder n'égaloit pas, à beaucoup près, celui des aspirans, Louis XVI prend son crayon, et commence par effacer de la liste tous ceux qu'il voit recommandés par la reine, par les princes ses frères, et par d'autres grands personnages. Cette méthode paroît fort extraordinaire au nouveau ministre, qui en fait l'observation au roi : « Eh! monsieur, lui dit Louis XVI, » ne voyez-vous pas que ceux qui ont de si bons » appuis sauront toujours se tirer d'affaire, et qu'il » est de justice que, moi, le père commun de mes » sujets, je m'établisse le protecteur de ceux que je » vois destitués de toute protection? »

Et ce prince, si passionné pour la justice, et si ingénieux à la faire prévaloir, on le voyoit encore s'affliger à la seule pensée des injustices qui pou-

voient se commettre à son insu et à l'ombre de sa
puissance. La princesse de Marsan le félicitoit un
jour sur le bonheur d'un roi qui ne s'appliquoit,
comme lui, qu'à faire le bien. « Ah ! mon bonheur,
»s'écrie Louis XVI en soupirant, croyez - vous,
»maman *, qu'il puisse être bien pur, quand je ne
»puis douter que, malgré moi, je fais encore bien
» des injustices ? »

De cette délicatesse de principes sur la justice,
naissoit chez ce prince un rigide attachement pour
la vérité, et une aversion décidée pour tout ce qui
s'en écartoit. Rien qui ne fût simple et vrai dans sa
conduite et ses discours, dans ses manières et tout
son extérieur. Une plaisanterie cessoit d'en être une
pour lui, si elle offensoit la vérité ; la seule ombre
du déguisement lui déplaisoit ; la duplicité prenoit
à ses yeux la physionomie du crime, et tout mensonge le trouvoit inexorable. Un de ses officiers domestiques avoit un jour manqué l'heure de son service. La faute n'étoit rien en elle-même pour un
serviteur fidèle, et que son maître chérissoit. Le roi
lui demanda la cause de son retard. L'officier avoit
eu la foiblesse de mettre sa montre d'accord avec
son erreur ; il s'en prend à sa montre. Le roi la
demande, la regarde ; et, voyant qu'elle mentoit
très-exactement de tout le temps qu'il falloit pour

---

* Louis XVI conserva toute sa vie ce nom de tendresse à sa
gouvernante.

excuser son maître, il la jette dans le feu, en disant : « Voilà le cas que je fais des menteurs. »
L'officier se retira désolé ; et ceux qui étoient présens le crurent disgracié. Mais Louis XVI avoit
seulement voulu donner une leçon frappante dans
le pays de la duplicité. Le lendemain au lever, il
demanda à l'officier s'il avoit une autre montre ?
Et, sur sa réponse affirmative, il ajouta, en lui en
donnant une : « Vous en aurez deux ; mais je vous
» conseille de vous en tenir à celle-ci, elle est très-
» véridique. »

C'étoit généralement, et dans toutes les circonstances, que ce qui s'écartoit du vrai blessoit la
droiture naturelle de ce prince. Sa délicatesse en ce
point étoit telle que, dans les pièces qui devoient
être publiées en son nom, il obligeoit ses ministres
à corriger toute expression qui auroit altéré la
vérité. L'un d'eux, au temps de la révolution,
avoit été chargé de rédiger une proclamation aux
Français, qui leur peignit les sentimens doulou-
reux de leur roi, à la vue des meurtres et des violences de tous les genres auxquels le royaume étoit
en proie. Le ministre, dans le projet qu'il soumit
au roi, lui faisoit dire : « Ces désordres troublent le
» bonheur dont nous jouissons. — Il faut changer
» cette phrase, se réorie le roi. » Le ministre la relit,
sans pouvoir deviner en quoi elle pèche. « Eh !
» monsieur, reprend le roi avec émotion, comment
» pourrois-je être heureux, quand personne ne l'est

» en France? Non, monsieur, non, les Français
» ne sont point heureux. Ils le deviendront, il faut
» l'espérer, et c'est mon vœu le plus sincère. Quand
» nous en serons là, je jouirai de leur bonheur, et
» je pourrai le déclarer sans imposture. » C'étoit en
plein conseil et au milieu de ses ministres que
Louis XVI professoit ainsi le scrupuleux attachement à la vérité. « Ces paroles, dit le ministre qui
» les rapporte, que le roi prononça d'une voix en-
» trecoupée, firent sur nous une vive impression,
» et furent suivies, durant quelques minutes, d'un
» profond silence *. »

Un autre trait caractérise bien la noble franchise
de ce prince, et son éloignement pour tout ce qui
auroit eu l'air de s'en écarter. Il devoit paroître
pour la dernière fois devant l'assemblée qui s'étoit
arrogé le droit de le juger ; on lui avoit enlevé, à
cette époque, toute espèce d'instrumens tranchans,
et il eût voulu se faire la barbe. Il dit à son valet
de chambre de chercher à lui procurer un rasoir,
ou du moins des ciseaux. Le fidèle serviteur observe à son maître qu'il pourroit lui être utile de
paroître à l'assemblée dans le même état qu'il est
dans sa prison, ne fût-ce que pour rendre sensibles
les rigueurs dont ses gardiens en usent à son égard.
« Non, dit le roi, ce moyen d'intéresser à mon sort
» ne me paroît point assez loyal. »

---

* **Mémoires** de Bertrand de Molleville, tome II, page 15.

Dans les dernières années de sa vie, lorsque ses ennemis le combattront par les impostures et les violences, il ne consentira jamais à leur opposer d'autres armes que sa conscience et la vérité. Il n'auroit pas voulu devoir à un sentiment factice le triomphe le plus légitime; il n'eût pas consenti à racheter sa couronne par un mensonge, ni même sa vie par un stratagème qu'il eût jugé indigne de la majesté royale. Ces dispositions héroïques seront mal appréciées par de petites âmes, incapables d'en mesurer la hauteur; mais la postérité n'en admirera pas moins Louis XVI, soit quand il dit à ses ministres Laporte et Montmorin : « Je sens, »comme vous, messieurs, tous les dangers de ma »position; mais mourir innocent n'est point une »honte, et j'en trouve une dans le travestissement »que vous me proposez; » soit quand il dit à ses défenseurs : « Cette pièce qu'on m'objecte est de »moi; vous devez l'avouer, sauf ma raison, que »voici (11); » ou bien lorsqu'il dit à M. Desèze qui lui lit le préambule de sa défense : « Cela est bien »beau, monsieur, mais pourtant c'est de l'élo- »quence : faisons-en, je vous prie, le sacrifice, »pour nous en tenir à la simple vérité. »

Cet amour de la vérité se concilioit en Louis XVI avec toute la discrétion nécessaire à un roi pour le succès des affaires. Impénétrable pour tout ce qui demandoit le secret, jamais il ne paroissoit moins occupé en public que de ce qui l'occupoit le plus

dans le cabinet. Dans son conseil, la crainte de
gêner la liberté des opinions le rendoit de la plus
scrupuleuse attention à ne pas laisser percer son
avis sur une affaire avant la discussion.

Une autre qualité précieuse et vraiment royale,
qu'on distinguoit en Louis XVI, c'étoit l'amour de
l'ordre. Il en mettoit dans toute sa conduite, dans
ses occupations comme dans ses actions : il vouloit
l'ordre dans son domestique, il le vouloit dans ses
conseils, il le vouloit dans tout le royaume ; et s'il
ne parvint pas à le rétablir dans toutes les branches
de l'administration publique, ce fut, comme la
suite le prouvera, le crime de son siècle et non
celui de sa volonté. Il ne donnoit pas audience à
un homme en place, qu'il ne cherchât à lui inspirer l'amour de l'ordre, et le zèle pour la répression
des abus qui le troublent. Un ministre étoit sûr de
lui plaire, en lui offrant les moyens d'arrêter ou de
prévenir quelque désordre dans son département ;
et jamais il n'employoit plus volontiers son autorité
qu'à la sanction d'un réglement qui tendît à cette
fin. Il en fit plusieurs, tant civils que militaires,
où respire l'esprit qui l'animoit pour le maintien
de la règle et des sages institutions.

Un des désordres que Louis XVI combattit le
plus constamment pendant son règne, quoique
sans succès, ce fut celui du jeu, passion l'aliment
de la cupidité dans les uns, et le besoin du luxe
dans les autres. « Depuis notre avénement à la

»couronne, disoit ce prince dans une de ses décla-
»rations *, nous nous sommes appliqué à établir
»l'ordre dans toutes les parties de l'administration
»de notre royaume. — Mais nous nous flatterions
»en vain de rendre nos peuples heureux par notre
»économie, si nous ne faisions pas usage de la
»puissance que Dieu nous a donnée, pour remédier
»aux malheurs qu'un grand nombre de nos sujets
»attirent sur leurs familles par leur inconduite.
»L'abus des jeux, qui s'est multiplié depuis quelque
»temps a fixé notre attention. » Suivent les dispositions pénales contre les joueurs et leurs fauteurs ;
dispositions qui eussent infailliblement atteint leur
but, s'il eût été possible alors de préposer à la surveillance de la loi, d'autres hommes que des complices de son infraction.

Louis XVI saisissoit toutes les occasions de blâ-
mer en public ces dissipateurs insensés, qui, après
avoir ruiné leurs affaires, bravoient encore la honte
de l'insolvabilité. « Qu'un homme se ruine, disoit-
»il un jour en présence d'un grand seigneur qui ne
»payoit pas ses dettes, c'est un travers dont il est la
»première victime; mais qu'il prétende ruiner en-
»core les autres, c'est un désordre que les lois
»doivent poursuivre, et que je ne souffrirai jamais. »

Un autre abus contre lequel la volonté de
Louis XVI parut toujours également décidée, et

---

* Du 1er mars 1781.

sur lequel, par la même fatalité des circonstances, nous vîmes toujours aussi sa volonté frustrée, c'étoit la liberté que se donnoient les hommes en place de délaisser leurs postes, les uns pour les plaisirs de la capitale, les autres pour les intrigues de la cour. Le monarque leur fit intimer à tous l'injonction de la résidence, et la défense de l'enfreindre sans son autorisation. Dans la lettre de son ministre aux évêques, on lisoit : « Le roi ayant fixé »son attention particulière sur l'importance de vos »fonctions, ainsi que sur les avantages multipliés »que recueille son service, comme celui de la reli- »gion, de vos bons exemples et de vos soins jour- »naliers, sa majesté m'a ordonné de vous marquer »qu'elle désire que vous résidiez beaucoup, et que »vous ne sortiez jamais de votre diocèse sans en »avoir obtenu la permission. » Disposition pleine de sagesse, et qui ne déplut qu'à un très-petit nombre d'évêques qu'elle atteignoit.

Si Louis XVI demandoit la résidence et le bon exemple aux évêques, il savoit aussi, dans les occasions, soutenir leur juste autorité contre les écarts de l'indiscipline. Il réforma, dans son conseil, plusieurs jugemens des tribunaux qui affectoient de compromettre la hiérarchie ecclésiastique et d'en méconnoître les degrés. Entre plusieurs décisions relatives à cette matière, nous en remarquons une dans laquelle il est question de soixante-dix curés, qui s'étoient permis de publier

une protestation contre un mandement de l'évêque
de Lisieux, rétablissant pour eux l'usage des confé-
rences ecclésiastiques, et de quelques jours de
retraite de quatre en quatre ans. Louis XVI condamne ces curés dans son conseil, et déclare leur
conduite « contraire au respect dû à leur supérieur
» légitime et à la juste subordination dont ils doi-
» vent l'exemple. »

C'étoit dans les moindres choses, comme dans
les plus importantes, que le monarque faisoit paroître son amour de l'ordre. Il se trouvoit, un jour
de fête, au château de la Muette, et n'y avoit pas
d'aumônier : il envoya prévenir le curé de Passy
qu'il assisteroit à sa messe paroissiale. Le curé fit
prier le roi de lui assigner son heure : « Mon
» heure, répondit Louis XVI, sera celle qui est
» fixée par les statuts du diocèse. Ma présence ici,
» loin d'intervertir l'ordre, devroit le rétablir, s'il
» n'existoit pas. » Une autre fois, ce prince traversoit
de grand matin la ville de Versailles, à pied et sans
cortége. Choqué de la grande malpropreté qu'il
voit devant une maison, il sonne à la porte et demande à parler au maître (c'étoit un chirurgien);
la servante répond que monsieur repose encore :
« Allez l'éveiller, dit le roi, il faut que je lui parle.»
Le bourgeois, avant de se découcher, veut savoir
pour qui. Le roi, qui ne veut pas décliner son nom,
continue sa promenade; mais, de retour au château, il envoie querir le chirurgien. « C'est moi,

»monsieur, lui dit-il, qui vous ai fait éveiller ce
»matin : je voulois seulement vous observer qu'un
»chirurgien est plus inexcusable qu'un autre, quand
»il pèche contre les réglemens de police qui ont
»pour objet la propreté des rues, dont dépend la
»salubrité de l'air; mais je vous ajouterai qu'il ne
»convient pas qu'un homme qui s'annonce par une
»enseigne, comme dévoué au service public des
»malades, ne se décide que sur le nom à écouter
»ceux qui demandent à lui parler. »

Cependant un compliment alloit beaucoup mieux
qu'un reproche au caractère bon et sensible de
Louis XVI. Il jouissoit de tout le plaisir qu'il pouvoit procurer à celui dont il encourageoit les talens
ou récompensoit les services. Le cœur et l'esprit le
servoient également dans ces occasions. La franchise de ses procédés n'en excluoit pas la délicatesse, et il avoit l'art précieux pour les grands, de
faire agréablement des choses agréables. Un brave
officier de mer, capitaine de la frégate royale appelée *la Belle Poule*, se trouvoit chez le comte de
Maurepas, et faisoit sa partie. Le roi, sans être
annoncé, arrive chez son ministre. On se lève à
l'instant, on jette les cartes; mais Louis XVI ordonne que l'on continue la séance. Quelqu'un,
dans le moment, observe que le capitaine a bien
beau jeu. Le roi, en s'approchant pour en juger,
dit : « Oui, vraiment, c'est partout que M. de la
»Clochetterie a beau jeu. » Faisant allusion à la

conduite courageuse que venoit de tenir cet officier.
« J'ai pourtant, continue le roi, un reproche à vous
» faire : on vous soupçonne fort d'inconstance. —
» Oserais-je demander à sa majesté ce qui a pu
» donner lieu au soupçon ? — On prétend que vous
» allez faire infidélité à ma *Belle Poule*. — Ah ! sire,
» la pensée ne m'en est jamais venue. — Il faut donc
» qu'elle soit venue à d'autres pour vous. — C'est,
» sire, ce que j'ignore absolument. — Eh bien moi,
» j'en sais quelque chose ; car je vous ai vu inscrit
» quelque part pour le commandement d'un de mes
» vaisseaux de ligne. »

Lorsque le fort Saint-Philippe fut pris sur les
Anglais, le duc de Crillon, qui avoit commandé
l'expédition, dépêcha son fils pour en annoncer le
succès au roi. Ce prince, en accueillant avec sa
bonté ordinaire le porteur de la bonne nouvelle,
lui dit : « Elle va étonner ici bien du monde, avec
» qui je n'ai jamais pu être d'accord, parce qu'ils
» ne vouloient envisager que les difficultés de l'en-
» treprise, et que moi je songeois uniquement que
» M. votre père en étoit chargé. »

Souvent Louis XVI se ménageoit à lui-même le
plaisir d'écrire une lettre gracieuse à un bon serviteur de l'état. Nous en citerons une entre plusieurs
également intéressantes que nous avons sous les
yeux. Ayant appris que le comte d'Estaing cherchoit à faire un emprunt de vingt-cinq mille livres,
il lui écrivit de sa main : « Comme j'ai appris,

» M. le comte d'Estaing, que vous cherchez à em-
» prunter de l'argent, je vous demande la préfé-
» rence sur votre notaire, pour fournir la somme
» dont vous avez besoin. Vous pourrez être sans
» inquiétude pour le remboursement. Je suis charmé
» d'avoir trouvé cette occasion de devenir votre
» créancier, étant moi-même votre débiteur pour
» des services rendus au prix de votre sang et que je
» n'oublierai jamais (12). »

Louis XVI ne s'amusoit pas à concerter des dires
ingénieux ; mais personne ne possédoit mieux que
lui l'éloquence du sentiment ; et c'étoit tout naturellement qu'il trouvoit le mot gracieux, en voyant
la personne à qui il convenoit de l'adresser. Le vieux
maréchal de Biron, colonel des gardes françaises,
venoit lui faire sa cour à la suite d'une maladie dangereuse : « Je suis charmé de vous revoir, mon cher
» Biron, lui dit le roi, et je vous souhaite autant
» d'années de vie que je connois de gens qui ambi-
» tionnent votre beau régiment : nous aurons le plaisir
» de vous voir le commander encore long-temps. »

Un étranger de quelque considération ne sortoit
jamais d'auprès de Louis XVI sans avoir été distingué par quelques paroles obligeantes. On racontoit
au monarque, en présence du prince Henri de
Prusse, que cette altesse royale venoit de dîner avec
six maréchaux de France ; que la conversation avoit
uniquement roulé sur la guerre, et que son altesse
royale avoit, elle seule, tenu tête aux six généraux :

I.   12

« Vraiment, répond le roi, ces messieurs pouvoient
» bien se renforcer de six autres, qu'ils auroient en-
» core trouvé à qui parler. »

A une époque où l'enthousiasme des étrangers
concouroit avec celui des Français pour faire illusion à Louis XVI sur les talens de Necker, ce prince,
qui lisoit les journaux d'Angleterre, demanda à son
ministre s'il savoit l'anglais? Et, sur sa réponse affirmative, il lui présenta un papier, en lui disant :
« Moi, je l'apprends; voyez si j'ai bien traduit. »
Necker lit : c'étoit un pompeux éloge de son administration fait par les Anglais, en plein parlement
(en 1780). On pourroit aujourd'hui mettre en pro-
blème l'intention de ces insulaires, qui, pendant la
guerre que nous leur faisions, chantoient les louanges
du charlatan qui nous perdoit. Quoi qu'il en soit, ce
fut bien loyalement que Louis XVI, après leur avoir
fait bonne guerre, leur accorda la paix. Le jour où,
à cette occasion, il se donnoit un repas d'appareil
aux ambassadeurs étrangers, le jeune Dauphin,
conduit par son père, parut en costume anglais dans
la salle du festin. L'ambassadeur d'Angleterre en
ayant fait la remarque au roi : « Oui, M. l'ambas-
» sadeur, lui répondit Louis XVI, mon fils a pris
» aujourd'hui l'habit anglais, et moi le cœur. »

C'étoit plus particulièrement auprès des gens de
guerre, qu'il jugeoit dignes de son estime, ou dont
il avoit à récompenser les services, que Louis XVI
prenoit ce ton de douce gaieté, et qu'il trouvoit ces

expressions obligeantes qui doublent le prix d'un
bienfait. A la suite d'une revue de son régiment *du
roi*, après avoir annoncé des promotions et accordé
une gratification à tous les soldats, il se tourne vers
le colonel, et lui dit : « Il me semble, monsieur,
»qu'il n'y a plus que vous ici d'oublié. Je puis vous
»mettre dans mon secret : une infinité de préten-
»dans sollicitent mon régiment des gardes, qui ne
»le méritent pas : vous y avez plus de droit que per-
»sonne, et ne le demandez pas : je vous le destine. »
Dans le voyage que fit ce prince pour visiter les côtes
de la Normandie, le chef d'escadre, d'Albert de
Rioms, lui présentoit le bras pour le faire passer
dans la corvette qui devoit le transporter de Honfleur au Hâvre. Louis XVI, avant de mettre le pied
dans le bâtiment, s'arrête, et dit à l'officier : « M. de
»Rioms, je suis bien aise de vous prévenir d'une
»chose : c'est que, quand je monte un vaisseau,
»j'entends que ce soit celui d'un lieutenant géné-
»ral. » Un autre officier de mer, le bailli de Suffren,
avoit singulièrement honoré le pavillon français
pendant la guerre d'Amérique. Mandé à Versailles,
au retour de sa glorieuse expédition, il alla s'informer au château de l'heure à laquelle il pourroit
être présenté au roi. Louis XVI dînoit avec la reine
quand on vint prendre ses ordres : il quitte la table,
court à l'antichambre, prend l'officier par la main,
et, en le présentant à la reine : « Vous voyez, ma-
»dame, lui dit-il, le meilleur de mes officiers : plût

»à Dieu que tous ceux que j'ai employés pendant
»cette guerre m'eussent servi avec autant de cou-
»rage et d'intelligence. » Quand le bailli fut sur le
point de se retirer, le roi lui dit : « Je doute, M. de
»Suffren, que je puisse vous rendre aussi content
»de moi que je le suis de vous. Mon premier gen-
»tilhomme de la chambre ne manquera pas de vous
»dire que je vous accorde les entrées; M. de Castries,
»que je vous fais vice-amiral de l'Inde; mais je n'ai
»voulu partager avec personne le plaisir de vous
»dire que je vous fais cordon bleu. »

Faisoit-il donc, ou disoit-il mieux que le bon
Louis XVI, ce bon Henri dont on a tant célébré la
courtoisie ? Et que manqua-t-il au petit-fils pour
être aussi constamment cher à la nation, que le fut
l'aïeul, sinon d'être né à la même époque de la monarchie ?

Parmi les qualités de ce prince, il en étoit une
d'un genre unique, qui lui étoit exclusivement
propre. Elle consistoit dans un je ne sais quoi d'indéfinissable et de prévenant, qui étoit moins une
vertu que le charme attirant d'un assemblage de
vertus présidées par la bonté. Il étoit si puissant,
ce charme, qu'il dissipoit d'abord la prévention,
et désarmoit la malveillance dans tous ceux qui
pouvoient approcher le monarque et le juger d'après
eux-mêmes. Aussi nous est-il souvent venu dans la
pensée, en travaillant à la rédaction de nos mémoires, que nous pourrions en faire résulter deux

tableaux historiques, tous deux intéressans par la
vérité, dont l'un seroit composé des traits fournis
par l'impartialité, et l'autre uniquement des aveux
échappés aux ennemis déclarés de ce prince ou à
ses ministres disgraciés. Nous appellerions en témoignage le crime lui-même et la scélératesse; et
nous montrerions parmi ses panégyristes, les hommes
qui ont dressé son échafaud, et ceux encore qui l'y
ont porté.

Parmi cette nuée de ministres, plus ou moins
travaillés de la fièvre révolutionnaire, qui se succédèrent dans le conseil de Louis XVI pendant les
dernières années de son règne, si l'on en excepte le
monstrueux triumvirat de Rolland, Clavière et Ser-
van, les autres, arrivés jacobins auprès de Louis
XVI, le quittèrent, sinon royalistes, du moins admirateurs de ses vertus royales. De ce nombre
fut Narbonne, qui, ministre contre le gré du roi,
et par lui justement destitué, offrira, dans une lettre
écrite de Londres à l'assemblée conventionnelle,
de venir répondre en personne à toutes les inculpa-
tions dont on charge le monarque (13).

Le ministre Lacoste, jacobin jusqu'à l'extrava-
gance, dont le salon offroit pour principal ornement une pique surmontée du bonnet rouge, Lacoste vit Louis XVI, fut touché de ses vertus, af-
fectionna sa personne, et lui donna des preuves
d'un généreux attachement. Dumouriez, l'ingrat
Dumouriez, faisoit l'éloge de Louis XVI dans ses

lettres, avant qu'il l'eût trahi, et le fit encore dans ses Mémoires après ses trahisons.

Un autre ministre de ce prince, jacobin plus fanatique que la plupart des autres, et d'une impiété qui tenoit de la fureur, Cahier-de-Gerville, au rapport d'un de ses collègues, « détestoit et méprisoit »les rois, il abhorroit les prêtres, et disoit d'eux : »Je voudrois, de tout mon cœur, tenir dans ma »main toute cette race maudite, et pouvoir l'écraser »d'un seul coup. — Entré au ministère, il ne tarda »pas à rendre aux bonnes qualités du roi, la justice »qu'elles méritoient; il fut si pleinement convaincu »de la probité de ce prince et de la droiture de ses »intentions, de son humanité, de sa modération, »qu'il lui pardonna presque la qualité de roi. Il ne »lui trouvoit point d'autre défaut que son attache- »ment à la foi catholique et à des prêtres *réfrac- »taires* *. » Cette espèce d'athée, qui abhorroit la reine sans la connoître, qui repoussoit d'un ton farouche la supplique de madame Elisabeth en faveur d'une pauvre religieuse, ce jacobin frénétique s'humanisoit auprès de Louis XVI, au point que, sans lui faire aimer les prêtres, ce prince le mit dans la nécessité de devenir juste envers eux. Ce fut lui-même que Louis XVI chargea de vérifier tous les reproches qui leur étoient faits, d'occasioner les troubles qui déchiroient le royaume : ce fut

* * Mémoires de Bertrand de Molleville, tome 11, page 97.

lui qu'il chargea de dresser, sur ce sujet, un rapport en forme de *proclamation aux Français*, d'après les renseignemens qu'il se seroit procurés. Et Cahier-de-Gerville se trouvera ainsi amené par le monarque à reconnoître et à proclamer l'innocence de ces prêtres *réfractaires*, qu'il eût voulu pouvoir *écraser d'un seul coup*, et à certifier à la face de la France, que, « parmi tous ceux qui sont »accusés, il ne s'est *pas trouvé un seul cou-* »*pable*. »

Une des qualités de Louis XVI, qui contribuoit le plus à lui concilier les cœurs et à frapper tous ceux qui l'approchoient de respect pour ses vertus, c'étoit la rare modestie dont il les couvroit. Il fuyoit la louange avec autant d'empressement que les hommes vains la recherchent; et on l'eût cru d'intelligence avec les ennemis de la royauté, par son attention à dérober aux Français tout ce que valoit leur roi. Il faisoit mystère de ce qui l'eût le plus honoré, comme le fait l'homme vicieux de ce qui le dévoueroit au mépris public. Devenu roi, et ne se lassant pas d'apprendre, et d'ajouter à ses connoissances toutes celles qu'il jugeoit utiles au bonheur de son peuple, les maîtres qu'il s'étoit choisis devoient garder le secret sur leurs fonctions auprès de lui : ils se rendoient dans son cabinet, et ils en sortoient par un escalier dérobé. Celui qui lui donnoit des leçons relatives au service des armées, étoit un vieux officier inconnu à toute sa cour.

Il paroissoit si naturel au monarque de faire le bien, qu'il s'étonnoit toujours qu'on s'en aperçût. Il ne voyoit, dans une vertu pratiquée, qu'un devoir accompli, dont il eût craint qu'une vaine complaisance ne lui ravît le mérite réel. Une belle action découverte le jetoit dans l'embarras; et souvent, dans ces rencontres, on voyoit se peindre sur son visage cette pudeur virginale de la vertu, qui s'épouvante de ses témoins. Loin d'ambitionner le remercîment d'un bienfait, il redoutoit un témoignage de reconnoissance, et ne pouvoit souffrir surtout qu'on y mît quelque éclat. Il venoit d'abolir les restes de la servitude dans la Franche-Comté, et ses nouveaux affranchis, à ce sujet, lui décernèrent une statue : Louis XVI la refusa ; et il ne fallut rien moins, pour vaincre sa résistance, que lui peindre des plus vives couleurs le chagrin dont son refus alloit accabler ses sujets reconnoissans. La statue gagnée, les députés du mont Jura plaidèrent pour l'inscription, et plusieurs furent présentées au roi qui les rejeta toutes, sans que rien pût vaincre sa modestie à cet égard. Comme ceci se passoit après l'heureuse issue de la guerre d'Amérique, une des inscriptions proposées le qualifioit héros. « Moi, »un héros ! se récria Louis XVI, oh ! assuré-»ment, je ne le suis pas, ni n'ambitionnerai »jamais de l'être. » La seule chose que le ministre crut pouvoir accorder aux Francs-Comtois affranchis, fut que le piédestal de leur statue porteroit le nom et l'âge du prince auquel ils l'érigeoient ; et ils y firent graver : A Louis XVI, âgé de xxiv ans.

Il est une modestie feinte, qui ne semble repousser la louange que pour mieux l'appeler ; et l'homme modeste avec le plus de franchise s'aperçoit encore souvent qu'il possède cette vertu : Louis XVI l'ignoroit. Tout ce que faisoit ou disoit ce prince, étoit si peu apprêté, qu'il eût été impossible d'y soupçonner la moindre affectation. Son âme entière se peignoit dans la simplicité de ses expressions, et il suffisoit de l'entendre pour sentir combien sa modestie étoit éloignée de tous les raffinemens du vice opposé. Un connoisseur marquoit beaucoup d'étonnement à la vue d'une carte géographique tracée de la main du roi, avec une rare précision. « Oh ! » monsieur, dit ce prince, c'est pourtant bien peu » de chose. » Ce mot aussi sembleroit n'être rien. Mais le savant, qui entendit le mot et le ton qui l'accompagnoit, y découvrit une naïveté sublime, qui lui peignoit en son roi le plus modeste des Français. Louis XVI avoit reçu d'un poëte un compliment fort ingénieux : après l'avoir lu, il s'approcha de l'auteur et lui dit : « Je ne me reconnois pas du » tout, monsieur, au portrait que vous avez cru faire » de moi ; mais il me plaît, comme un beau modèle » auquel je voudrois bien ressembler. » Un de ses officiers domestiques avoit quelquefois mis sur sa table de travail, des écrits faits à sa louange : « Ne

»croyez pas, lui dit Louis XVI, que je sois bien
»curieux d'apprendre le bien qu'on peut dire de
»moi : le bien qu'on dit d'un roi vivant, on ne le
»pense pas, et le mal qu'on pense de lui, on ne le
»dit pas ; et c'est ce mal que je voudrois qu'on me
»fît apercevoir. »

Quoique la modestie soit le plus bel ornement de
la grandeur, il est néanmoins, jusque dans les vertus, de justes bornes à garder, et tout excès, fût-ce
dans le bien, dégénère en défaut. L'excessive modestie de Louis XVI lui nuisit beaucoup ; on pourroit même dire qu'elle forme la plus grande tache
de sa belle vie. Ce vertueux défaut, dans lequel il
fut malheureusement confirmé par le Mentor qui
eût dû l'en guérir, lui fit perdre l'avantage de sa
supériorité en connoissances et en discernement sur
les hommes présomptueux de son siècle. Souvent
encore une défiance trop bien fondée de ses conseillers habituels, venoit se joindre à cette injuste
défiance de ses propres lumières, qui le confirmoit
dans l'indécision, le pire de tous les partis pour
celui à qui est imposé le devoir du commandement.

Ce n'étoit jamais néanmoins sur le bien connu,
qu'il pouvoit faire à ses sujets, que portoit l'hési-
tation du monarque. Rien de plus décidé que sa volonté de les rendre heureux, rien de plus actif dans
tous les temps que l'amour qu'il portoit à son peuple ;
et cette qualité royale se compose chez lui de tant

de beaux sentimens, et se produit par tant de traits intéressans et qui réclament la publicité, que nous en ferons la matière du livre suivant, la continuation de celui-ci.

LIVRE IV.

Un cœur français n'entend pas prononcer sans émotion le nom de Henri IV, ce roi qui conquit sa couronne par l'épée et ses sujets par l'amour. Louis XVI ne se trouva pas dans les circonstances qui éveillèrent et nourrirent l'ardeur guerrière de son aïeul. Mais il n'est aucun des rois ses prédécesseurs, auquel il ne pût disputer la palme, si on devoit la décerner à celui d'entre eux qui se signala par le plus d'amour pour son peuple, et la plus constante application à le rendre heureux. Ce souhait si connu du bon Henri, pour la *poule au pot*, ne fut jamais qu'un souhait; et les circonstances politiques où se trouvoit le royaume à la mort de ce prince, laissent lieu de douter qu'un plus long règne lui eût permis de le réaliser. Le peuple de Louis XVI, sans être au point d'aisance où il eût désiré de le porter, fut incontestablement moins misérable, mieux nourri, mieux vêtu et plus en état de mettre quelquefois la poule au pot que le peuple de Henri IV. On pardonne de grandes foiblesses, pour ne rien dire de plus, à ce monarque l'ami de son peuple : Louis XVI ne connoissoit aucune foiblesse qui réclamât l'indulgence. Il n'avoit ni favoris, ni maîtresses à entretenir :

sa nation l'occupoit seule; seule elle absorboit
toutes ses affections; et, soit qu'on suive les actions de ce prince, soit qu'on se rappelle ses plans
et ses dispositions, partout on découvre des traces
sensibles et de précieux monumens du tendre et
vif amour qu'il portoit aux Français.

Vainement compulseroit-on les histoires pour y
découvrir un prince plus sérieusement occupé du
bonheur de ses sujets, et plus impatient de le procurer que ne l'étoit Louis XVI. L'amour de son
peuple étoit le sentiment habituel et la grande passion de son cœur : c'étoit le mobile déterminant
de ses actions, la fin de ses projets, la matière in-
tarissable de ses conversations. L'on ne pouvoit
avoir un entretien de trois minutes avec ce prince,
sans entendre quelque chose sur l'objet toujours
présent de sa sollicitude. Il parloit diversement,
et suivant leur état, aux personnes admises à ses
audiences; mais l'évêque comme le général d'armée, et le magistrat comme l'homme privé, avoient
été invités à ne pas perdre de vue le bonheur de son
peuple.

Ce n'étoit pas seulement avec droiture, c'étoit
avec une sorte d'inquiétude que Louis XVI s'appliquoit à découvrir les sujets les plus dignes d'être
portés aux grandes places et aux emplois importans : il ne connoissoit point de vraie capacité sans
zèle du bien public. Les erreurs qu'il commit dans
ses choix ne furent jamais les siennes, et trouvent

leur apologie dans les mesures qu'il avoit prises
pour s'en garantir. Les anciens avoient dit, et les
modernes lui répétoient, qu'un roi devoit se donner
pour conseillers et instrumens de sa puissance ceux
que son peuple se donneroit lui-même, si le choix
étoit en son pouvoir. Louis XVI, malheureusement
trop jeune, quand il parvint au trône, pour connoître à fond la maladie qui travailloit la France,
consulta le vœu de son peuple dans ces occasions;
et ce peuple, égaré par ses sophistes, recommandoit à son roi les plus dangereux de ces charlatans.
Le bien public étoit tellement le motif déterminant
de Louis XVI dans ses promotions, qu'il s'étonnoit
de la reconnoissance des sujets promus. Un maître
des requêtes, nommé à une intendance, venoit lui
en faire des remercîmens. « C'est moi, monsieur,
» lui dit ce prince, qui vous devrai bientôt de la
» reconnoissance; mais vous, vous m'en devez si
» peu que, si je connoissois un seul homme en
» France plus en état que vous de faire le bien de
» mon peuple dans l'emploi que je vous destine,
» vous ne l'auriez pas. »

Sans jamais séparer la nation de sa personne,
Louis XVI avoit singulièrement à cœur l'honneur
du nom français, dont il soutint la dignité auprès
de toutes les puissances de l'Europe. La France,
à son avénement au trône, se trouvoit au-dessous
de la nullité comme puissance maritime, humiliée
sous le despotisme de ses rivaux naturels, dont

les commissaires, depuis plus de dix ans, étoient en station insultante sur le port comblé de Dunkerque, pour en empêcher la restauration. Louis XVI rétablit la marine, créa de nouveaux ports, fit respecter son pavillon, et lava la tache du traité honteux conclu par Choiseul avec l'Angleterre. Au milieu de la campagne de 1782, le ministre de la marine étant venu annoncer à son maître la nouvelle de la défaite du comte de Grasse, ce prince, sans s'émouvoir, dit aux personnes qui se trouvoient auprès de lui : « J'apprends, messieurs, que nos ennemis nous ont battus; mais j'espère leur prouver qu'ils ne nous ont point abattus; » puis, adressant la parole au ministre : « Il nous faut, monsieur, continua-t-il, redoubler de courage, prendre des mesures et trouver les moyens de parer à ce revers. Que nos ennemis ne se flattent point d'en avoir meilleure composition. Je suis prêt à leur donner la paix; *mais je dois à l'honneur de mon peuple de ne pas la recevoir d'eux.* »

Après que la révolution eut éclaté, il distingua toujours, et il vouloit qu'on distinguât de son peuple les factieux qui l'égaroient. Ni ses ministres alors, ni ses autres conseils, ne purent jamais lui faire adopter l'idée de traduire ses sujets devant les puissances étrangères, comme des révoltés. Son peuple égaré étoit toujours son peuple; et il s'efforçoit d'excuser ses écarts, et sa plus cou-

pable ingratitude à son égard. « Je n'aime pas,
»disoit-il quelquefois, qu'on calomnie mon peu-
»ple. » Lors même qu'une populace effrénée, ne
gardant plus de mesure dans sa perversité, venoit
jusque sous les fenêtres de son palais, vomir les
imprécations contre sa personne et sa famille, il
cherchoit encore à atténuer ce crime, qu'il rejetoit
sur ses agitateurs. Un jour qu'il consideroit un
nombreux rassemblement, dont les cris et les gestes
menaçans étoient dirigés contre son appartement
des Tuileries : « Il est vrai, dit-il, que je n'en vois
»pas un qui ait l'air d'être pour nous; mais ce
»malheureux peuple est bien à plaindre : il ne
»nous en veut ainsi que parce qu'on le trompe sur
»nos dispositions à son égard. »

L'histoire entière ne nous offre pas un second
exemple d'un prince aussi délicat que Louis XVI
sur l'honneur de son peuple, et aussi jaloux que
lui de le mettre à couvert du blâme de la postérité. Dans le temps même que ses jours étoient
le plus en péril, il ne paroissoit craindre que pour
l'honneur de son peuple. « Le sacrifice de sa vie,
»nous dit un de ses ministres d'alors, sembloit ne
»lui rien coûter : l'honneur de la nation occupoit
»toutes ses pensées. L'idée d'être assassiné publi-
»quement au nom du peuple lui faisoit une im-
»pression violente. Il auroit préféré de périr par le
»fer d'un assassin, dont le meurtre seroit consi-
»déré comme le crime de quelques individus, et

»non comme un acte national *.» A la même époque, lorsque concentré dans son palais, il n'y éprouvoit que des chagrins, sans autre distraction que celle d'un travail continuel, la princesse Élisabeth lui en ayant fait un reproche d'amitié, et l'exhortant à plus de ménagement pour sa santé : «Ah! ma santé, lui répondit Louis XVI en soupi-»rant : ce n'est pas ma santé, c'est le sort de mon »peuple qui doit m'occuper. Oui, je mourrois »content, si je le voyois sortir de cette crise, »heureux et sans reproche.»

Ajoutons à ces traits, un trait plus frappant encore. Louis XVI est condamné à mort, et Malesherbes, fondant en larmes, vient lui annoncer que l'appel fait au peuple de la sentence régicide, a été rejeté par l'assemblée conventionnelle : « Vous »vous en affligez, mon cher Malesherbes, lui dit »le roi, et moi je m'en réjouis : l'honneur de mon »peuple est sauvé, puisqu'ils ont craint de le con-»sulter. On l'auroit convoqué aux assemblées, les »factieux l'en auroient écarté par la terreur; ils »auroient ensuite publié, et l'Europe auroit pu »croire que mon peuple m'a condamné : cette idée »m'eût accablé; la mort ne m'effraie point **.

Un cœur si dévoué à l'honneur de sa nation ne pouvoit qu'être tout de feu pour ses intérêts divers,

* Mémoires de Bertrand de Molleville, tome II, page 260.
** Relation de Malesherbes sur ses voyages au Temple.

et il les embrassoit tous avec une égale ardeur.
Tout ce qui pouvoit contribuer à la prospérité publique, tous les établissemens utiles à l'humanité,
aux sciences et aux arts, devenoient les objets de
ses soins encourageans. On peut regarder comme
un monument digne du siècle de Louis-le-Grand,
ce Musée célèbre qu'il établit dans son palais du
Louvre, pour y rassembler les chefs-d'œuvre de
l'art les plus propres à éveiller le génie et à enflammer l'émulation. Il fonda dans la capitale des
écoles gratuites de dessin, pour frayer à la classe
indigente un libre accès à l'étude des arts méca-
niques. Il fut également le fondateur de ces écoles
gratuites, où de nombreux candidats venoient, de
tous les points de la France, se former aux connoissances de la chirurgie. Mais sans doute il ignora,
ce dont nous fûmes témoins, que, dans ces mêmes
écoles, tel suppôt de la philosophie, pensionné par
son roi, infatuoit ses élèves du matérialisme qui
détrône les rois.

Nulle dépense ne coûtoit à Louis XVI, dès qu'on
lui prouvoit qu'elle n'étoit qu'une avance faite à la
prospérité publique. Le commerce extérieur se ranima sous la protection de la marine qu'il avoit
créée. Il forma des établissemens sur la côte d'A-
frique, il ranima et étendit le commerce des Indes,
il encouragea et protégea la pêche, subsidiaire de
l'agriculture et pépinière de matelots (1). Il établit
sur nos ports des primes d'importation et d'expor-

tation ; il créa les ports de Vendres et de Cherbourg.
Le Havre et la Rochelle, Dieppe et Dunkerque
déposent de sa sollicitude pour le commerce maritime. Celui de l'intérieur ne dut pas moins à sa
protection. Jamais l'agriculture n'avoit été aussi
florissante en France qu'elle le fut sous son règne ;
et si ses fruits y furent quelquefois mal répartis,
ce fut l'œuvre de la sottise, ou le crime de la malveillance. Ce prince saisissoit tous les moyens de
favoriser la circulation des denrées et des mar-
chandises, de faire fleurir les manufactures ou de
ranimer l'industrie. Des canaux furent ouverts ou
continués dans plusieurs provinces, des ponts jetés
sur les rivières, de nouvelles routes percées, les
anciennes perfectionnées et mieux entretenues.
L'exploitation des mines reçut aussi des encouragemens sous son règne ; il fonda même une école
pour répandre la lumière sur ces trésors occultes.

Ce fut en flattant Louis XVI d'un moyen assuré
de donner tout leur développement à ses vues bienfaisantes, qu'on lui fit goûter le projet des assemblées provinciales; et il parut attacher une grande
importance à leur établissement. L'idée qu'en sug-
géra Necker n'étoit pas neuve; et Louis XV avoit
été sur le point de l'adopter, lorsqu'il en fut détourné par la crainte que ces assemblées ne for-
massent un jour, contre l'autorité monarchique,
une ligue plus formidable encore que n'étoit alors
celle des parlemens. Cette innovation fut présentée

13.

à Louis XVI sous un aspect si séduisant pour son
cœur qu'il résolut d'abord d'en faire un essai sur
la province du Berry dont il avoit porté le nom; et
ce fut le succès vanté de cette première expérience
qui l'encouragea à poursuivre son dessein. Une des
considérations qui influa le plus dans sa détermination, ce fut la pénurie, de jour en jour plus
sensible, d'hommes probes et instruits, dignes
d'être promus aux intendances. Trop généralement
parlant, les intendans, destinés à être au loin l'œil
et le supplément de la puissance, répondoient peu
à l'esprit de leur institution, et grand nombre ne
méritoient que trop les reproches que le comte de
Boulainvilliers faisoit injustement à tous.

On fit encore envisager à Louis XVI les assemblées provinciales comme l'extension des États provinciaux, dont le gouvernement n'avoit qu'à se
louer. Ces assemblées promettoient l'avantage de
soustraire le peuple aux abus d'autorité, à l'odieux
de la gabelle et des corvées, aux vexations trop
souvent exercées par le fermier de l'impôt contre la
misère et l'impuissance. Elles devoient s'occuper
des moyens de vivifier le commerce local et l'industrie, d'ordonner les travaux utiles, et de bannir
l'oisiveté. Elles étoient chargées de répartir les impositions publiques dans l'exacte proportion des
jouissances et des fortunes, d'alléger le fardeau des
contribuables, par des mesures de sagesse mieux
assorties aux ressources territoriales ou indus-

trielles; elles devoient enfin , après avoir établi l'ordre de répartition le plus équitable, aviser encore au mode de perception le plus économique. Est-il étonnant qu'une si belle perspective ait séduit le tendre ami de son peuple? Et un cœur si généreux pouvoit-il imaginer qu'un tel bienfait dût être payé de la plus noire ingratitude, et qu'il verroit un jour ces administrateurs provinciaux discuter sa puissance et juger sa personne? Maurepas ne s'en doutoit pas plus que le monarque, quand il écrivoit : « Le roi ne respire que pour le bonheur » de ses sujets : il n'a vu, dans l'établissement des » assemblées provinciales, qu'un moyen sûr pour » établir dans les impositions plus d'égalité (2). »

En s'occupant ainsi des intérêts du propriétaire, Louis XVI ne perdoit pas de vue l'homme du peuple, qui n'a de propriété que celle de ses bras; il vouloit que la même terre qui fournit à l'aisance du riche ne refusât jamais le nécessaire à l'indigent. La secte économiste, quand il monta sur le trône, n'étoit pas seulement en possession de corrompre les cœurs par ses leçons de matérialisme, elle agitoit encore les esprits par d'alarmantes spéculations sur les subsistances, dont l'effet étoit de produire la famine au sein de l'abondance. Louis XVI, dans la guerre que faisoient à son peuple ces brouillons systématiques, ne se départit jamais du juste milieu que lui dictoit la sagesse; et, sans vouloir opposer en ce point système à système, il se réserva de modifier, sur la balance des besoins actuels, les lois réglementaires sur le commerce des grains et leur exportation. Cette mesure néanmoins sera souvent contrariée par d'indignes instrumens de sa bienveillance paternelle sur son peuple. Mais seroit-il juste de le rendre responsable soit des perfidies des Turgot et des Necker, que le vœu de son peuple avoit poussés dans son conseil, soit des insurmontables contradictions des magistrats, que ce même peuple encore s'obstinoit à investir d'une confiance exclusive (3).

Dans une circonstance où Louis XVI avoit jugé convenable de prohiber l'exportation des grains, son parlement de Toulouse se permit de rendre un arrêt qui annuloit celui du conseil du roi, et dans lequel on lisoit : « Plus on exportera de grains au »dehors, plus il y aura d'abondance au dedans : »il importe peu que les denrées soient chères; on »ne doit être touché que de leur rareté. » Louis XVI ne put lire ce sophisme sans émotion; et, son valet de chambre, Thierry, se trouvant auprès de lui : « Admirez, lui dit-il, la belle logique de ces mes- »sieurs; on voit bien qu'ils ne sont pas de la classe »qui achète le blé. » Il prit la plume et il écrivit en marge de l'arrêt du parlement : « Oui, plus on »exportera de grains, plus il y aura d'abondance »dans la maison du vendeur; mais en sera-t-il de »même dans la cabane de l'acheteur? Si la cherté »des denrées *importe peu* au riche propriétaire,

» elle importe infiniment au pauvre consommateur;
» et c'est une cruelle erreur de penser qu'on ne doit
» être touché que de la rareté et non de la cherté
» des vivres ; cette cherté ayant le même inconvé-
» nient que la rareté pour le pauvre, dont le salaire
» journalier ne se trouve plus en proportion avec le
» prix de sa subsistance ordinaire. »

La protection que Louis XVI accordoit aux arts
étoit mesurée sur leur degré d'utilité publique; et
il n'en mettoit aucun en parallèle avec l'agriculture,
l'art nourricier de son peuple. Un seigneur de sa
cour vantoit exclusivement, en présence de l'ambassadeur d'Angleterre, les avantages de l'industrie
commerciale : « Bon pour messieurs les Anglais,
» répondit le roi. Les états qui manquent de terri-
» toire doivent faire leur capital de ce qui n'est que
» notre accessoire. Peut-être ne nourrissons-nous
» déjà que trop de ces artisans d'inutilités, propres
» à faire abonder un vain luxe dans nos villes et la
» misère dans nos campagnes, que plus de bras
» fertiliseroient mieux encore. » Une autre fois on
proposoit dans son conseil deux projets en faveur
du Bordelais, dont l'un avoit pour objet l'amélio-
ration du sol, et l'autre l'établissement d'une manufacture. « Commençons, dit le roi, par encou-
» rager la manufacture des blés; et ne nous pres-
» sons pas de rassembler des artisans sur le terrain
» qui réclame des cultivateurs. Les arts ne manque-
» ront jamais au pays qui pourra les nourrir. »

Cette prédilection de Louis XVI pour l'agriculture s'annonça dès qu'il monta sur le trône, et un des hommes les plus à portée de juger ses goûts, écrivoit à Voltaire en 1776 : « Heureuse votre pa-
»trie! monsieur; que n'a-t-elle pas à se promettre
»d'un monarque qui, à la fleur de l'âge, dédaigne
»le faste et tourne toutes ses vues vers l'utile. Le
»premier des arts attire ses regards bienfaisans; et,
»par les soins d'une administration éclairée, la
»France verra l'agriculture refleurir*. »

Toutes les professions nourricières de son peuple avoient un droit spécial à la protection de Louis XVI et à ses encouragemens. Pendant la guerre d'Amérique, on lui représente qu'une classe nombreuse des pauvres habitans de nos côtes maritimes, dont les uns vivent habituellement du produit de la pêche, et les autres du commerce qui en résulte, se trouve, par le malheur des circonstances, réduite à une extrême misère. Après qu'on eut balancé divers avis dans le conseil, pour venir au secours de ces malheureux, Louis XVI ouvre le sien, qui réunit tous les suffrages : c'est que des ordres précis soient expédiés aux armateurs en course, et publiés sur tous nos ports, portant défense, d'une part, d'inquiéter à l'avenir les pêcheurs anglais, et injonction, de l'autre, de leur prêter secours toutes les fois que les occasions s'en présenteront. L'Angle-

---

* *Lettres de quelques Juifs*, tome III, page 141.

terre, comme on s'y attendoit, ne voulut pas paroître moins généreuse que la France : dès ce moment les barques équipées en pêche furent réciproquement respectées; et Louis XVI réunit aux
bénédictions de ses sujets celles encore d'une nation rivale et actuellement en guerre.

Jamais ce prince, dans sa vive et continuelle sollicitude pour le soulagement de son peuple, ne sut
ni calculer les privations ni s'effrayer des sacrifices.
Qu'on lui propose des *économies*; qu'elles frappent
sur la splendeur de sa cour, sur ses jouissances
particulières, sur la sûreté même de sa personne,
et qu'on ne craigne pas qu'il dise : *c'est trop;*
jamais même il ne dira : *c'est assez*. Le ministre
des finances qui succéda à Necker nous apprend
que Louis XVI, en lui intimant, pour la première
fois, ses intentions, lui dit : « Ne craignez pas,
»monsieur, de me proposer des sacrifices person-
»nels; je ne tiens nullement au faste qui m'envi-
»ronne; je n'en suis point flatté; il m'est à charge.
»Je voudrois qu'il fût en mon pouvoir de vivre en
»simple particulier avec ma femme et mes enfans,
»et que toute la dépense employée à soutenir l'éclat
»du trône tournât au soulagement de mon peuple. »

Les ministres les plus hardis ne le seront jamais
assez pour proposer au monarque un sacrifice supérieur à son courage. La chasse étoit le seul délassement dispendieux qui lui plût : on lui propose, et
il agrée le retranchement d'une partie de ses offi-

ciers et de ses équipages de chasse : il réforme le vautrait et la fauconnerie. On lui fait envisager une grande économie dans la réduction de sa maison militaire; la réduction est effectuée. Gendarmes, mousquetaires, grenadiers à cheval, chevau-légers de sa garde, tout est réformé. Il aura lieu sans doute de se repentir un jour de cette opération; mais eût-il soupçonné, lorsqu'il semoit tant de bienfaits, qu'il dût moissonner tant d'ingratitude ?

La même réforme que Louis XVI a opérée dans sa maison militaire, il l'ordonne dans sa maison domestique : plus de quatre cents charges y sont supprimées d'un seul coup. Ses prédécesseurs ont bâti des châteaux; loin de se permettre une semblable dépense, il regrette celle de l'entretien, et, par ses ordres, six de ces châteaux, jugés inutiles dans ses domaines, sont démolis ou vendus, et le produit de la vente appliqué aux hôpitaux. Pendant la campagne de 1779, sur un aperçu qu'il se fit donner de la dépense qu'occasionoient le déplacement et les voyages de la cour, il arrêta qu'il n'y auroit point de voyages. La princesse Adélaïde lui faisoit un mérite de cette résolution, qu'elle appeloit une privation. « Privation, ma tante? reprend »Louis XVI; c'est bien une jouissance, qui nous »vaudra le moyen d'armer un vaisseau de plus. » On n'eut besoin que de lui dénoncer, et il supprima aussitôt, comme surcharge sur son peuple, ces honteuses pensions appelées *croupes*, que le fermier de l'impôt payoit à certains favoris de la cour.

S'il falloit joindre les témoignages aux faits, Necker, parlant de Louis XVI, nous diroit : « La « seule perspective d'un grand bien à faire pénétroit »son âme de la plus vive émotion; et, plus d'une »fois, dans ces occasions, des larmes involontaires »déposoient des tendres sentimens qui l'unissoient »à son peuple; » et le ministre Bertrand, prenant à témoin tous les ministres qui l'ont ou précédé ou suivi dans le ministère, ajouteroit : « Qu'on ne »pouvoit approcher ce prince sans reconnoître en »lui l'attachement le plus profond, le plus tendre »et le plus touchant pour le peuple français. » Mais un trait qui peint bien au naturel à quel prix Louis XVI eût consenti de payer le bonheur de son peuple, c'est le propos qui lui échappa le jour même de son retour du malheureux voyage de Varennes. Un des premiers officiers de sa maison lui témoigne ses regrets sur ce que la mauvaise issue de cette tentative va donner un nouveau degré de puissance à l'assemblée. « Ah! que volontiers je dirois *tant* »*mieux*, s'écria le monarque, si, de l'accroisse- »ment de leur puissance, aux dépens de la mienne, »je voyois résulter le bonheur de mon peuple! »

Louis XVI recevoit moins de ses ministres qu'il ne leur suggéroit lui-même ses vues de bien public et d'améliorations économiques. Sa réputation, sous ce rapport, étoit telle à Londres dès 1780,

que le duc de Richmont disoit en plein parlement : « Puisse la conduite magnanime du jeune
» roi de France nous servir de modèle. Uniquement
» occupé d'économie, et de la gloire de la France,
» il a communiqué son esprit à Necker. » Il eût
voulu le communiquer aux moindres dispensateurs
des deniers publics. Les magistrats de la ville de
Paris étant venus prendre ses ordres, sur la fête
qu'ils se proposoient de donner au peuple à l'occasion de la paix en 1783, Louis XVI leur répondit :
« Croyez-vous, messieurs, qu'au lieu de ces fêtes
» dispendieuses et qui, presque toujours laissent
» des regrets, il ne vaudroit pas mieux consacrer
» cette époque par quelque monument utile ? Un
» pont, par exemple, vous devient de plus en plus
» nécessaire, pour joindre le nouveau quartier de
» la Chaussée-d'Antin avec celui des Invalides : vous
» l'appelleriez *le pont de la Paix.* » L'idée du roi
ne fut saisie qu'à demi : la ville donna au peuple,
qui s'y attendoit, des fêtes, où six personnes furent
étouffées. On jeta ensuite les fondemens du *pont
de Louis XVI.*

C'étoit jusque dans les moindres dépenses de son
domestique que se manifestoit, dans le monarque,
ce penchant à une sage économie. Rien dans son
extérieur, rien dans ses ameublemens et tout ce
qui servoit à ses usages particuliers, qui n'annon-
çât ses goûts simples et naturels. On ne le voyoit
point sacrifier à l'inconstance des modes, et le plus

utile, à ses yeux, étoit toujours le plus beau. On lui proposoit de réformer le mobilier de Fontaine-bleau, comme trop antique : il s'y refusa, comme à une dépense superflue, et en disant qu'il chéris-soit ce qui avoit été à l'usage de ses pères. Tou-jours propre, mais sans recherche, sur lui-même, il vouloit pour habit un vêtement et non une parure. Celui qu'il portoit habituellement étoit d'un drap gris et fort commun, sans or ni brode-ries; et, si l'on en excepte les jours de représenta-tion, il étoit vêtu plus simplement qu'aucun de ses courtisans. Qu'on nous permette de copier ici, dans de petits détails, de grands traits de caractère : «Un »jour que je parcourois d'un œil de curiosité la »garde-robe de Louis XVI, je remarquai une paire »de souliers qui commençoit à s'user, et je deman-»dai si le roi en faisoit encore usage. Oui vrai-»ment, me répondit le valet de garde-robe; quand »le roi a des souliers qui vont à son pied, il n'en-»tend pas qu'on les réforme tant que la semelle ne »se perce pas, et il se moque de nos petits-maîtres »à qui il en faut deux paires par jour. — J'étois »présente, lorsqu'un jour la reine lui dit : Vous »portez là, monsieur, un habit qui me paroît bien »passé. Le roi regarde une glace et répond : Il fau-»dra pourtant, madame, qu'il me fasse mon été.»

Cette sévérité d'économie prêteroit au reproche dans un roi, si elle n'eût été justifiée, consacrée même par le motif. Louis XVI se refusoit tout, pour avoir tout à donner. Jamais prince n'avoit porté sur le trône des inclinations plus libérales et un cœur plus sensible à tous les besoins de l'humanité. Si la cupidité égara quelquefois sa main, son cœur crut toujours, en appliquant un bienfait, ou acquitter une dette ou pratiquer une vertu. Il ne savoit rien refuser de ce qu'on lui demandoit au nom de l'indigence; mais il ne connoissoit de titre légitime aux récompenses de l'état, que les services rendus à l'état; et les erreurs qu'il put commettre à cet égard ne sont imputables qu'à des ministres, appréciateurs trop complaisans de la valeur de ces services. Le monarque mesuroit sur l'affection qu'il portoit à son peuple les faveurs qu'il accordoit à ceux qu'on lui présentoit comme les amis et les soutiens de son peuple (4).

Ses vues sur l'emploi des deniers publics, étoient si loyales et si pures, qu'il adopta avec transport le projet d'un compte rendu à la nation de tout ce qui entroit dans le trésor national; et le funeste résultat de l'exécution n'empêchera pas que la postérité ne juge encore respectable l'erreur du prince qui, dans la passion de surpasser Henri IV, se laissa surprendre par les fallacieuses promesses d'un singe de Sully.

Autant Louis XVI eût craint de devenir injuste envers son peuple par des faveurs indiscrètes, autant il se montroit libéral en sacrifices à l'utilité publique. Il fit, pour chaque province et pour chaque ville de son royaume, tout le bien qu'on lui proposa de faire. Les villes surtout de Lyon et de Bordeaux, de Marseille et de Nîmes, d'Aix et de Montpellier, n'oublieroient pas sans ingratitude les embellissemens et les travaux utiles dont elles lui sont redevables. Mais Louis XVI, sous ce rapport, fut spécialement le bienfaiteur de sa capitale. Outre le plus beau de ses ponts, dont l'idée, comme l'exécution, sont également de ce prince, Paris lui doit d'avoir fait dégager ses autres ponts des masures qui les surchargeoient, et nuisoient à la circulation de l'air comme à l'agrément de l'optique. Il lui doit plusieurs marchés nécessaires à sa vaste enceinte, et des halles qu'on admire. Il lui doit des embellissemens de ses environs, parmi lesquels on distingue cette superbe avenue qui, se dirigeant du beau pont de Neuilly, par les Champs-Élysées et la place adjacente, sur le palais des Tuileries, saisit l'admiration du voyageur, et déploie à ses regards un ensemble de magnificence qui ne se trouve réuni sur aucun point de l'Europe. Un autre bienfait du monarque, pour être plus obscur, n'en sollicitoit pas moins la reconnoissance de sa capitale. Informé que plusieurs quartiers de la ville reposent sur des carrières abandonnées, il en fait faire la reconnoissance, et d'immenses travaux sont ordonnés pour réparer d'antiques imprudences, et assurer le repos du Parisien.

Cependant, comme Louis XVI, dans la sage éco-

nomie de ses bienfaits, savoit subordonner l'a-
gréable à l'utile, il n'eût pas voulu donner à l'u-
tile la place du nécessaire, et il ne connoissoit pas
de plus grand bien à faire que de remédier à des
maux. Dans le dessein de connoître à fond les besoins des habitans des campagnes, qu'il désiroit de
soulager, il chargea secrètement, en 1785, un
homme qui lui parut sincèrement affectionné au
bien public, de parcourir en observateur les différentes généralités du royaume, et plus particulièrement les campagnes, pour y prendre des renseignemens exacts sur les divers abus de nature à
produire le mécontentement ou la misère. L'envoyé de Louis XVI, officier général de ses armées,
de retour de sa mission, le 16 mars 1786, en rendit compte au roi par un rapport qui n'étoit pas
flatté, et où il nous parut même que le tableau de
la misère étoit exagéré.

Un des bienfaits de Louis XVI en faveur du paysan, qui, dans les jours de sa puissance, lui mé-
rita toutes les bénédictions des campagnes, ce fut
l'abolition de la corvée pour la confection et répa-
ration des routes publiques; charge qui, pour être
plus antique, n'en étoit ni moins désastreuse ni
moins injuste; qui forçoit le pauvre à un travail
gratuit pour les jouissances du riche, et qui ne
s'acquittoit qu'à force de contraintes et de vexations. Ce ne fut cependant qu'à travers les contra-
riétés que ce prince fit prévaloir ses dispositions

équitables à ce sujet. L'édit qu'il porta pour remplacer la corvée par une imposition générale, dont ses propres domaines ne devoient pas être exempts, éprouva toute la résistance de ces corps de magistrature qui, lors même qu'ils entravoient les dispositions du monarque les plus paternelles, usurpoient encore, à son préjudice, le nom de *Pères du peuple* (5).

Par le même esprit d'équité et d'affection pour les habitans des campagnes, Louis XVI trouva le moyen de les soustraire à l'arbitraire de la taille; il affranchit les serfs du mont Jura; il abolit les droits de main-morte; et, par un exemple qui équivalut à une loi, il fit honte au seigneur particulier de laisser subsister la servitude personnelle dans ses terres, quand il n'en voyoit plus de vestiges dans les domaines de son roi. Il avoit aussi jugé la gabelle et ses inconvéniens. La suppression de cet odieux impôt n'avoit été différée que par les obstacles invincibles qu'il avoit rencontrés à son remplacement; et ce sera un des premiers abus dont il recommandera aux États généraux d'opérer la réforme.

Outre les maux qui pèsent sur la multitude comme résultats de lois inconsidérées, il en est d'accidentels, qui souvent sollicitent des remèdes plus prompts encore que ceux-ci. Il est rare que quelque fléau ou quelque malheur particulier n'affecte pas quelqu'un des points d'un vaste empire. C'est une épidémie qui se déclare, c'est une disette lo-

cale qui se fait sentir, ou bien c'est une inondation, une grêle, un incendie, dont les ravages ont
fait des malheureux. Aucun accident de cette nature ne trouvoit Louis XVI indifférent; et, à la
première nouvelle qui lui en parvenoit, son vœu
toujours impératif étoit : « *Il faut* aller au secours
»de ceux qui sont dans le malheur. » Il en cherchoit le moyen, et ne se donnoit de repos qu'après
l'avoir trouvé (6).

A la suite du cruel hiver de 1784, un rapport fait
à Louis XVI dans son conseil, lui donne connoissance de divers accidens fâcheux. Des digues ont
été rompues, et des campagnes ravagées par les
inondations; une mortalité sur les bestiaux a ruiné
un nombre de laboureurs; et ces malheureux, poursuivis au nom de la loi, sont privés de leur liberté,
dernière ressource de leurs familles. Pour subvenir
aux plus pressans de ces besoins, il ne faudroit pas
moins d'une somme de sept millions, et le trésor
public obéré est hors d'état de la fournir. Cependant
Louis XVI dit à son ministre des finances : « De tels
»malheurs, monsieur, nécessitent un prompt se-
»cours, avisez à tel expédient qu'il vous plaira, re-
»tranchez sur moi, retranchez sur la reine; mais *il*
»*faut* que ce nécessaire se trouve. » Le ministre,
opérant conformément aux ordres du roi, vient au
bout de quelques jours lui présenter un tableau
des ressources qui pourroient procurer la somme,
si le monarque permettoit qu'on y eût recours.

Louis XVI ne le permet pas seulement, il le veut, il l'exige; et des privations personnelles, devenues le soulagement de la classe malheureuse, font sa plus douce jouissance.

L'année suivante, une sécheresse opiniâtre offrit au roi une nouvelle occasion de manifester sa sollicitude paternelle en faveur des habitans des campagnes. Touché de l'extrême embarras où les jette la disette et la cherté des fourrages, il fait décider dans son conseil, que tout ce qui s'en trouve en réserve, dans les magasins du royaume, sera vendu au prix d'achat; qu'il sera publié une instruction sur la manière de convertir les jachères en prairies momentanées, et de cultiver des plantes utiles à la nourriture des bestiaux, dont les graines seront distribuées gratuitement aux pauvres. Et, pour la ressource du moment, ce prince autorise indistinctement les habitans des campagnes à conduire leurs troupeaux dans les bois et les forêts de ses domaines, à en couper l'herbe et à en émonder les arbres dont les feuillages peuvent servir de pâture aux bestiaux. Un des principaux officiers préposés à la manutention de ses forêts, vint lui faire des représentations sur le dommage qui alloit résulter de cette disposition. Louis XVI le lui fit évaluer, et lui répondit : « Vous voudriez donc sacrifier des » bœufs pour économiser des fagots? » L'officier se permit de répliquer, que ces fagots appartenoient à Sa Majesté. Sur quoi le roi reprit, avec une sorte

14.

d'indignation : « Eh ! monsieur, est-ce donc que
»ce peuple, que vous voyez dans la détresse, ne
»vous paroît pas autant mon peuple que ces fagots
»sont mes fagots ? » L'exemple du roi fut imité par
la plupart des seigneurs propriétaires de bois.

C'étoit dans toutes les occasions que se manifestoit dans Louis XVI cette disposition à régler son
intérêt personnel sur le plus grand avantage de ses
sujets. Un jour que ce prince chassoit dans les environs de Versailles, vers la fin du mois de juin,
des paysans s'étant trouvés sur son passage, il leur
demanda pourquoi ils n'avoient pas encore coupé
leurs foins qui lui paroissoient mûrs ? « Sire, ré-
»pond l'un d'eux, ils sont en effet très-avancés cette
»année, et, s'il survenoit des pluies, ils seroient
»perdus ; mais il nous est défendu de les faucher. —
»Eh qui est-ce donc qui peut vous défendre de re-
»cueillir votre moisson quand elle est bonne à
»prendre ? — Sire, ce sont vos gardes de chasse,
»pour conserver les nids de perdrix. — Comment !
»pour des nids de perdrix, vous exposer à de si
»grands dommages ? — Nous savons bien, notre bon
»roi, que ce n'est pas votre intention ; mais si nous
»fauchions un jour avant la Saint-Pierre, nous se-
»rions mis à l'amende. — Eh bien, je vous permets,
»moi, je vous ordonne même de faucher dès au-
»jourd'hui ; et vous direz à ceux qui vous deman-
»deront l'amende, que je me suis chargé de la leur
»payer pour vous. » Un autre jour, le monarque,

qu'une promenade de quatre à cinq lieues à pied
n'effrayoit pas pendant la saison rigoureuse, ren-
contra près de Saint-Germain-en-Laye une troupe
de paysans, hommes et femmes, qui le reconnurent,
quoiqu'il fût sans suite, et se mirent à crier : *Vive
le roi ! vive notre bon roi !* Le prince, sensible à
ces démonstrations, s'arrête au milieu de ces bonnes
gens, et leur dit : « Puisque vous me connoissez,
» il faut que je vous conte une nouvelle que vous ne
» savez sûrement pas, et qui vous fera plaisir : c'est
» que je viens de conclure la paix, et qu'à présent
» je pourrai mieux procurer votre soulagement. »

Ce soulagement de son peuple, en général, étoit
la pensée dont son cœur n'étoit jamais distrait.
Mais, s'il étoit partout le père affectionné de ses
sujets, il l'étoit singulièrement de la classe la plus
misérable. Les intendans, les évêques, les magistrats, n'avoient pas seulement la permission de lui
faire connoître les besoins réels de l'indigence, ils
en avoient l'ordre exprès; et nul homme en place
qui ne sût que le roi vouloit être la ressource assurée
de tout sujet malheureux qui n'en avoit point d'autre.
Aussi ne craignons-nous pas d'avancer qu'il n'est
aucune province, pas même une ville en France,
où Louis XVI n'ait essuyé des larmes, consolé des
familles, secouru des misérables.

En même temps que ce prince faisoit ouvrir le
trésor public à la misère publique, il faisoit de son
trésor particulier le patrimoine de l'indigence par-

ticulière. Les domaines de ses ancêtres étant confondus avec les revenus publics, il avoit, comme les
rois ses prédécesseurs, la disposition de ce qu'on
appeloit *la cassette du roi*. Les fonds qui s'y ver-
soient étoient censés fournir aux dépenses de goût
et aux amusemens du monarque. Mais les amusemens de Louis XVI et son plaisir unique étant de
faire du bien et de réparer des maux, tout ce qui
entroit dans sa cassette étoit voué à cette destination. Lorsque, pour la première fois, il se fit rendre
compte de l'emploi des deniers, il réduisit plusieurs
pensions, comme exorbitantes pour des pensions de
secours, et il arrêta que les plus fortes n'excéderoient
pas 1500 liv. S'étant aperçu, dans la suite de la
même opération, que le fils du trésorier actuel de
sa cassette, enfant âgé de dix ans, étoit inscrit pour
une pension de 1000 liv. à côté d'un vieux domestique du feu roi, porté seulement pour 300 liv., il
dit au trésorier : « Voilà qui n'est pas juste : vous
»ferez une transposition de ces deux pensions : vous
»êtes à votre aise, 300 liv. sont assez pour votre fils;
»et cent pistoles ne sont pas trop pour un vieillard
»qui n'a pas d'autre ressource. »

L'inépuisable bonté de cœur du prince rassembloit habituellement autour de sa cassette une foule
de demandeurs, qui avoient ou supposoient des besoins. Il faisoit peser leurs raisons, et tous ceux qui
en alléguoient de valables étoient secourus. Nous
osons, sur la garantie de nos mémoires les plus cir-

constanciés, défier la France entière, sans en excep-
ter les calomniateurs et les ennemis les plus enve-
nimés de Louis XVI, ceux mêmes qui l'ont condamné à mort comme *tyran*, nous osons les défier
de nous citer un seul exemple d'un seul individu,
dont le nom soit parvenu aux oreilles de ce prince,
avec la recommandation de sa misère, sans qu'il ait
éprouvé son assistance. On lui rendoit compte tous
les trois mois de l'emploi des fonds de sa cassette.
S'ils se trouvoient épuisés avant l'échéance du terme,
et qu'il ordonnât encore des secours et des aumônes, le valet de chambre trésorier l'avertissoit,
et sa réponse ordinaire étoit : « Il faudra que vous
» m'avanciez. » Le valet de chambre prêtoit à son
maître, et le bon roi donnoit à ses pauvres.

La prérogative de la royauté la plus précieuse à
ses yeux, étoit de pouvoir se constituer le soutien
du foible et la providence du malheureux. On lui
imputa quelquefois de ne pas aimer les grands. Il
les aimoit ; mais il n'aimoit chez eux ni les dissi-
pations insensées, ni un luxe insultant pour la
misère publique. Il ne parloit qu'avec estime de
ceux dont les petits bénissoient la grandeur, et
nommément du duc de Penthièvre, dont on ne sauroit dire s'il se montroit lui-même l'émule ou le
modèle dans ses pratiques bienfaisantes. Ce fut en
flattant ce penchant vertueux de son maître, et en
affectant de brûler du même zèle que lui pour le
soulagement de la classe indigente de son peuple,

que Necker, dont les formes lui déplaisoient, parvint à lui rendre ses services supportables avant de les lui rendre si funestes.

Quoique Louis XVI ne se flattât point, comme le spéculateur économiste, de faire disparoître de dessus la terre les pauvres qui tiennent de l'Evangile même un privilége de perpétúité, nécessaire à l'exercice de la première vertu chrétienne *, ce prince néanmoins ne cessa, durant tout son règne, de rechercher les moyens les plus propres à remédier aux abus de la mendicité vagabonde. D'après un plan général, qu'il venoit d'adopter au moment où la révolution éclata, le riche, dans nos villes, n'eût plus eu à essuyer les importunités du mendiant ; mais chaque semaine, la charité en personne se fût présentée chez lui, pour lui demander au nom de son Dieu l'offrande de son superflu pour ses frères malheureux. Quant à l'application des secours, elle se seroit faite par des répartitions analogues à la diversité des besoins. Rassemblemens dans des hospices et des laboratoires communs ; distributions à domicile, en comestibles, en vêtemens, en matière première à apprêter, et surtout à filer, pour les manufactures locales : tout avoit été combiné, soit pour tenir en activité tous les bras qui en seroient capables, soit pour ménager un soulagement

---

* Semper enim pauperes habetis vobiscum ; et, cum volueritis, potestis illis bonefacere. Marc. xiv, 7. Joan. xii, 8.

gratuit à l'enfance et à la vieillesse invalides. D'heureux résultats, obtenus dans les Pays-Bas, et même dans quelques villes de France, parloient en faveur de ces mesures. Mais, ce qui devoit garantir le succès de l'exécution, c'est que Louis XVI ne devoit la confier qu'au zèle pur et désintéressé de la charité chrétienne, à l'exclusion de nos modernes charlatans de bienfaisance humaine. Ce plan rédigé et arrêté, Louis XVI, avant de le rendre public, avoit résolu d'en essayer les avantages sous ses yeux, dans la ville de Versailles. Ce fut sur ces entrefaites que la révolution surprit ce prince, et que Versailles, sans le moindre signe d'opposition, souffrit qu'une horde de brigands lui enlevât son bienfaiteur et son roi. Louis XVI, pour punir la ville ingrate, n'eût eu qu'à l'oublier, il oublia seulement son ingratitude; et, dans l'impuissance de réaliser son projet, il prit d'autres mesures pour soulager une foule de malheureux que fit bientôt naître son absence.

Ç'avoit toujours été le sage principe de ce prince, de venir au secours du pauvre valide, en l'occupant. Élevé lui-même dans l'habitude du travail, et ne se permettant jamais un instant d'oisiveté, il la craignoit tellement pour les autres, qu'il aimoit mieux encore que ses aumônes fussent le prix d'une occupation stérile, que l'aliment d'une oisiveté dangereuse. C'est ce dont on lui vit donner un touchant exemple pendant un rigoureux hiver. La classe des

pauvres s'étant accrue de toute celle des ouvriers,
que la saison tenoit dans le désœuvrement, les curés
de Versailles vinrent supplier le roi d'ajouter à ses
aumônes ordinaires. « Rien de plus juste, répond
»Louis XVI ; mais il faudroit occuper ce monde-
»là ? — Sire, tous les genres de travaux sont fermés
»pour des hommes dont le seul talent est de remuer
»la terre ou de faire du mortier. — Ne pourroient-
»ils pas tirer et tailler des pierres, préparer leurs
»matériaux pour les travaux du printemps ? — Ces
»sortes de travaux, sire, ne peuvent convenir à tous;
»et, pour le plus grand nombre, la terre gelée à
»trois pieds de profondeur, et couverte d'autant de
»pieds de neige, ne leur laisse aucune ressource. —
»Eh bien, en attendant que la terre soit abordable,
»nous les occuperons à bêcher la neige, car il faut
»les occuper. » En effet, tous les bras désœuvrés
furent appliqués à ce travail dans le château et dans
les rues de Versailles. Quand on eut organisé cet
atelier de charité, Louis XVI, comme un bon père,
alla visiter ses pauvres, et, s'arrêtant au milieu
d'eux, leur dit : « Il faut, mes amis, que je vous
»dise votre pensée : vous dites en vous-même : *On
»nous occupe là d'une plaisante besogne, et d'un
»travail bien inutile !* Eh bien, vous vous trompez:
»il fait cruellement froid, ce travail vous échauffe
»et vous épargne du bois ; vous vous ennuieriez,
»ce travail vous distrait, et puis le salaire vient au
»bout. Dites-moi, combien vous paie-t-on votre

» journée ? — Sire, nous avons reçu hier quinze sous.
» — C'est peu que quinze sous, quand on est chargé
» de famille ; je verrai si nous pouvons faire mieux. »
» Les cris de *vive le roi ! vive notre bon roi !* avoient
» déjà accueilli le prince à son arrivée ; ils redou-
» blèrent à son départ : et le lendemain, les ouvriers
» reçurent vingt sous. »

La même ville, pendant le même hiver, fut redevable à son roi d'une autre disposition qui dépose
également de sa charité vraiment paternelle. Les aumônes qu'il répandoit parmi les ouvriers, n'attei-
gnant pas une autre classe d'hommes qui n'a d'autre
profession que celle de guetter sur les places publiques quelque occasion de gain, Louis XVI, pour
les défendre de la cruelle rigueur du froid, imagina
de les accueillir et de les chauffer dans son propre
palais, pendant leurs intervalles de repos. Par ses
ordres, on établit des foyers publics ; et le bon
prince descendoit quelquefois de son appartement,
pour s'assurer qu'on ne frustroit pas ses pauvres du
bienfait que leur destinoit son cœur. Cet exemple,
sans modèle, excita bientôt l'enthousiasme de l'imitation parmi les grands de la capitale ; et, tant que
dura le froid rigoureux, on vit sur les places publiques et aux portes des palais, de grands feux autour desquels venoit se chauffer la foule des porte-
faix et des commissionnaires publics, tandis que,
dans tous les quartiers de la ville, les communautés
religieuses ouvroient de vastes salles, où la classe in-

digente des ouvriers sédentaires alloit se chauffer et travailler.

Ce même hiver encore, et dans un conseil où Louis XVI avoit fait arrêter des mesures de soulagement pour les pauvres, ce prince avoit dit à ses ministres : « Si nous ne pouvons pas faire tout le »bien qui seroit à désirer, nous devons en faire assez »du moins pour qu'aucun malheureux ne périsse de »froid ou de misère ; et je m'attends, messieurs, »que chacun de vous, en ce qui le concerne, y ap-»portera le plus grand soin. » Le roi fut obéi, té-moin les écrivains périodiques du temps. « Ces soins »généreux de l'administration, disoit l'un d'eux, »rappellent les règnes des Titus et des Henri (7). »

L'on eût pu remonter moins haut ; et, par un rapprochement plus juste, comparer Louis XVI à lui-même, ce qu'il faisoit en 1788, avec ce qu'il avoit fait en 1784. Pendant le rude hiver de cette année, la rareté du bois dans Paris l'ayant porté à un prix excessif, le roi, sacrifiant l'agrément et l'in-térêt au soulagement des malheureux, fait faire un abattis considérable dans ses bois qui avoisinent la capitale, et ordonne que la distribution en sera faite aux pauvres. Un ministre lui proposa de faire vend ce bois à un prix modique ; mais Louis XVI, repou sant cette idée mesquine, répondit : « Voudriez-vou »vendre mon bois à des malheureux qui manquen »de pain ? » D'après ces dispositions précises, le lieu tenant de police eut ordre de se concerter avec l

curés de Paris, pour dresser un état de tous les mé-
nages que leur indigence mettoit dans le cas de participer à cette aumône royale; et, sur-le-champ, la
coupe des bois fut distribuée gratuitement. Ce don
généreux fait aux pauvres de Paris, ne couvrant
pas l'étendue de leurs besoins, Louis XVI arrêta
que chaque jour, tant que dureroit la rigueur du
froid, une somme de cinq cents louis leur seroit
répartie sous la surveillance des curés, soit en comestibles, soit en avances de matières premières,
analogues à l'industrie des indigens.

C'étoit pendant ce même hiver qu'un de ses officiers de chasse venoit faire à Louis XVI le rapport
que les pauvres, dans leur désœuvrement, tuoient
le gibier à coups de bâtons dans sa capitainerie. « Ne
» vois-tu donc pas, lui répondit le prince, que ces
» malheureux qui, de ton aveu, n'ont rien à faire,
» sont exposés par-là même à n'avoir rien à manger?
» Tant que ce froid durera, j'entends qu'on n'in-
» quiète personne pour le gibier. » L'officier réplique
que ce désordre, autorisé pour la circonstance, tirera
à conséquence pour l'avenir. « Je ne te dis pas de
» l'autoriser, reprend le roi, mais de l'ignorer. Toi,
» tu dînes à ton aise; ne faut-il pas avoir pitié de
» ceux qui manquent de pain et meurent de froid? »

Il seroit difficile d'énumérer les bienfaits en tous
genres que Louis XVI ne cessa de verser pendant
son règne sur le petit peuple de Paris. Le produit
des aumônes étant de jour en jour moins propor-

tionné à la misère publique, depuis que le philosophisme avoit converti en bienfaisance arbitraire le
précepte urgent de la charité évangélique, c'étoit
au monarque que s'adressoient avec confiance les
patrons des pauvres de la capitale; et ce prince,
tantôt se charge d'acquitter la capitation de tous
ceux qui sont taxés à neuf francs et au-dessous, et
tantôt fait rendre à la liberté, en payant leurs dettes,
tous les pères détenus pour impuissance de payer
la pension alimentaire de leurs enfans; ou bien il
fait convertir en aumônes une somme de cinq cent
mille livres que la ville de Paris destinoit à des
réjouissances à l'occasiou de la naissance de la
princesse sa fille aînée; ou bien encore il fait
compter un million au Mont-de-Piété, pour assurer
la restitution de leurs effets à tous les misérables
qui les ont engagés pour une somme de trois louis
et au-dessous.

Et c'est après cette effusion de bienfaits sur la
classe indigente du peuple parisien, et dans le
temps même que, captif dans sa capitale, Louis XVI
y continuera ses charitables habitudes, c'est alors
qu'il se verra en butte et à la noire ingratitude de
ce même peuple, et aux plus absurdes calomnies
de ses agitateurs.

La sollicitude paternelle du monarque pour ses
sujets indigens, prenoit encore un nouveau degré
d'activité en faveur de ceux qu'oppressoit le double
poids de la misère et de la maladie. Il faut, sans

contredit, remonter jusqu'à saint Louis, et s'en
tenir à saint Louis, pour trouver dans nos annales
un roi qui soit comparable à Louis XVI par son
zèle et ses travaux pour le soulagement de la pau-
vreté souffrante. Par ses soins et par ses lois, le
sort des malades fut sensiblement amélioré pendant
son règne, dans tous les hôpitaux du royaume; et
sa capitale fut encore favorisée en ce point d'une
attention spéciale, par la raison que ses besoins
en ce genre étoient plus urgens et plus multipliés.
Ce n'est pas le langage d'un roi, c'est celui du père
le plus affectionné que fait entendre Louis XVI,
en développant lui-même ses vues et ses projets
secourables en faveur de ce fameux Hôtel-Dieu,
qui rassembloit un monde entier de malheureux,
au sein du monde le plus voluptueux (8).

Dans le dessein de détacher de ce précieux établissement les abus qui en compromettent la destination, Louis XVI s'environne d'une commission
composée de personnes d'un zèle et d'une intelligence analogues à l'objet, entre lesquelles sont
plusieurs curés. Un triste et fidèle compte lui ayant
été rendu de l'état des malades de cette maison,
lui-même, au rapport des papiers publics, voulut
en faire la vérification. Déguisé de manière à n'être
pas reconnu, et traîné dans une voiture de place,
il descend lui quatrième à l'Hôtel-Dieu; il en
parcourt les salles en observateur attentif; il y
voit, dans le même lit chargé de quatre personnes,

le malade et le mourant, respirant à côté du mort,
et dans l'attente de prendre sa place (9). Navré du
spectacle, le monarque remonte dans sa voiture,
plus que jamais affermi dans le dessein de remédier à de si grands maux. Sa première résolution
avoit été la suppression de l'Hôtel-Dieu, qui eût
été remplacé par quatre grands hôpitaux, plus
avantageusement situés, tant pour la salubrité de
l'air que pour le service des malades. On publia
par ses ordres un prospectus de souscription en
faveur de la bonne œuvre, qui paroissoit également
propre à satisfaire et la charité chrétienne qui se
cache pour donner, et la bienfaisance humaine qui
donne pour se montrer. Mais les nobles sacrifices
ne pouvoient plus être du goût d'une génération
que dévoroient des passions faméliques; et, dans le
siècle appelé celui *de l'humanité*, Louis XVI eut
la douleur de voir les enfans égoïstes, se défendre
de loger les malheureux que leurs pères charitables
avoient si généreusement dotés dans des siècles
réputés barbares.

Louis XVI ne remplacera donc pas l'Hôtel-Dieu
suivant le modèle que lui traçoit son cœur; mais
les bâtimens de cette maison recevront des aug-
mentations; les lits en seront réformés, et les malades pourront reposer solitairement au nombre au
moins de trois mille. Ces bienfaits signalés, auxquels
ne concourront pas les largesses des particuliers,
ne devront rien non plus au trésor public; ils se-

ront le produit exclusif des privations de Louis XVI et des offrandes d'un archevêque (10).

Tandis que Louis XVI embrasse ainsi, dans ses affections charitables, un peuple entier de malades au sein de sa capitale, un désordre d'une nature également affligeante pour l'humanité vient réclamer son assistance : il apprend que cette lèpre honteuse et dévorante qui n'avoit point de nom chez nos aïeux moins dépravés, n'exerce plus seulement ses ravages dans nos grandes villes; que la contagion a pénétré jusque sous le toit de l'innocence et dans la chaumière du paysan; que, tous les ans, des milliers d'enfans issus d'un sang vicié, et délaissés par le libertinage qui les mit au monde, sont transportés de la capitale dans les provinces; que la chaste paysanne qui allaite ces enfans, reçoit d'eux un virus de mort, condamnée, pour prix de ses soins maternels, à partager le supplice et la honte d'une dépravation étrangère. Louis XVI, pour arrêter les progrès de cette peste, fonda, hors des murs de Paris, un hôpital particulier, pour le traitement simultané des mères et des enfans qui en seroient atteints; et dans lequel aussi la nourrice trompée seroit admise à un traitement gratuit.

A la suite de ces grands services rendus par le monarque à l'humanité souffrante, il restoit un bien à faire dans le même genre, que depuis long-temps on désiroit dans Paris. Parmi les malades, comme parmi les indigens, il est une classe à laquelle on doit épargner l'humiliation de se voir confondue avec la classe infirme dans l'application des secours. L'hospice, qui manquoit dans la capitale à ces hommes doublement infortunés, fut fondé par Louis XVI, dans la maison des frères de la Charité. Ils y eurent une infirmerie séparée du grand hôpital, où ils furent soignés pendant la maladie, avec les égards que réclament la naissance et les habitudes.

Tant de zèle à combattre les maux qui assiégent l'espèce humaine ne suffit pas encore au bon prince; il eût voulu, pour ainsi dire, ravir ses victimes à la mort. Au moins s'efforcera-t-il d'empêcher que l'ignorance ne précipite des vivans dans le tombeau. Il prescrira des mesures à prendre et des méthodes à employer pour constater les morts violentes et subites; il établira des bureaux de secours gratuits qui, administrés à propos, rappelleront souvent à la vie des sujets frappés d'asphyxie, soit par l'action de l'eau, soit par celles des vapeurs méphitiques.

Rien n'échappe à la sollicitude de Louis XVI pour la santé de son peuple. S'il apprend qu'un remède utile, qu'un spécifique éprouvé soit le secret d'un particulier, il en fait l'acquisition, pour en faire la propriété de ses sujets et de l'humanité entière. Tantôt on le voit adresser ces présens de sa bonté paternelle à la faculté de médecine de Paris, et tantôt enjoindre aux directeurs des pharmacies d'inscrire la recette, pour en faire usage au besoin.

Les infirmités de ses sujets ne trouvoient pas le monarque moins compatissant que leurs maladies. Digne émule encore en ce point du plus saint de ses aïeux, il doubla le précieux établissement de saint Louis en faveur de trois cents aveugles, et six cents lui durent leur subsistance dans Paris. Son zèle alla plus loin : des encouragemens furent donnés, des prix proposés pour les découvertes les plus utiles, applicables aux différentes maladies qui affectent la vue. Ce ne sera pas tout encore ; d'habiles oculistes seront ses pensionnaires, sous la condition d'administrer tous les secours de leur art à tous les pauvres qui voudront les réclamer. Ainsi une infinité de malheureux, les uns réputés aveugles, les autres menacés de le devenir, devront-ils à leur roi le bienfait de la lumière.

Étonnante puissance que celle des regards encourageans d'un roi sur les amis de son peuple! elle fait éclore, sous son règne, des prodiges inconnus à tous les âges précédens. A l'époque, bien voisine encore de nous, où Pierre-le-Grand faisoit une visite à Louis XV, si ce fondateur de l'empire russe, de retour dans ses états, eût écrit au roi de France, pour le prier de lui envoyer des hommes capables de faire voir les aveugles, entendre les sourds, parler les muets, nul doute que Louis XV ne se fût réorié, comme autrefois un roi d'Israël, à la lecture de la lettre d'un roi de Syrie : « Suis-je donc un Dieu, pour qu'on me propose des prodiges à opérer ? Ce prince ne cherche évidemment qu'un prétexte de rupture avec moi [*]; » et pourtant cette même demande, qui eût révolté Louis XV, si Pierre-le-Grand la lui eût faite, l'impératrice Catherine, et d'autres souverains de l'Europe la feront à Louis XVI, et ne la lui feront pas en vain. C'est sous le règne de Louis XVI que nous vîmes se développer et se perfectionner ces procédés ingénieux, et comme miraculeux, qui réparent des erreurs ou des accidens de la nature réputés irréparables ; qui suppléent la voix par les gestes ; qui placent l'ouie dans les yeux, et les yeux au bout des doigts. C'est sous Louis XVI que le sourd et muet de naissance apprit à communiquer sa pensée par l'écriture, et devint apte à toutes les connoissances et à tous les travaux de l'esprit. C'est à Louis XVI que l'aveugle-né fut redevable de la faculté d'exercer divers métiers utiles, et jusqu'à l'art de l'imprimerie. Ainsi, d'âge en âge, en France et chez tous les peuples policés, des milliers d'individus disgraciés de la nature, béniront avec attendrissement la mémoire du monarque bienfaisant, auteur pour eux d'une seconde naissance, et de cette existence active dans la société, inconnue à leurs semblables depuis l'origine des temps.

[*] 4 Reg. v, 6, 7.

Mais le trait le plus héroïque de l'amour de
Louis XVI pour la famille entière de son peuple,
ce sera, sans contredit, cette courageuse, et malheureusement trop funeste résolution de s'éclairer
de ses conseils, et de l'établir lui-même juge et artisan de son propre bonheur. Constamment environné de piéges depuis qu'il est sur le trône ;
trompé par ses ministres, trompé par ses conseils,
trompé par les magistrats, trompé par des philosophes, il se dira à lui-même : « Mon peuple que
» j'aime ne me trompera pas ; il se tromperoit lui-
» même. » Il assemblera ce peuple ; il lui déclarera
qu'il n'estime de sa puissance que le pouvoir qu'elle
lui donne de faire des heureux, ou d'essuyer des
larmes. Loin de craindre qu'on lui demande plus
que son cœur ne voudroit donner, il déclarera d'a-
vance qu'il est prêt à accorder tout ce qu'on voudra
lui demander ; et c'est de sa bouche que sortiront
ces paroles attendrissantes : « Tout ce qu'on peut
» attendre du plus tendre intérêt au bonheur pu-
» blic, tout ce qu'on peut demander à un souverain
» le premier ami de son peuple, vous pouvez l'at-
» tendre de moi *. » Et, lorsque tous ses sacrifices
seront méconnus, tous ses bienfaits accueillis par
la monstrueuse ingratitude, nous entendrons le

---

* Discours de Louis XVI, à l'ouverture des États généraux.
Necker nous apprend que le fond de ce discours, et cette
phrase nommément étoient de ce prince.

monarque, toujours inébranlable dans ses affections
paternelles, réclamer des instructions pour son
peuple, et non des châtimens : « Eclairez, dira-t-il,
» sur ses véritables intérêts, le peuple qu'on égare,
» ce bon peuple qui m'est si cher, et dont on m'as-
» sure que je suis aimé, quand on veut me consoler
» de mes peines (VI). »

C'étoit sur la conscience de cet amour qu'il portoit à son peuple, et que nulle contrariété ne put
jamais attiédir, que Louis XVI fondoit l'assurance
d'un amour réciproque. La calomnie, en effet,
seroit démentie par tous les faits, si elle prêtoit à
la nation entière les sentimens des factieux qui
usurpèrent son nom pour créer des crimes au roi
et le traîner à l'échafaud. Il est dans le caractère
du Français d'aimer son prince, et de se passionner
pour un prince vertueux. Le peuple aimoit en
Louis XVI ses goûts simples et pacifiques, sa po-
pularité, son économie, le désir qu'il lui connoissoit de son soulagement et de sa prospérité ; il
aimoit en lui l'attachement à la religion et une
pureté de mœurs exemplaire. Ce sentiment, qu'on
peut appeler national, se manifesta dans toutes
les occasions où il ne fut pas comprimé par la
malveillance ou la terreur * ; il se produira même
souvent, malgré les menées criminelles des factieux.

---

* La nation entière applaudit aujourd'hui à l'assertion patriotique de l'historien. (*Note de l'Editeur.*)

Telle scène préparée pour l'outrage du monarque, se convertira en scène de confusion pour ses ennemis ; et, plus d'une fois, des bouches soudoyées pour maudire le bon roi, éclateront, à son aspect, en cris de bénédiction.

Louis XVI ne régnoit pas encore sur la France, que déjà il régnoit sur le cœur du Français. On avoit chéri le père, on chérissoit encore cet immortel Dauphin dans son fils ; et l'on peut se rappeler avec quels transports d'allégresse la multitude, à son avénement au trône, se livroit à l'espoir que de grandes vertus alloient remplacer de grands scandales. On vit dès lors tout Paris applaudir au mot heureux, tracé par une main française au pied de la statue de Henri IV : RESURREXIT ! Dès lors encore on trouvoit dans tous les cabinets une ingénieuse allégorie, qui faisoit de Louis XVI un composé de deux de nos rois les plus chers à la nation. L'estampe offroit les médaillons du bon Henri et de Louis XII *le père du peuple*, au-dessous desquels paroissoit le portrait de Louis XVI, avec l'inscription XII ET IV FONT XVI. La France, en un mot, ne croyoit pas, dès cette époque, pouvoir promettre assez d'amour au jeune monarque qui, de son côté, lui prodiguoit déjà les preuves du sien.

Ce sentiment, commun à tous les cœurs que n'avoit pas encore dépravés le philosophisme, avoit éclaté de la manière la plus touchante le jour du sacre de Louis XVI. Cent mille Français, rassemblés de tous les points de l'empire, étoient dans la ville de Reims les vrais représentans de la nation. Conformément à ce qui s'étoit pratiqué aux sacres précédens, les magistrats de cette ville avoient ordonné que les rues seroient tapissées : « Point de » tapisseries, messieurs, leur dit le jeune monar- »que; je ne veux rien entre mon peuple et moi, »qui nous empêche de nous voir;» et la ville ne fut point tapissée (12). Pendant le séjour qu'il fit à Reims, plus il se montroit à ce bon peuple de ses provinces, moins ce peuple se rassasioit du plaisir de le voir. Un jour qu'à peine rentré dans son appartement, harassé des fatigues que venoit de lui faire essuyer l'empressement de la multitude, il l'entend de nouveau invoquer à grands cris sa présence : à l'instant il se dérobe à sa cour et à ses gardes, et, seul avec la reine qu'il tient sous le bras, il court se précipiter au milieu de cette foule idolâtre. Là, chacun se donne le droit de l'approcher et la liberté de lui parler : on lui présente des placets, on lui baise les mains, on lui baise les habits, jusqu'à ce que ses gardes, avertis de son absence, accourent, fendent la presse, et parvenus, non sans peine, auprès de sa personne, se mettent en devoir d'écarter la multitude, en lui reprochant son accablante indiscrétion. «Eh! non, non, mes- »sieurs, s'écrie Louis XVI; tout ceci, loin de nous »fatiguer, nous ravit et nous délasse. » Au même moment des cris de joie s'élèvent jusqu'aux nues, et des larmes d'attendrissement coulent des yeux du jeune roi et de son épouse.

Sans jamais se démentir depuis ce beau jour, cet amour de son peuple pour Louis XVI se manifestoit dans les occasions par ces élans naturels que ne sait point imiter la flatterie; et, ce que sentoient tous les Français, tous les étrangers l'admiroient. Il n'est personne qui ne connoisse ce mot de Gustave III, quittant la France : « Dans ce pays, »où tout est beau, je n'ai rien vu de si beau que »l'amour des Français pour leur roi. » Le même spectacle dut faire la même impression sur deux autres princes qui voyagèrent parmi nous, l'empereur d'Allemagne, sous le nom de comte de Falkenstein, et le prince impérial de Russie, sous celui de comte du Nord (13). Un jour que Louis XVI, conversant avec ce dernier dans la galerie de Versailles, se sentoit pressé par la multitude environnante : « On aime, M. le comte, dit-il au prince »russe, à voir cet empressement; mais pas autant »à le sentir, car nous étouffons. » Il se fit alors un léger mouvement en arrière; et le comte du Nord le faisoit avec les autres, en s'excusant auprès du roi, sur ce que, se comptant en ce moment au nombre de ses sujets, il avoit cru, comme eux, ne pouvoir approcher de trop près sa majesté. Mais Louis XVI tendant la main au prince étranger, lui dit : « Restons ensemble, M. le comte, nous en

»soutiendrons mieux un nouvel assaut.» Et bientôt, en effet, l'assaut recommença.

Une époque où l'amour des Français pour Louis
XVI parut au plus haut point d'enthousiasme, ce
fut celle du traité de paix conclu avec l'Angleterre
en 1783. La nation, qui avoit elle-même demandé,
et en quelque sorte commandé la guerre, combla
de bénédictions son roi qui lui rendoit la paix. Son
éloge étoit dans toutes les bouches, tout retentis-
soit de ses vertus. On les célébroit en prose, et la
poésie les chantoit : le génie de l'invention s'épui-
soit, pour rendre sous toutes les formes un sentiment commun à tous; et le Français invitoit jusqu'aux êtres insensibles à s'associer à ce concert
de tous les cœurs. Ce que des siècles de tentatives
inutiles avoient fait juger impossible, la méca-
nique, en cette occasion, l'exécuta pour la louange
de Louis XVI : elle donna une voix humaine à un
automate; et tout Paris courut voir l'ingénieuse
machine, qui prononçoit distinctement : « Le roi
» vient de donner la paix à l'Europe.» Puis s'incli-
nant vers un buste de Louis XVI, continuoit : « O
» roi admirable, le père de vos peuples ! leur bon-
» heur fait voir à l'Europe la gloire de votre trône.»
Si le compliment n'étoit pas merveilleux en lui-
même, il le devenoit par l'organe qui le prononçoit.

Au commencement de l'année suivante, la classe
du peuple la plus indigente se distinguoit dans la
capitale par des témoignages d'amour envers Louis

XVI, dont un trait se faisoit remarquer par sa singularité. Pendant le rude hiver de cette année, la
police, par les ordres du monarque, occupoit le
désœuvrement des pauvres ouvriers à mettre la
neige en tas. L'un d'eux fait la proposition, aussitôt accueillie avec enthousiasme, d'ériger un monument de leur reconnoissance envers le bon roi
qui les nourrit : on trace un plan suivant les règles
de l'art; tous les bras sont en mouvement, le plan
est exécuté, et un superbe obélisque décore le palais de Louis XVI. Il ne s'agissoit plus que de
l'inaugurer, et l'on n'avoit pas d'inscription : un
poëte vient à passer, quelqu'un de la bande le
reconnoît, on l'arrête, on met sa muse en réqui-
sition, et sa muse lui inspire ce quatrain, que tout
Paris couroit lire, le 21 janvier 1784 :

> Louis, les indigens que ta bonté protège,
> Ne peuvent t'élever qu'un monument de neige :
> Mais il plaît davantage à ton cœur généreux
> Que le marbre payé du pain des malheureux.

Par quelle fatalité les jeux innocens et les cris de
bénédiction de ce 21 janvier feront-ils place au
monstrueux anniversaire du 21 janvier 1793?

Chéri dans tous les lieux où il se montroit,
Louis XVI l'étoit peut-être plus affectueusement
encore sur les points de son empire qu'il n'avoit
jamais récréés de sa présence; et la province de
Normandie, dans les sentimens qu'elle fit éclater

on le voyant, peut être regardée comme l'inter-
prète des autres provinces de sa domination, qui
envioient toutes le même avantage. Ce fut en 1786,
et au mois de juin, que Louis XVI partit pour
aller visiter les côtes maritimes de la Normandie,
et particulièrement les travaux de la rade de Cherbourg, où il vouloit créer un port l'équivalent
d'une flotte pour la sûreté de notre commerce dans
la Manche.

Difficilement on se figureroit les vives expressions et les transports d'amour dont le monarque
se vit l'objet dans tout le cours de ce voyage mémorable, le premier de quelque importance qu'il
eût encore fait dans ses états; mais qui n'eût pas
été le dernier, s'il n'en eût été empêché par les
troubles avant - coureurs de la crise révolutionnaire. La scène attendrissante de ce voyage commença dans la cour même du château, lorsque,
près de monter en voiture, et après avoir embrassé
son épouse et ses autres enfans, au milieu des acclamations de la multitude, Louis XVI prit entre
ses bras le jeune duc de Normandie, et dit à l'enfant qui lui sourioit : « Embrasse-moi aussi, mon
»petit Normand, je m'en vais voir ton pays. » Le
voyage avoit été annoncé par les journaux, et
c'étoit un père qui alloit se montrer à des enfans dont il n'étoit connu que par son cœur et
ses vertus. L'empressement de le voir sera partout
le même sur son passage : les villes et les cam-

pagnes se porteront à sa rencontre, et se traîne-
ront encore à sa suite. L'enthousiasme est général;
mais il est surtout au plus haut point d'exaltation
parmi les paysans. Ils accourent par troupes de
tous les points de la province, nul obstacle ne les
arrête. La nuit les surprend, ils se couchent le
long des chemins; la fatigue les accable, un grand
espoir les soutient : ils verront leur roi. Ils le voient
en effet, et ils en sont vus : leurs vœux sont com-
blés et leurs fatigues oubliées. De toutes parts les
cris d'allégresse retentissent aux oreilles du père
commun de la patrie; et la foule transmet à la
foule l'emploi de continuer ce concert de bénédictions.

Jamais Louis XVI ne s'étoit trouvé si libre et si
heureux qu'il l'étoit loin de sa cour au milieu de ce
bon peuple; et l'on peut en croire les témoins,
qui attestent que souvent il ne trouvoit, pour rendre
les sensations qui l'affectoient, que ces larmes de
tendresse qui sont le secret des bons rois. Ce que
faisoit le prince et ce qu'il disoit, son ton et ses
manières complétoient l'ivresse des cœurs, et trans-
formoient ce voyage en un tissu de scènes touchantes. Dans un bourg où il étoit descendu de
voiture tandis qu'on relayoit, la femme du chirurgien du lieu, écartant la foule dont il étoit environné, parvient jusqu'à lui, se jette à ses genoux,
et s'écrie : « J'ai donc le bonheur de contempler
notre bon roi! » Louis XVI, en la relevant, lui

demande ce qu'elle désire de lui ? « Sire, je connois
» une femme honnête, généralement estimée, mais
» pauvre et mère de douze enfans. — J'entends
» votre affaire : comme je ne passerai pas aujour-
» d'hui Vernon, que votre protégée s'y rende avec
» un bout de mémoire, je me souviendrai de votre
» recommandation. Et pour vous, ma bonne, vous
» ne me demandez donc rien ? — Sire, après le
» bonheur d'avoir vu le meilleur des rois et de lui
» avoir parlé, je n'ai plus rien à désirer ; seulement,
» si je l'osois, je lui demanderois la permission de
» lui baiser la main. — Et pourquoi pas le visage ? »
reprend Louis XVI, qui, en même temps, embrasse la suppliante. Ce trait de courtoisie à la
Henri IV ravit les spectateurs, et les cris de *vive le
roi !* s'élèvent jusqu'aux nues.

Partout retardé dans sa marche par un égal empressement des peuples, Louis XVI arriva fort tard
dans Cherbourg ; mais une brillante illumination
y rendoit la nuit semblable à un beau jour. Les
rues étoient obstruées par la population de la ville,
qu'enfloit encore une prodigieuse multitude d'é-
trangers. Il est accueilli à son entrée par de
bruyantes acclamations, qui l'accompagnent jusqu'à l'hôtel d'Harcourt, préparé pour le recevoir.
Il étoit une heure quand il congédia son monde,
et à deux heures et demie il étoit sur pied. Il entend
la messe à trois, et se rend aussitôt sur le rivage,
où le peuple a passé la nuit en l'attendant. Une

flotte nombreuse, qui se trouve en rade, annonce
la présence du monarque par une salve générale,
à laquelle répondent les batteries des forts, et les
cris de joie des spectateurs.

Tout avoit été disposé par le directeur des travaux, pour rendre le roi témoin des procédés ingénieux qu'il avoit inventés pour bâtir en pleine mer.
A la marée montante, aux premiers rayons du soleil, le prince vit une masse de matériaux d'un
poids incalculable, et solidement encaissée, s'élever majestueusement de dessus son chantier, à
l'aide d'une triple rangée de tonneaux vides attachés à sa base, puis voguer lentement jusqu'à la
distance d'une lieue, et là, balancée sur le point
déterminé, et dégagée de sa légère ceinture, descendre au fond de la mer, et s'y fixer comme un
roc.

Le lendemain le roi alla rejoindre l'escadre qui
l'attendoit dans la Manche, pour lui donner le spectacle d'un combat simulé. C'étoit la première fois
que Louis XVI sortoit de son royaume. Il fit quatre
lieues en mer, et son pavillon flotta à la vue des
îles Britanniques. Il fut pendant onze heures sur
son vaisseau, et sans quitter le pont. Le peuple
l'attendoit sur le port avec une impatience mêlée
d'inquiétude. Dès qu'on découvre le canot qui le
rapporte, les rivages retentissent des cris accoutumés : les mariniers et les gens du pays n'attendent
pas qu'il prenne terre, ils se jettent à la mer,

courent à sa rencontre, et lui déclarent qu'il est de leur droit de le prendre dans leurs bras et de le porter jusqu'au rivage. Le monarque confirme le droit, et se prête avec une aimable gaieté aux innocentes folies d'un peuple ivre d'amour et de joie.

Comme ce voyage avoit pour principal objet la marine, le roi donna presque tout son temps aux marins; et les trois jours qu'il resta sur la côte, il dîna au milieu d'eux sur le vaisseau du commandant. Les momens qu'il ne passoit pas sur l'eau, il les employoit à la visite des travaux publics, des arsenaux et des hôpitaux, semant partout les encouragemens et recueillant les bénédictions. Depuis le chef d'escadre jusqu'au dernier des matelots, tout ce qui étoit à son service se trouvoit en sa présence au comble du bonheur; et le dévouement, que chacun avoit pour sa personne, étoit accompagné, chez les hommes instruits, d'admiration pour les rares connoissances qu'il développoit sur toutes les parties dont se compose la science de l'officier de mer (14).

En quelque endroit que se portât le roi, tantôt en voiture, tantôt à pied, il ne lui étoit possible d'avancer qu'à pas lents, sans cesse contrarié dans sa marche par des flots successifs de spectateurs. Ses gardes, qui ne pouvoient faire librement leur service auprès de sa personne, en prenoient quelquefois de l'humeur; mais Louis XVI calmoit leur zèle : « Laissez, disoit-il, laissez approcher ces

»bonnes gens; j'aime à les voir, ce sont tous mes »enfans. » Une occasion, moins flatteuse pour son cœur, se présenta de manifester cette affection paternelle : des ouvriers, trop occupés peut-être de sa présence, dans une manœuvre qui demandoit toute leur application, laissent échapper un cabestan qui les renverse. Quelques hommes sont blessés, et l'un d'eux mortellement. On veut cacher l'accident au roi, mais il le soupçonne, et s'en fait rendre un compte exact, qui l'afflige, et d'après lequel il ordonne à son chirurgien de voler au secours des blessés, et de lui faire son rapport sur leur état.

L'auguste voyageur se montroit d'un si facile accès que, dans les ports du Havre et de Honfleur, comme à Cherbourg, les plus timides s'enhardissoient à l'aborder, et lui parloient sans façon. Deux jeunes gens de la classe indigente, qui se convenoient, ne pouvoient parvenir à s'épouser, parce que le père de la fille exigeoit pour condition expresse, que celui qui aspiroit à devenir son gendre fût possesseur d'une modique somme d'argent que celui-ci n'avoit pas. La présence du roi dans son pays relève l'espérance du jeune homme : il se trouve sur son passage, lui expose son affaire; et Louis XVI, charmé de pouvoir faire deux heureux à si peu de frais, fait vérifier l'exposé et délivrer la somme.

La même ville du Havre, qui applaudissoit à cet acte de bienfaisance, bénissoit, dans un autre trait, la clémence de Louis XVI. Une femme vint se jeter à ses genoux, et lui dit : « Sire, j'avois quatre »fils, tous les quatre sont morts au service de votre »majesté : seroit-ce un titre pour lui demander la »grâce de trois déserteurs qui viennent d'être con- »damnés? — Oui-dà, ma bonne, lui répond »Louis XVI avec vivacité, il est excellent votre »titre; et, n'ayant pas le pouvoir de rendre la vie »à vos quatre enfans, je voudrois avoir à vous »accorder la grâce de quatre déserteurs. »

Jamais Louis XVI, au milieu des honneurs du trône et des fêtes les plus brillantes de sa cour, n'avoit goûté de plaisir comparable à celui de juger par lui-même de l'amour que lui portoit son peu- ple, et de lire sur tous les fronts la joie franche et l'épanouissement des cœurs. C'est l'aveu qu'il en faisoit dans une de ces lettres entre époux, où le sentiment se peint vivement et sans apprêt. « L'a- »mour de mon peuple, écrivoit-il, de Cherbourg, »à la reine, a retenti jusqu'au fond de mon cœur : »jugez s'il est au monde un roi plus heureux que »moi. Non, jamais je n'ai senti le plaisir de l'être »comme au milieu de mes bons Normands. » Ces sensations délicieuses étoient restées profondément gravées dans le cœur du monarque : il en parloit avec un plaisir toujours nouveau, et il se les rappe- loit encore au fort de ses malheurs.

Si les témoignages nous manquoient pour attes- ter à la postérité combien affectueusement le corps de la nation française aimoit Louis XVI, nous voudrions forcer les ennemis même de ce prince, ses persécuteurs, et jusqu'à ses bourreaux, à nous en fournir les preuves. Dans le temps que les factieux, machinant la perte du bon roi, l'environneront de piéges et de perfides embûches, dans la crainte de révolter le peuple qui l'aime, ils auront besoin de feindre eux-mêmes le sentiment du peuple, et de donner à leurs entreprises régicides la couleur et le nom de l'amour. S'ils emmènent ce prince en captivité dans sa capitale, les jongleurs publieront que c'est pour qu'il y soit le captif de leur amour. Ce sera le parti révolutionnaire des Etats généraux qui, en 1789, proclamera Louis XVI «un roi chéri; — un don du ciel dans son amour, »prince auquel ses sujets n'imputeront jamais d'a-»voir prodigué leur sang, ni abusé de la justice, »parce que la calomnie seroit absurde; — le meil-»leur des rois, — un monarque adoré de vingt-»cinq millions d'hommes; — un père au milieu de »ses enfans, gardé par leur amour; — un prince »que ses bienfaits rendront le modèle des princes.» Ce sera le perfide Mirabeau qui fera proclamer Louis XVI le *restaurateur de la liberté française;* et ce sera sur la proposition encore de ce même factieux, que l'assemblée votera par acclamation une statue à ce monarque adoré. Une députation, chargée de lui porter les vœux de l'assemblée, le jour de la Saint-Louis, lui dira qu'elle vient « lui

»parler de l'amour et de la fidélité de ses sujets. »
Au milieu même de Paris, déjà en insurrection,
mais poussé encore par la force de l'habitude, nous
entendrons un orateur dire à Louis XVI : « Con-
»templez, sire, ce peuple qui vous presse, dont les
»avides regards cherchent les vôtres, qui s'enivre
»du bonheur de vous posséder. — Le voilà, sire,
»ce peuple qui vous idolâtre. — Voyez ces yeux,
»écoutez ces voix, pénétrez dans ces cœurs qui
»volent au-devant de vous. Il n'est pas ici un seul
»homme qui ne soit prêt à verser pour vous jusqu'à
»la dernière goutte de son sang. »

Ce que le député Lally-Tollendal dit ici à Louis
XVI de l'affection de ses sujets, le président de
l'assemblée le lui répétera encore l'année suivante * : « Sire, il suffit, pour entraîner tous les
»cœurs, de vous montrer dans la simplicité de
»vos vertus. Je ne risquerai pas de vous rendre
»l'admiration qu'elles font naître; j'en abandonne
»l'expression au sentiment qui domine dans tous
»les cœurs, et qui se manifeste dans de si beaux
»momens. » Enfin, en 1791 encore **, comme les
années précédentes, l'assemblée se faisant l'inter-
prète des sentimens du peuple français auprès de
son roi, lui dira, par l'organe de son président :
« Les Français ne sont pas surpris de cette nou-

---

* Le 4 février 1790.
** Le 13 avril 1791.

»velle preuve de votre amour. Votre cœur, sire,
»leur est connu : ils sont accoutumés à prononcer
»votre nom avec les épanchemens de tendresse et
»de reconnoissance que commandent de grands
»bienfaits. »

Mais sans doute ils ne seront pas des Français;
et pourra-t-on même croire qu'ils appartiennent
encore à l'espèce humaine, les êtres monstrueux
qui poursuivront par la haine un roi, de leur aveu,
digne de tant d'amour, un roi dont ils nous disent
que *ses grands bienfaits commandent la reconnoissance ?*

LIVRE V.

L'on ne peut réfléchir sur l'activité des vertus royales de Louis XVI, se rappeler cette continuelle sollicitude, ces travaux et ces sacrifices commandés par sa tendre affection pour son peuple, sans être tenté de croire que le peuple lui faisoit négliger l'individu, et que le cœur du roi, chez lui, devoit rétrécir le cœur de l'homme. Mais si, d'un autre côté, l'on fait abstraction du chef suprême de l'empire, pour ne considérer dans Louis XVI que le simple particulier, au sein de sa famille et dans ses relations amicales, on jugera que la vivacité de ses affections royales, loin de dessécher, dilatoit plutôt ses affections familières.

Au dire de nos philosophes, professeurs emphatiques d'humanité, ils étoient seuls dévorés du pur amour des hommes : mais leurs œuvres nous ont donné la mesure de leur cœur, et tout le secret de l'amour qu'ils nous portoient. Heureusement, ce n'étoit point chez eux, c'étoit à l'école de la religion que Louis XVI avoit fait l'apprentissage de l'amour que l'homme doit à l'homme; et le détail de sa vie privée et de ses rapports domestiques, dans lequel nous allons entrer, en nous découvrant le fond d'humanité qu'il possédoit,

nous prouvera encore que ce précieux sentiment
n'agit jamais avec plus d'empire sur un cœur que
quand c'est la religion qui le commande et le consacre.

Nous avons déjà parlé de l'éducation de Louis
XVI et des vertus de son enfance. Après qu'un
double malheur l'eut rendu orphelin, docile encore aux dernières instructions des auteurs de ses
jours, il plaça sa confiance dans les personnes de
sa famille les plus dignes de suppléer auprès de
lui les grands modèles que la mort lui avoit ravis.
Avant de monter sur le trône, et après qu'il y fut
monté, on le vit professer une sorte de respect filial pour les princesses ses tantes, et les prévenir
par tous les égards que réclament le sang et la
vertu. Parmi les reproches honorables que des ennemis de tout bien intenteront un jour au monarque, on remarquera celui d'avoir assez écouté la
voix de la nature pour procurer à ces princesses,
qui avoient fui la terre du crime, les moyens de
subsister dans le lieu de leur retraite (1).

Le cœur qui donnoit cette extension à la dette
de sa piété filiale, ne pouvoit être étranger à aucune des affections qui dérivent de la même source;
et Louis XVI, qui s'étoit montré le meilleur des
fils, fut également bon frère, un modèle même
de tendresse fraternelle. Il n'étoit encore qu'un
enfant, lorsqu'on le vit, inconsolable de la perte
du duc de Bourgogne son aîné, verser des larmes

amères sur une mort qui lui promettoit une couronne. Porté, par cet événement, à un degré d'é-
lévation au-dessus des autres princes et princesses,
il resta constamment leur égal par l'amitié, jusqu'au jour où il parvint à la couronne. Réunissant alors à son titre d'aîné celui de roi, ce ne fut
que par ses bienfaits qu'il leur fit sentir son droit
de souveraineté : il se trouvoit à la place de leur
père, il suppléa auprès d'eux tous les devoirs de
la paternité. Mais auront-ils eux-mêmes quelque
idée de ces devoirs sacrés, et s'en montreront-ils
les appréciateurs bien équitables, ces rigides cen-
seurs, qui reprocheront un jour si brutalement à
Louis XVI d'être venu au secours d'un des princes
ses frères dans le dérangement de ses affaires, et
d'avoir une fois payé ses dettes ? dettes encore bien
moins imputables au jeune prince qu'aux hommes
improbes dont un ministère philosophe avoit environné son inexpérience (2).

" Ce n'est pas cependant qu'en se portant à un de
ces actes de condescendance que se commandent
souvent les familles particulières, Louis XVI en-
tendît qu'il pût tirer à conséquence au préjudice
de son peuple ; et, plus sévère en son indulgence
à l'égard d'un frère que ne le fut jamais le parlement d'Angleterre, lorsqu'il s'agit de faire honneur
aux dettes de ses princes, il fit annexer au titre de
la grâce qu'il accordoit, les conditions suivantes :
« En aucun cas le dérangement des finances du

»prince ne tombera à la charge du trésor royal. Il
»réduira son état de dépenses à l'état originaire. Il
»ne fera aucune acquisition de terres sans le con-
»sentement du roi, auquel, tous les ans, il re-
»mettra un état de ses recettes et dépenses. »

Dans une autre circonstance, qui fut d'un dangereux éclat pour la morale publique, Louis XVI
prouva également qu'il savoit se souvenir qu'il
étoit frère, et ne pas oublier qu'il étoit roi. A l'occasion d'un masque levé dans un bal, les patrons
routiniers de la férocité gauloise, princes et ministres, courtisans philosophes et casuistes courtisans, tous sont de même avis, qu'un scandale
d'espièglerie ne peut s'expier que par un scandale d'assassinat; et, plaçant la meilleure cause
au bout de la meilleure lame, ils décident unanimement que c'est le cas que deux illustres personnages se coupent la gorge, et remettent à l'intelligence d'un combat singulier la question extrême-
ment problématique, de savoir qui a eu tort ou
raison, de la partie qui a fait une injure, ou
de celle qui l'a reçue? Justement offensé de ce
qu'une affaire du ressort de sa justice paternelle
eût été traitée suivant la jurisprudence des forêts,
et terminée dans un bois, Louis XVI en marqua
tout son mécontentement à son frère, lui fit défendre de paroître en sa présence, et le frappa
d'exil. La disgrâce, il est vrai, ne fut pas de longue
durée, parce que le monarque sentit que le délit

qu'il avoit à punir n'étoit que la faute d'un jeune étourdi, et que ses suites aggravantes étoient le crime des instigateurs.

La conduite de Louis XVI envers ses frères porta toujours le même caractère de sagesse et d'affection. On essaya souvent de lui inspirer des préventions défavorables à ces princes, surtout après leur sortie de la France; mais, jugeant de leur cœur par le sien, il repoussa constamment toute insinuation tendant à lui faire suspecter leur attachement; et, sans approuver tout ce qui se faisoit au dehors en leur nom, jamais il ne leur supposa que des vues d'honneur et de fidélité (3).

Nous ne ferons que rappeler des souvenirs à nos contemporains, en leur parlant de l'intimité qui régnoit entre Louis XVI et les deux princesses ses sœurs, l'une et l'autre également dignes de partager sa confiance et toute son amitié. Tandis que l'aînée édifioit Turin par des vertus dont l'héroïsme est soumis en ce moment aux vérifications de Rome, madame Élisabeth, à Versailles, se distinguoit par un genre de vertu qui portoit avec elle toutes les recommandations. Rien dans son extérieur qui ne prévînt en faveur de sa personne; et le Ciel sembloit avoir pris plaisir à répandre les grâces de l'amabilité sur un corps destiné à être un sanctuaire privilégié de vertus. Simple et modeste auprès du trône, s'occupant habituellement du travail des mains au profit des pauvres; sans

autre ambition que celle de la fidélité au devoir
de son sexe et aux bienséances de son rang, la
princesse ne se mêloit point, comme on l'a écrit,
d'offrir ses conseils politiques au roi son frère;
trop sensée pour ignorer que ses conseils à la cour
devoient se borner à des exemples (4). Aussi les
courtisans les plus enclins à médire des vertus
éclatantes, rendoient-ils solennellement hommage
à la sienne, tous d'accord à reconnoître en elle
un heureux naturel, un bon esprit, la plus tendre
compassion envers les malheureux, et une géné-
rosité inépuisable pour leur soulagement. La piété
solide qui consacroit ses autres vertus, achevoit
de leur assurer le suffrage universel. Son nom
dans toutes les bouches, son nom sous toutes les
plumes, étoit toujours accompagné d'une épithète
de sentiment, et pour l'ordinaire de celle qui nous
tient lieu de superlatif le plus expressif. Madame
Élisabeth étoit un *ange*; tantôt l'*ange* de la France,
tantôt un *ange* de bonté, un *ange* de charité,
l'*ange* de toutes les vertus.   :

   Le premier ami de tous les Français, et singulièrement celui des cœurs vertueux, Louis XVI ne
pouvoit manquer de chérir une sœur à qui l'éminence de ses vertus concilioit l'affection universelle;
et il avoit pour elle une amitié de prédilection. Le
frère et la sœur goûtoient tous les charmes attachés
à une confiance réciproque fondée sur la conformité
des sentimens, lorsque la princesse, généreuse

émule de madame Louise, se crut appelée, comme
elle, à un genre de vie plus parfait encore que celui
qui l'investissoit déjà de la vénération publique. Ré-
solue de descendre du palais de ses pères dans l'obs-
curité d'un cloître, pour s'y dévouer aux pénibles
fonctions de l'éducation de la jeunesse, elle déclare
au roi son frère, qu'après de mûres réflexions sur
l'état de vie qui peut lui procurer le bonheur, elle
se croit appelée à celui qui lui permettra de déposer dans de jeunes cœurs des semences de vertus
qui fructifieront avantageusement pour lui au profit
de ses sujets : et elle conclut par lui demander la
permission de se retirer à Fontevrault, pour y faire
un dernier essai de sa vocation. Louis XVI, à cette
ouverture, combattu par le cœur et combattu par
ses principes religieux, ne voulut ni contrister sa
sœur par un refus absolu, ni accéder d'abord à un
désir qu'il lui étoit permis de mettre à l'épreuve :
il lui déclara qu'il rendoit hommage à l'utile apostolat auquel elle vouloit se dévouer; mais que, se
prévalant de sa qualité de tuteur, et non de celle de
de roi, il retiendroit, jusqu'à sa majorité, une sœur
chérie auprès de sa personne, et un modèle à sa
cour : qu'à cette époque, si elle persévéroit dans sa
vocation, elle seroit maîtresse d'en suivre l'attrait.
Mais à cette époque, avertie par les premiers éclairs
avant-coureurs de l'orage prêt à fondre sur le trône,
la princesse se soumettra au nouvel ordre de providence qui veut fixer auprès de Louis XVI un ange

consolateur, destiné à devenir son soutien durant
trois années de la plus cruelle agonie. C'est alors
que le vertueux attachement de madame Élisabeth
se produira avec tout l'héroisme qui distingue les
grandes âmes. Libre de sa personne, invitée, pressée
par les princesses ses tantes, de fuir avec elles le
théâtre de toutes les anarchies et de tous les dangers,
elle se fixera par choix sur une terre qui dévore ses
habitans; et, captive volontaire de la tendresse fraternelle, elle demeurera la compagne inséparable
de la destinée de son frère, son second dans tous
les périls, son bouclier sous les poignards. Enfin,
de la prison des Tuileries, où l'amitié l'ensevelira,
l'amitié la précipitera dans la prison du Temple,
jusqu'à ce que, de sacrifice en sacrifice, cette vertueuse amitié, réalisant tout le merveilleux des
amitiés fabuleuses, porte sa victime sur l'autel, et
la réunisse, par un glorieux martyre, au martyre
du roi son frère.

Le prince, objet, comme frère, d'un attachement
si généreux, n'avoit pas moins de droit, comme
époux, à toute la tendresse de son épouse. Les mœurs
de Louis, devenu roi, furent constamment aussi
pures que l'avoient été celles de Louis Dauphin; et
l'on eût en vain cherché à la cour un plus beau modèle de l'union conjugale que celui qu'offroit le
trône. Tous les témoins domestiques de ce qui se
passoit dans le palais, déposent uniformément de
l'attachement inaltérable et réciproque qui unissoit

les deux époux. Ils vivoient entre eux sur le ton
simple et familier; et la confiance qu'ils se témoi-
gnoient portoit le caractère inimitable de la cordia-
lité. S'ils étoient seuls dans leur intérieur, ils se
tutoyoient, mais jamais en présence des personnes
qui les approchoient (5).

Heureuse sans doute l'épouse de Louis XVI, si,
prenant pour modèle la princesse qui l'avoit immédiatement précédée sur le trône de France, et con-
tente de mériter comme elle l'estime de son époux,
les respects de sa famille et les bénédictions du
peuple, elle eût su se renfermer plus sévèrement
dans la sphère des devoirs obscurs qui honorent son
sexe, s'assujettir à un plan de vie plus indépendant
des ressources de la dissipation, tenir les courtisans
à une distance plus respectueuse de sa personne,
écarter avec plus de soin le reproche d'influence
dans la faveur et la disgrâce des ministres: Mais,
d'un autre côté, si on se représente une jeune princesse, assise au premier rang dans le temple des
illusions et de la mollesse; si l'on songe que, reine
à dix-huit ans, réunissant les agrémens de l'esprit
aux grâces de la beauté, assurée par son propre
cœur, du cœur de son époux, Marie-Antoinette étoit
alors également en butte et aux amorces de l'adulation, et aux manœuvres de la perfidie, loin de
lui reprocher d'avoir donné dans quelques écueils,
on lui saura gré d'avoir échappé aux plus dangereux, et de n'avoir eu besoin que d'indulgence où

tant d'autres femmes, en sa place, eussent eu besoin
d'un pardon Toutes les personnes attachées à la
reine, et dignes de quelque confiance, la vengent
hautement des imputations de la perversité au préjudice de sa vertu, et toutes conviennent que, si
elle se donna quelques torts, il n'est aucun de ces
torts qui approchât du crime (6).

Nous aurons occasion de rappeler ailleurs la filia-
tion des malheurs de cette princesse, et l'on verra
qu'ils ont eu la même origine que les malheurs de
son époux, et qu'ils remontent, par des canaux divers, à une source commune, l'action philosophique
qui travailloit la France et mûrissoit l'anarchie. Plus
d'une fois l'intrigue et la perfidie concertèrent leurs
manœuvres dans le palais de Versailles, pour donner
des rivales à la reine et la perdre dans l'esprit de son
époux ; mais tous les attentats en ce genre furent
des crimes perdus auprès de Louis XVI. Ce prince
avoit le bon esprit de ne pas faire dépendre les dou-
ceurs de son union de la malice humaine, de mépriser des libelles obscurs et des méchancetés roma-
nesques ; il eût mal accueilli toute espèce d'insinuation défavorable à une épouse dont personne ne
connoissoit mieux que lui le sincère attachement. Un
des membres de son conseil s'étant permis quelques
traits inconsidérés sur ce sujet, dans un mémoire
qu'il lui avoit présenté, le roi écrivit en marge, à
côté de l'article : « Je verrai toujours avec plaisir
» qu'on m'instruise sur tout ce qui concerne le bien

» du service; mais, quant à ma manière d'être avec
» ma femme, je n'accorde à personne le droit d'y
» voir mieux que moi, ni de m'en parler. »

La reine, de son côté, forte du témoignage de sa
conscience, attachoit si peu d'importance aux manœuvres des malveillans, qui eussent voulu lui ravir
le cœur de son époux, que la plus grande vengeance
qu'elle se permit jamais, fut de leur faire savoir
qu'ils étoient découverts et méprisés. Si tant de gé-
nérosité sied également à l'innocence et à la grandeur
d'âme, il n'en est pas moins vrai que, l'honneur
d'une reine étant une sorte de propriété publique,
nos magistrats des mœurs trahissoient un devoir
sacré, lorsque, sous le prétexte d'entrer dans les
vues de la princesse, ils négligeoient d'arrêter, par
un châtiment légitime, la circulation des libelles
diffamatoires que le Palais-Royal vomissoit journellement contre elle.

L'attachement de la reine pour son époux n'est
pas seulement attesté par les témoins habituels de
sa vie domestique, les circonstances le mirent au
plus haut point d'évidence : elle refusa constamment de se soustraire aux plus grands périls, au prix
de sa séparation d'avec le roi. Le public entendit
sa réponse au conseil qu'on lui donnoit de fuir, lorsqu'une armée de brigands assiégeoit le palais de
Versailles, en demandant sa tête : « S'ils veulent
» mon sang, ils peuvent le répandre; mais c'est aux
» pieds de mon mari qu'ils le répandront; jamais je

» ne le quitterai. » A d'autres projets encore de mettre
sa personne en sûreté, qui lui furent proposés en
d'autres temps, elle fit toujours la même réponse :
que la mort seule la sépareroit de celui à qui elle
avoit voué fidélité au pied des autels. Constante en
sa résolution jusqu'au dernier soupir, avant d'être
associée au genre de mort de Louis XVI, elle aura
partagé toutes les rigueurs et les longs tourmens de
sa captivité; et lorsqu'un magistrat inique, en pro-
voquant son arrêt de mort, se permettra d'inculper
la mémoire de son époux, elle osera lui opposer le
démenti solennel : « Jamais, monsieur, je n'ai connu
» au roi le caractère dont vous me parlez *. »

C'étoit la foiblesse que l'accusateur de la reine re-
prochoit à Louis XVI; et nous croyons avoir déjà
démontré que c'étoit par indécision que péchoit
souvent ce prince, et nullement par foiblesse. Constamment environné de piéges dans le pays des perfidies; trompé par ses conseils domestiques comme
par ses conseils extérieurs, et n'ayant pas moins à
se défier de ses ministres et de ses courtisans que
de ses magistrats, Louis XVI se reposoit avec confiance sur la droiture de cœur de son épouse. Mais
la princesse avoit souvent en lieu de se convaincre
que son époux, en même temps qu'il aimoit à la
consulter, comme une amie incapable de vouloir
le tromper, ne s'astreignoit pas à lui déférer comme

---

* Voyez l'acte d'accusation de la reine.

à un guide infaillible. S'il adoptoit quelquefois ses
vues, de fréquentes exceptions prouvent que c'étoit
la conviction, et non la foiblesse, qui déterminoit
son assentiment. La *foiblesse* sacrifie ses lumières
à son repos, et cède à l'importunité : Louis XVI ne
savoit se rendre qu'à des motifs. Un excès de modestie le trompa souvent au préjudice de son discernement ; mais, s'il avoit acquis la conviction du
bien ou la preuve certaine du vrai, il y tenoit avec
fermeté ; et la reine, dans ces occasions, le trouvoit
inébranlable. Cette princesse avoit apporté de Vienne
les préventions les plus favorables au duc de Choiseul ; et ce ministre tomboit en disgrâce au moment
où elle arrivoit en France. C'étoit lui qui avoit décidé son mariage ; et, sous ce seul rapport, elle se
croyoit chargée envers lui d'une dette sacrée de reconnoissance. Les créatures dont ce seigneur s'étoit
environné à la cour, y formoient une nombreuse
cabale, qui ne négligeoit rien pour encourager encore les dispositions de la Dauphine. Ainsi confirmée
dans son erreur sur ce ministre philosophe, la princesse, devenue reine, désira son retour au ministère ; elle le sollicita à diverses époques et par le
touchant motif : « Il est l'auteur de mon bonheur ! »
Mais Louis XVI, qui, mieux que son épouse, connoissoit l'homme qu'elle lui recommandoit, fut
constamment inexorable.

Dans une circonstance moins importante, le mo
narque n'hésita pas à refuser à son épouse un pré-

sent qui l'eût infiniment flattée. Il étoit sorti de la joaillerie de Paris une parure admirée pour la richesse de la matière et l'élégance de la forme : on la fait voir à la reine, et l'on ne manque pas de lui suggérer qu'il seroit indécent qu'elle passât en d'autres mains que les siennes. La reine met le riche bijou sous les yeux du roi, qui comprend ce qu'elle désire de lui : mais, effrayé du prix qu'on en demande, le prince se récrie : « Oh! madame, c'est impossible. » Cette réponse fait arrêt pour la princesse, qui, de bonne grâce et sans songer à insister, renvoie au joaillier ce même collier qui, à son insu, fournira un jour le sujet d'une scène si scandaleuse.

Mais un trait, qui est devenu notoire, devroit seul suffire pour détruire le préjugé trop généralement accrédité, de la déférence aveugle de Louis XVI aux volontés de son épouse. Lorsque, depuis long-temps, le philosophisme étoit parvenu à ériger en ridicule auprès des grands la subordination entre époux, qui est d'institution divine, Louis XVI, usant de tout son droit, commandoit à son épouse de garder son appartement pendant quinze jours; et l'épouse de Louis XVI n'hésitoit pas à lui obéir. Mais ce qui dut paroître, dans le temps, un trait de vertu surannée, c'est que, lorsqu'une indigne servante objectant le fait à la reine, en présence de ses juges et d'une nombreuse assemblée, la princesse, sans se croire humiliée d'un acte de soumission, qui n'étoit qu'un devoir à ses yeux, se contenta, en l'avouant, d'en nier le sujet : « Il se peut, »répondit-elle, que j'aie reçu de mon époux l'ordre »de rester quinze jours dans mon appartement; »mais ce n'est pas pour une cause pareille (7). » Quelle qu'ait été cette cause, que la reine ne dit pas, est-il une seule Française qui jugeât foible le mari qui lui feroit garder les arrêts pendant quinze jours? Et, parmi tant d'époux, qui se piquent de bien plus d'énergie que Louis XVI, s'en trouveroit-il beaucoup qui osassent tenter, avec espoir de réussite, un pareil essai de leur puissance maritale ?

L'époux vertueux fut toujours un bon père; et, fût-il roi, les plus grands devoirs à remplir ne lui font pas oublier les devoirs de la paternité. Louis XVI, jaloux de rendre à ses enfans ce qu'il avoit reçu du Dauphin son père, s'occupoit d'eux dès leur plus bas âge, les voyoit plusieurs fois le jour, prenoit plaisir à éveiller en eux le sentiment, et à en diriger les premiers élans. Rien de ce qui honore le cœur n'est étranger à l'intérêt de l'histoire; et nous ne craindrons pas de raconter qu'on voyoit quelquefois le roi père se faire enfant avec ses enfans, tantôt, penché sur le berceau de son fils, lui chanter l'air de *Marlborough*, et tantôt, couché sur le gazon, s'amuser à lutter d'un seul de ses doigts contre toutes les forces de cet enfant, qu'il laisse quelquefois vainqueur et quelquefois vaincu. Suspris un jour dans une de ces récréations enfantines, par un seigneur de sa cour : « Vous êtes père, »monsieur, lui dit Louis XVI, je puis conti- »nuer. »

Quand le roi rentroit, de retour d'une chasse, la reine s'avançoit à sa rencontre, accompagnée de ses enfans. Son époux lui offroit le pied de la bête qui avoit succombé : les enfans se jetoient dans les bras de leur père, qui les embrassoit tendrement, et causoit quelques instans avec eux, tandis qu'ils s'amusoient du pied fourchu que la reine leur avoit abandonné. Le premier Dauphin, dont la naissance avoit causé tant de joie à Louis XVI, ne vécut pas long-temps. Ce jeune prince étoit resté valétudi- naire, depuis qu'on lui avoit inoculé un virus équi- voque de petite-vérole, et mourut dans les pre- miers temps de notre révolution. On se rappelle que le jour même que Louis XVI pleuroit son fils, l'assemblée nationale refusoit d'accorder vingt- quatre heures à son affliction, et que ce prince, importuné de ses messages, sur une affaire que nul délai ne pouvoit gâter, s'écrioit douloureuse- ment : « Il n'y a donc point de pères dans cette »assemblée ! »

Le monarque eût pu dire la même chose de l'as- semblée suivante, qui, entre autres prétentions ambitieuses, affichoit celle de rendre un roi père étranger au premier des devoirs de la paternité, celui de l'éducation de son fils. « J'aimerois mieux,

»disoit ce prince à son ministre Bertrand, laisser
»mon fils sans gouverneur, que d'exposer celui que
»je nommerois à des insultes, et peut-être à des
»dangers pour sa vie. D'un autre côté, je crains
»fort que, si je diffère mon choix, les jacobins ne
»proposent Condorcet, l'abbé Sieyes, ou quel-
»que autre dans les mêmes principes;» et il se décida en faveur de l'ex-ministre de la marine Fleu-
rieu, en qui il avoit reconnu l'instruction jointe à
la probité.

Ce choix néanmoins, par obstacles de circonstance, resta sans autre effet que celui de repousser
le projet des jacobins; et Louis XVI continua de
consacrer à l'instruction de son fils le triste loisir
que lui laissoit sa position. Tous les jours, et à plusieurs heures de chaque jour, on eût vu le monarque se faire enfant avec l'enfance, et bégayer
avec elle les premiers élémens des langues et des
sciences (8). Ces soins respectables de la tendresse
paternelle ne furent ni infructueux pour le fils, ni
sans récompense pour le père. L'habitude du travail; auprès d'un maître qui savoit le faire aimer,
avoit fait contracter au jeune prince l'émulation du
savoir, et un désir d'apprendre qui déjà sembloit
tenir de la passion. Le temps marqué pour ses
récréations n'étoit pas plutôt écoulé qu'il accouroit
réclamer sa leçon auprès de son père. De précieuses
qualités de l'esprit et du cœur se développèrent
bientôt dans le Dauphin, qui devinrent la grande

consolation du roi et le charme puissant de sa cruelle captivité. Nous ne croirons pas surcharger notre sujet d'un épisode sans intérêt, en rassemblant ici quelques traits qui honoreront dans le fils le père instituteur.

Jamais enfant, dans un âge si tendre, ne reçut d'aussi cruelles leçons de l'adversité que le fils de Louis XVI : heureux néanmoins de les recevoir à l'école de la vertu. Le rejeton de tant de rois ne se montre un instant à la terre que pour y faire l'apprentissage de tous les malheurs, pour y être témoin et victime de tous les crimes. Ses yeux ne s'ouvrent que pour voir couler les larmes de ses parens, et contempler les ruines fameuses de sa maison. Un trône ombragea son berceau; mais ce trône repose sur un volcan prêt à faire éruption. Au moment où cet enfant royal s'annonce pour commander un jour à la France, du sein de la France dépravée s'élève un troupeau de monstres à face humaine, qui, après avoir effrayé son enfance de leurs rugissemens, dévoreront à ses yeux son père et sa mère, et n'hésiteront quelque temps à le dévorer lui-même que pour en faire auparavant le jouet de leur férocité.

Cependant, comme si la catastrophe qui fondoit sur la France, eût dû rassembler tous les contrastes à côté de tous les crimes, il étoit impossible de se figurer un enfant plus intéressant que le jeune héritier de la monarchie qui s'écrouloit; de trouver,

dans un enfant de sept à huit ans, plus de finesse
d'esprit et d'intelligence, plus d'amabilité dans le
propos et le maintien, plus d'élévation dans les
sentimens, un naturel plus heureux, des inclinations plus vertueuses, de plus précieux indices,
en un mot, des qualités désirables dans un prince
né pour le trône. Il suffisoit de voir l'enfant pour
se laisser prévenir en sa faveur. Un regard vif et
spirituel, des manières franches et libérales, l'air
de candeur qui respiroit sur un visage de la plus
rare beauté, faisoient deviner une partie de ce qu'il
étoit ; mais il falloit le suivre pour apprécier tout
ce qu'il valoit. Un seul défaut s'étoit manifesté en
lui, la colère, défaut auquel les enfans des grands
sont d'ordinaire plus sujets que les autres, par la
raison qu'ils sont plus flattés dans leurs caprices.
Mais comme ce n'étoit jamais impunément que le
Dauphin sacrifioit à cette passion, il s'en étoit
presque entièrement corrigé. Sa punition, s'il s'y
livroit, étoit d'expier la faute dans un boudoir
obscur. Un jour que, jouant avec un officier du
château, il avoit perdu la partie, celui-ci dit : « J'ai
»vaincu M. le Dauphin. » Le jeune prince, piqué
de l'expression, répondit par une saillie d'humeur,
pour laquelle la reine le mit en pénitence. Le lendemain, sa gouvernante lui ayant fait une leçon
sur le trait de violence auquel il s'étoit livré la
veille : « Je sens bien, répondit-il, que j'ai eu tort;
»mais aussi, pourquoi ne disoit-il pas tout uniment

»qu'il m'avoit gagné? c'est ce mot de *vaincu* qui
» m'a mis hors de moi-même. »

Lorsque Louis XVI habitoit encore le palais des
Tuileries, c'étoit un ecclésiastique qui suivoit, sous
sa direction, le détail de l'instruction de son fils.
Un jour qu'un peintre se disposoit à tirer le portrait
du jeune prince dans l'appartement de sa mère :
« Il paroît, monsieur, dit-il à son instituteur, que
» ceci va être long et ennuyeux; vous pourriez bien,
» pendant la séance, me donner ma leçon de rudi-
» ment. — C'est bien pensé, monsieur, répond le
» maître; vous vous souvenez sans doute de celle
» que vous avez prise hier ? — Oh ! oui, très-bien.
» — De quoi donc y étoit-il question? — De la dis-
» tinction qu'il y a entre le positif, le comparatif
» et le superlatif. — Prouvez-nous par des exemples,
» que vous entendez cette distinction? — Eh bien,
» si je dis : *Monsieur l'abbé est bon,* voilà le posi-
» tif; *il est meilleur que bien d'autres,* c'est le
» comparatif; *maman est la meilleure de toutes
» les mamans,* voilà le superlatif. » Cette ingénieuse application, faite par un enfant qui ne
paroît pas plus se douter de son esprit que de ses
malheurs, attendrit la reine, qui porte son mou-
choir à ses yeux. Le Dauphin le voit, vole dans les
bras de sa mère, et mêlant ses larmes aux siennes,
lui dit : « Ah ! maman, vous avez donc toujours
» des chagrins? »

C'en devoit être, en effet, un continuel pour

cette princesse que ses inquiétudes sur le sort réservé à un enfant que tout lui rendoit cher. A l'occasion de la fête de la reine, le roi dit au Dauphin,
qu'il falloit qu'il composât lui-même le bouquet
qu'il présenteroit à sa mère, ainsi que le compliment qui l'accompagneroit. On lui apporte une
corbeille pleine de fleurs, entre lesquelles il distingue l'immortelle : il s'en saisit, et dit : « Je ne
»veux que celle-là, et mon compliment est tout
»fait ; en la présentant à maman, je lui dirai :
»*Je veux que maman ressemble à ma fleur.* »
Un particulier ayant fait, le même jour, un compliment à la reine, qui y avoit paru fort sensible *,
le Dauphin prie madame Élisabeth de lui en tirer
une copie. Il la prend, la plie, la met sous son
gilet, et du côté gauche, en disant : « Ce côté-là,
»ma tante, est le plus près du cœur. »

Le jeune prince étonnoit souvent, tantôt par ses
réflexions, tantôt par ses allusions ingénieuses à
des lectures qu'on lui avoit faites, et qu'on eût
pu croire au-dessus de sa portée. Un jour qu'on
lui avoit lu quelques traits de la vie des anciens
philosophes, il va quérir sa petite lanterne, l'al-
lume, fait semblant de chercher quelqu'un dans
la chambre, et, s'arrêtant devant son instituteur,
lui dit : « Diogène, en plein midi, cherchoit un
»homme avec sa lanterne, et ne le trouvoit pas;
»plus heureux que Diogène, voici que je trouve

* M. Cormier.

» un homme et un ami. » Une autre fois, comme on lui faisoit une lecture dans le Télémaque, et qu'on en étoit à l'endroit où l'auteur propose à résoudre la question : *Quel est le plus malheureux des hommes ?* le Dauphin dit au lecteur : « Arrêtez, je vous prie, monsieur, ne lisez point » la réponse ; je vais vous dire ma pensée. » Comme il y avoit beaucoup de monde dans l'appartement, on lui dit de monter sur un siége. Il le fait, et d'un ton pénétré : « Messieurs, dit-il, le plus mal- » heureux des hommes, c'est un bon roi, qui voit » que ses sujets ne veulent pas lui obéir. » A cette réponse si analogue aux circonstances, tous les yeux se remplirent de larmes.

Au fort de la révolution, et lorsque la famille royale éprouvoit, dans son palais, toutes les rigueurs de la captivité, une des femmes attachées au service du jeune prince, disoit à une compagne, que, si elle obtenoit tel avantage, elle s'estimeroit heureuse comme une reine. Le Dauphin, qui jouoit dans la chambre, s'arrête à ce propos, et dit : « Ah ! Sarney, y songez-vous, *heureuse* » *comme une reine?* . . . . . et moi j'en connois une » qui pleure tous les jours. »

Ayant habituellement l'air de la vivacité distraite, lorsqu'il étoit libre dans les appartemens, le jeune prince remarquoit tout, et faisoit ses observations sur ce qui ne lui paroissoit pas selon l'ordre ou les convenances. Un particulier avoit été admis à présenter à madame Élisabeth une pièce de vers qui fut jugée fort belle. Le Dauphin étant sorti, aperçoit l'auteur occupé à considérer les appartemens; il rentre, et dit à la reine : « Ce »monsieur qui vient de sortir est encore là; il n'a »eu qu'une révérence de ma tante pour ses jolis »vers; elle devroit bien l'en aller remercier. — Cela »ne se peut, dit la reine, mais rien n'empêcheroit »que vous ne le fissiez vous-même pour elle. » La commission est à peine reçue qu'elle est acquittée : «Vos vers, monsieur, dit le Dauphin au poëte, ont »été lus avec bien du plaisir. Je viens vous en re- »mercier pour ma tante et pour moi. »

La politesse lui étoit naturelle, et il trouvoit toujours le mot gracieux à dire à propos. On lui avoit donné au Louvre un petit jardin, où il alloit s'amuser et cultiver des fleurs : il y avoit été conduit par un détachement de deux cents gardes nationaux; et quatre à cinq seulement y avoient été admis avec lui. Avant qu'on ne fermât la porte, il se tourne vers ceux qui devoient y rester, et leur dit : «Je suis bien fâché, messieurs, que mon jar- »din soit si petit, car j'aurois grand plaisir à vous »y recevoir tous. »

Il étoit loin cependant de vouloir passer de la politesse à la familiarité. Dans le temps qu'il se trouvoit, comme ses parens, sous la surveillance des jacobins, il se défendoit de leurs manières grossières, et ne souffroit ni qu'ils lui prissent les mains, ni qu'ils le tinssent entre leurs bras. Un jour qu'il se débattoit contre les caresses brutales d'un de ces satellites. « Je sais bien, lui dit celui-ci, » que tu n'aimes pas notre habit. — Et d'où savez- » vous donc, monsieur, répondit l'enfant, que je » n'aime pas un habit que vous me voyez si sou- » vent porter ? »

Les reparties ingénieuses ne manquoient jamais au jeune prince pour se tirer d'affaire : on le gron- doit, pendant une promenade, et on lui demandoit par quelle fantaisie, au lieu de suivre le beau che- min, il s'en écartoit pour sautiller d'une pierre sur une autre. « C'est, répondit-il, pour m'accou- » tumer au chemin de la gloire, qui est raboteux. » Un soir qu'il s'amusoit dans l'appartement de la reine, tandis qu'elle causoit avec le ministre Ber- trand de Molleville, on vint l'avertir que son sou- per étoit servi ; et, sans prendre congé de la com- pagnie, en deux bonds il est à la porte. La reine le rappelle : « Comment, monsieur, vous sortez » sans faire la révérence à M. Bertrand ; » et le Dau- phin, en se retournant avec vivacité : « Oh ! ma- » man, M. Bertrand ! il est de nos amis..... Bon- » soir, M. Bertrand. » Il se tira un jour d'un en- gagement de propos avec une présence d'esprit dont le plus adroit courtisan se seroit applaudi. Un détachement des soldats de la garde nationale défiloit sous ses fenêtres : « Comme ils marchent ! » s'écria-t-il ; on voit bien que ce ne sont pas là des

»Suisses.» Il n'avoit pas prononcé ces mots, qu'il s'aperçoit qu'il a à côté de lui un des officiers de cette troupe, dont la tenue lui fait pitié : à l'instant, et comme par suite de discours, il ajoute : «Oh! mais, attendez un peu qu'on les ait exercés, »et vous verrez que des Français valent bien des »Suisses.»

Cet aimable enfant avoit dans la conversation et dans toute sa personne, quelque chose de si séduisant; que les ennemis les plus acharnés de ses parens ne pouvoient le voir sans se laisser prendre par ses charmes. Le féroce Barnave, en ramenant la famille royale de Varennes, lui marqua la plus tendre affection, et le tint constamment sur ses genoux pendant le voyage. Dans la journée du 20 juin, après qu'une armée de brigands eut forcé le palais des Tuileries, en demandant la tête de la reine, les ministres, ne croyant pas qu'il y eût de plus sûr bouclier pour la princesse que son fils, lui conseillèrent de le placer devant elle debout sur une table. En effet, nombre de ceux qui menaçoient d'assassiner la mère, désarmés à l'aspect du fils, s'écrioient : «Oh! le bel »enfant!» C'étoit le lendemain de cette affreuse journée, qu'au son du tocsin, et à la nouvelle d'un nouveau rassemblement qui inquiétoit la reine, le jeune prince, avec l'expression naïve du sentiment de la veille, disoit à sa mère : «Eh! maman, est-»ce donc qu'hier n'est pas encore passé?» Dans la

nuit, plus affreuse encore, du 9 au 10 août, lorsque tout annonçoit une nouvelle attaque du château, le Dauphin rencontre un enfant de son âge,
que la reine faisoit élever par charité; il lui parle
de la position critique où il se trouve, et lui dit :
«Comme vous avez moins à craindre que moi,
» tenez, voici une boucle de mes cheveux : en la
» voyant, vous vous souviendrez que je suis en dan-
» ger, et vous direz : il faut que je prie Dieu pour
» lui. »

Ce fut surtout à l'époque de leurs derniers malheurs, et dans la prison du Temple, que le roi et
la reine sentirent de quelle ressource leur étoit ce
précieux enfant dans les situations les plus violentes. Il étoit d'une rare prudence et d'une réserve à toute épreuve, auprès des cruels satellites
qui surveilloient ses parens, sans que jamais il lui
fût échappé un mot qui pût les compromettre :
car les prétendus aveux que l'exécrable Hébert
supposa avoir tirés du Dauphin à la charge de sa
mère et de sa tante, étoient si brutalement absurdes,
que des scélérats plus prudens, et Robespierre lui-
même, en furent révoltés, comme d'une imputation de nature à faire suspecter tous les autres chefs
d'accusation.

Si le jeune prince se faisoit admirer par un discernement précoce, l'usage qu'il en faisoit le rendoit plus intéressant encore : et l'on eût pu dire
de lui que tout son esprit étoit au service de son

cœur. Il avoit assez de discrétion pour éviter tout
ce qui eût pu rappeler à ses parens des souvenirs
affligeans, et il s'étudioit en tout à alléger le poids
de leur captivité. C'étoit peu pour lui de leur obéir,
il prévenoit leurs désirs, il devinoit ce qui pouvoit
leur faire plaisir. Parmi les municipaux qui surveilloient jour et nuit les prisonniers du Temple,
il se trouvoit quelques âmes honnêtes. Le Dauphin
les connoissoit, et dès qu'il les voyoit entrer à la
relevée de la garde, il couroit chez la reine:
«Bonne nouvelle, maman ! nous avons aujour-
»d'hui M. N. » La famille royale, pendant ses repas, étant habituellement observée par la malveillance, ou gardoit le silence ou parloit peu. Le
Dauphin alors faisoit les frais de la conversation,
racontoit, interrogeoit, parloit de sa leçon du
jour, parloit de ce qu'il y avoit sur la table; et les
choses les plus indifférentes n'étoient pas sans intérêt par la tournure qu'il savoit leur donner. On
avoit un jour servi une brioche, à laquelle on ne
touchoit pas : « Il paroît, papa, dit le Dauphin,
»qu'on n'a pas envie d'entamer cette brioche : je
»connois une petite armoire, qui n'est pas loin
»d'ici, où je pourrois la cacher, mais si bien que
»je défierois les plus fins de la trouver.» A ce propos, les deux surveillans de la commune redressent
les oreilles, en se regardant, comme pour se dire:
nous tenons le secret. Mais la reine, qui ne voudroit pas que leur soupçon devînt matière à de

nouvelles vexations, dit au Dauphin : « Il faut,
» monsieur, que vous nous montriez tout de suite
» où est cette armoire. » Alors le petit espiègle, d'un
geste badin, et sans mot dire, montre le trou de
sa bouche : ce qui fait rire, et décide le sort de la
brioche.

Dans un temps où toute communication entre
eux étoit interdite aux membres de la famille
royale, et où ils ne pouvoient, sans crime, se
transmettre une pensée ni se rendre un service,
le jeune prince, dont les gardes prenoient moins
d'ombrage, étoit entremetteur et s'acquittoit avec
autant de zèle que d'intelligence des petits messages dont on le chargeoit. Le valet de chambre
Cléry, à qui il étoit interdit de parler à voix basse
aux prisonniers, confioit au Dauphin, en le cou-
chant, ce qu'il vouloit faire savoir au roi, et le
roi chargeoit l'enfant de sa réponse au valet de
chambre. Ce fidèle serviteur étant tombé malade,
le Dauphin lui donnoit ses soins assidus, lui portoit des boissons que madame Élisabeth avoit pré-
parées, s'informoit de ses divers besoins, lui tenoit
lieu de garde - malade. Cléry reprit son service,
quoique affecté d'un gros rhume. Madame Élisabeth, convalescente de la même maladie, avoit
reçu, par ordre du médecin, des pastilles pec-
torales, que sa charité lui fit un devoir de partager avec celui qui en avoit autant besoin qu'elle ;
et le Dauphin fut chargé de les remettre le soir à

Cléry lorsqu'il se présenteroit. Le valet de chambre, attendu à neuf heures, ne parut ce jour-là qu'à onze. Pendant ces deux heures le jeune prince avoit eu la constance de lutter contre le sommeil, assis sur son lit. Comme des gardes veilloient toujours à la porte, il fait signe à Cléry d'approcher, et lui dit à voix basse : «Tenez : voici une boîte »que ma tante vous envoie pour votre toux : je »n'ai pas voulu m'endormir sans vous l'avoir re- »mise, mais vous faites bien d'arriver, car je n'en »puis plus de sommeil;» et, en parlant, il tombe endormi sur son oreiller.

Mais où parut dans toute sa vivacité, la chaleur de sentiment renfermée dans le cœur du jeune Dauphin, ce fut au moment où il apprit que le roi son père étoit jugé à mort. Après avoir, avec sa famille, arrosé ce tendre père de ses larmes, exalté par sa douleur, il prolonge au dehors la scène qui vient de se passer dans l'intérieur ; il ne connoît plus d'obstacle, il échappe au premier corps de garde et se précipite vers l'escalier. On l'arrête, on le ramène sans savoir ce qu'il roule dans sa tête ; mais bientôt on l'apprend quand on le voit saisir les genoux d'un municipal qu'il reconnoît, et s'écrier en sanglotant : « Ah ! monsieur, je vous en prie, »je vous en prie, menez-moi dans l'assemblée ; je »lui demanderai qu'on ne fasse pas mourir papa. »

Et c'étoit cet étonnant enfant, ce prodige de sensibilité et de vertus précoces, que des philosophes-

tigres dénonçoient sous le nom de *louveteaux*, qu'il
étoit expédient d'étouffer, et qu'en effet leur scélératesse étouffera (9).

Une sœur unique du Dauphin partageoit avec son
frère toute la tendresse de Louis XVI ; et nous ai-
merions à raconter par où la jeune princesse s'en
rendoit digne, si la louange des vivans étoit du
ressort de l'histoire. Ne parlons ici que des vertus
de Louis XVI. Quoique ce prince dût être sans inquiétude sur l'éducation de sa fille, que la reine
surveilloit elle-même, et dont la baronne de Macksu
suivoit les détails, une époque néanmoins, celle de
la première communion, parut au monarque mériter de sa part une attention particulière ; et, lorsque la tempête révolutionnaire menaçoit de tout
submerger autour de lui, il ne croyoit pas pouvoir
trop faire pour sauver du naufrage la foi de ses
pères, et l'affermir dans le cœur de ses enfans. Après
que la princesse eut été jugée suffisamment instruite des vérités de la religion, et exercée à la pratique des vertus que comportoit son âge, il décida
qu'elle subiroit encore, dans toute la rigueur,
l'examen ecclésiastique auquel sont assujettis les
enfans du peuple, avant d'être admis à participer
au plus auguste de nos sacremens. Ce ne fut qu'a-
près cet examen, qui se fit dans plusieurs séances
publiques, que le roi fixa le jour de la première
communion de sa fille.

C'étoit un usage reçu à la cour qu'à cette occasion les princesses reçussent du roi les diamans qui devoient leur servir ensuite de parure dans les jours de représentation. Cet usage parut à Louis XVI un contre-sens en religion, et il voulut l'abroger. Il fit un jour appeler la jeune princesse chez la reine, et lui dit : « On vous aura peut-être parlé, ma fille, »d'un certain écrin comme d'un présent de pre-»mière communion : mais je vous connois trop rai-»sonnable pour croire qu'au moment où vous devez »être exclusivement occupée du soin d'orner votre »cœur, et d'en faire un sanctuaire digne de la Di-»vinité, vous mettiez un grand prix à des parures »artificielles. Je pourrois, mon enfant, m'en tenir »avec vous à cette seule raison. Je vous en dirai »une seconde : la misère publique est extrême, les »pauvres abondent ; et, assurément, vous aimerez » mieux vous passer de pierreries que de savoir qu'ils »manquent de pain. »

Cette leçon de Louis XVI à sa fille fut le prélude d'une seconde, plus solennelle et plus touchante, que lui fit quelques jours après le religieux monarque. Le 11 avril 1790, avant de se rendre, pour sa première communion, à l'église de Saint-Germain-l'Auxerrois, paroisse du château, la jeune princesse est conduite chez le roi, où se trouvent rassemblées les personnes que la cérémonie peut intéresser. Elle se jette aux genoux de son père en lui demandant sa bénédiction ; et le roi lui adresse cette instruction paternelle : « C'est de tout mon cœur

»ma fille, que je vous donne ma bénédiction; et je
»prie le Seigneur de vous donner la sienne. Vous
»connoissez l'importance de l'acte que vous allez
»faire. N'oubliez jamais, mon enfant, ce que vous
»devez à Dieu. Les grands principes de la religion
»doivent faire la règle de votre conduite; et nous
»sommes doublement obligés de les mettre en pra-
»tique, nous qui devons l'exemple. Cette religion
»sainte est la seule consolation qui nous soit donnée
»dans nos malheurs. Vous êtes en âge, ma fille, de
»sentir nos peines. Je ne vous en ai jamais parlé ;
»mais, dans ce moment, je crois pouvoir m'épan-
»cher avec vous : elles sont cruelles ces peines; mais
»elles m'affligent moins encore que les maux qui
»désolent le royaume. Les prières de l'innocence
»doivent trouver grâce auprès du Ciel : adressez-lui
»les vôtres, mon enfant, avec toute la ferveur que
»Dieu vous inspirera : demandez-lui la fin de nos
»malheurs. Priez surtout pour mon peuple, dont
»la situation, je vous le répète., déchire mon
»cœur. »

Il eût été difficile, à notre avis, de tirer un
meilleur parti d'un concours de circonstances également graves. Et le moyen qu'une pareille instruction ne fît pas sur un jeune cœur une impression
vive et durable? Qui douteroit même que le bonheur ne rentrât bientôt au sein des familles et des
empires, si tous les pères savoient, comme Louis
XVI, assaisonner leurs leçons religieuses à leurs

enfans de cette touchante éloquence du sentiment (10)?

Pendant long-temps encore, et jusqu'au jour qui
lui ravira son père, la jeune princesse partagera ses
chagrins comme ses malheurs ; et, ensevelie avec
lui dans sa dernière prison, elle y sera la consolation à la fois et le supplice de sa tendresse paternelle. Situation déchirante que ce prince peignoit
lui-même, le 19 décembre 1792, en présence des
gardes qui l'obsédoient. Pendant son dîner, adressant la parole à son valet de chambre, il lui dit :
« Vous rappelez-vous, Cléry, qu'il y a aujourd'hui
» quatorze ans, vous fûtes beaucoup plus matinal
» qu'aujourd'hui ? — Non, sire. — Ma fille naquit ce
» jour-là... » Puis, par continuité de réflexion, il
ajouta : « A quatorze ans, être où elle est ! ... au-
» jourd'hui, son jour de naissance : moi si près
» d'elle, et ne pas nous voir !... * » Des larmes d'attendrissement inondèrent les joues de ce bon père,
et il cessa de manger.

Le sort de la fille de Louis XVI, amélioré dans
la suite, fut long-temps plus déplorable que la mort
même ; et sa captivité prit fin par une disposition
bien bizarre. Ce ne fut qu'après avoir été balancée
dans un échange contre des meurtriers de son père,
qu'elle échappa enfin aux horreurs d'une prison où
elle mouroit à tout instant, depuis la cruelle mort de

---

* Les prisonniers étoient alors séparés.

ses parens. Ce n'est point par simple conjecture que
nous avancerons que les sentimens religieux que la
fille de Louis XVI avoit puisés dans son éducation.,
faisoient son seul soutien dans sa prison ; et nous
devons en croire un garant non suspect, qui nous
révèle les pensées dont elle nourrissoit sa douleur
dans cette épouvantable solitude. Un des juges de
son père * nous raconte que, parcourant les appartemens de la tour du Temple, il lut sur une
muraille, en écriture au crayon, tracée de la main
de la fille de Louis XVI, un vœu religieux pour le
bonheur des Français ; il y lut encore ces mots :
« O mon père, veillez sur moi du haut du Ciel ! »
Enfin il y lut, et le remords déchirant, nous dit-il,
le poussa hors de l'appartement, il y lut : « O mon
» Dieu, pardonnez à ceux qui ont fait mourir mes
» parens ! » Sentimens sublimes sans doute ; mais
sentimens que commande impérieusement une religion divine, et que Louis XVI, dans son testament
de mort, avoit encore pris soin de léguer à ses enfans.

Tout ce qui tenoit à ce prince par les liens du
sang, pouvoit compter sur sa tendre et généreuse
bienveillance ; et peut-être seroit-il difficile de donner
mieux la mesure de son grand cœur, qu'en disant
qu'il y offrit une place à ce prince abâtardi, et convaincu alors des crimes du 6 octobre. Cet indigne

* *Rovère.*

parent étoit toujours son parent; et il fit tout pour gagner celui qui avoit tout fait pour le perdre. Il apprend que d'Orléans seroit flatté du grade d'amiral, il le crée amiral; et ce trait d'insigne clémence paroît triompher un instant de ce cœur pervers : d'Orléans lui demande et obtient de lui une audience secrète, dans laquelle il abjure la conjuration à laquelle s'est attachée son nom : il promet à son roi reconnoissance et dévouement: il le fait en termes qui persuadent Louis XVI et ses ministres. « Je suis »de votre opinion, disoit ce prince au ministre Ber- »trand : il revient à nous sincèrement; il fera tout »ce qui dépendra de lui pour réparer le mal fait en »son nom, et auquel il est très-possible qu'il n'ait »pas eu autant de part que nous l'avions cru. » La veille encore de sa mort, le nom de ce parent, qu'il lit parmi ceux qui ont voté son assassinat, afflige douloureusement, mais n'aigrit pas son cœur. « Je »ne sais, dira-t-il alors à l'abbé de Firmont, sur »quoi mon cousin a pu motiver cette conduite à »mon égard : il faut le plaindre; il est bien plus »malheureux que moi. »

Modèle inimitable des bons parens, Louis XVI sembloit agrandir sa famille de tous les hommes qui l'aidoient à porter le poids des affaires. Il voyoit d'autres lui-même en tous ceux qui se dévouoient au bien de son peuple; il mettoit au-dessus de ses amis les sujets en qui il croyoit reconnoître les utiles instrumens du roi. Dès qu'une fois, par suite d'une

vertueuse erreur, il eut agréé Maurepas pour son
mentor, ce vieillard éprouva de sa part des sentimens approchans de la tendresse filiale. On le voit
prendre intérêt à sa personne, à ses affaires, à sa
santé, lui faire visite pendant la maladie, et lui
donner des regrets après sa mort. Un autre homme
d'état, bien plus digne que Maurepas de la confiance de son jeune maître, le maréchal du
Muy, l'ami du Dauphin son père, occupoit une
place distinguée dans son cœur : il affectionnoit
dans ce seigneur un dévouement au bien public
que cautionnoit une probité fondée sur la religion. Il dit, en apprenant sa mort : « Je fais une
»perte irréparable ! » Jamais en effet cette perte
ne sera réparée ; et l'on pourroit douter si, depuis cette époque jusqu'à la chute du trône, la
France entière, sous les rapports les plus essentiels, eût pu offrir un second du Muy au ministère.

Souvent obligé de congédier des ministres ineptes
ou malveillans, Louis XVI aimoit à se persuader
qu'ils ne l'avoient trompé qu'après avoir été trompés eux-mêmes. Lorsqu'il ne pouvoit que condamner l'opération, il cherchoit encore à absoudre l'intention ; et les formes d'un renvoi n'avoient jamais
pour un ministre l'amertume de la disgrâce. Aussi
la plupart de ceux qui perdoient leur place dans
son conseil, ambitionnoient-ils encore d'en conserver une dans son cœur ; et il n'étoit pas rare qu'il

continuât de voir, sur le pied d'amis, des hommes
qu'il avoit cru devoir éloigner comme ministres.
Le philosophe Malesherbes, qu'il plaignoit, et qu'il·
avoit disgracié pour son dévouement à la philosophie du jour, Malesherbes trouva toujours en lui
un appréciateur indulgent de ses torts, que le monarque atténuoit sous les noms de *probité séduite*
et de *franchise abusée.* L'ex-ministre, de son côté,
ne cessa de chérir dans Louis XVI un prince qui
n'avoit d'autre défaut à ses yeux que celui de l'opposition à la philosophie de son siècle. Et de là résultera, au moment de la révolution, la scène in-
téressante autant que mémorable, où le ministre
disgracié vengera si hautement la vraie philosophie de Louis XVI de l'aveugle philosophie de
Malesherbes.

C'étoit Louis XVI lui-même qui, durant la crise
révolutionnaire, se chargeoit de diriger la conduite
des ministres qui lui marquoient quelque confiance, et qui le faisoit avec un zèle égal à sa prudence. Partageant tout l'embarras de leur position,
il concertoit avec eux les moyens de l'améliorer.
Il n'eût pas supporté l'idée d'un ministre compro-
mis pour sa cause. Toute affaire du ministre devenoit l'affaire de son maître; il s'en saisissoit, il s'en
occupoit; et, dans une circonstance sans exemple
dans la vie d'aucun roi, Louis XVI composa lui-
même un mémoire apologétique en faveur d'un de
ses ministres inculpé; mémoire si fort de logique

qu'il fermoit la bouche à tout un sénat malveillant *.
Dans une autre circonstance, où le même ministre
se proposoit de confondre des calomniateurs de son
maître, Louis XVI, dans la crainte que le zèle empressé à le servir ne se nuise à lui-même, fait cette
réponse à son ministre : « J'ai lu à la reine le·pro-
»jet de ·plainte : nous ne pouvons pas nous mé-
»prendre sur le motif qui suggère cette démarche,
»et nous en sommes vivement touchés; mais nous
»craignons, l'un et l'autre, qu'elle ne vous com-
»promette : prenez-y-garde. » L'événement prouva
que Louis XVI voyoit juste. Il étoit impossible,
d'ailleurs, qu'un ministre fidèle à son roi ne fût
bientôt compromis· auprès d'une assemblée qui
avoit juré la ruine de la royauté. Bertrand de Molleville fut obligé d'abandonner son poste; et Louis
XVI alors lui écrivoit : « Je suis bien fâché que les
»circonstances vous aient forcé de donner votre
»démission. Ce que j'apprends me ·prouve qu'en
»effet vous avez pris le bon parti : je n'en ai pas
»moins de regret; j'étois bien résolu à déployer
»toute l'énergie possible pour vous soutenir. Ce
»diable d'homme (Narbonne) a tellement tout
»brouillé qu'on n'y connoît plus rien. J'espère que ·
»vos services ne seront pas perdus pour moi ni pour
»l'état, et je compte bien les retrouver un jour. »

---

* Voyez les Mémoires de Bertrand de Molleville, tome 2,
page 83.

La même affection que marquoit Louis XVI aux hommes qui le secondoient dans l'administration publique, il la faisoit éprouver à tout ce qui composoit son service domestique. Il en connoissoit tous les individus et les désignoit nominativement, depuis ses premiers officiers jusqu'aux derniers valets de ses cuisines ou de ses écuries. Il distinguoit parfaitement ceux que le zèle lui attachoit d'avec ceux que conduisoit l'intérêt, ceux qui servoient Louis de ceux qui servoient le roi; et c'étoit sur le degré d'attachement désintéressé qu'il leur reconnoissoit qu'il graduoit sa confiance. Si un officier domestique manquoit à son poste, ou s'y faisoit remplacer, il s'en apercevoit, et demandoit la raison de son absence. Mais, indulgent pour les fautes qui ne regardoient que son service personnel, la punition la plus ordinaire qu'il infligeât à la négligence étoit de la suppléer lui-même; et un reproche direct de sa part ne venoit jamais qu'à la suite de manquemens inexcusables.

Cette facilité exposa quelquefois Louis XVI à des inconvéniens, dans son palais, que n'éprouve pas le particulier dans sa maison. Nous en citerons un exemple. Un étranger, arrivé de sa province à Versailles, se rend au château pour y voir le premier valet de chambre du roi. Il demande où il loge, et on le lui indique; mais égaré dans le trajet par une porte ouverte, qui eût dû être fermée ou gardée, il entre chez le roi, et pénètre jusque dans

un laboratoire, où ce prince s'amusoit, après son
dîner, du travail des mains. « Pardon, monsieur,
» lui dit l'étranger qui ne le connoît pas, je me crois
» égaré : auriez-vous la complaisance de m'ensei-
» gner où je pourrois trouver M. Thierry ? — Vous
» connoissez donc Thierry ? — Oui, monsieur, c'est
» un ancien ami. — Eh bien, suivez-moi; je vais
» vous mettre chez lui. » Il l'introduit chez son
valet de chambre, et se retire. Celui-ci, entendant
ouvrir la porte, se présente, croyant que c'est le roi
qui entre, et reste stupéfait en voyant son ami.
« Eh ! quelle importante affaire, mon ami, vous
» donne des relations si intimes avec le roi ? — Vous
» plaisantez, répond l'ami, toutes mes relations ici
» se bornent à vous; mais j'espère que vous me
» ferez voir le roi ? — C'est le roi que vous venez de
» voir. — Mais point du tout; je n'ai vu que ce ga-
» lant homme votre voisin, qui m'a ouvert votre
» porte. — Mais ce galant homme, vous dis-je, ne
» peut être que le roi lui-même. Dites-moi, que
» faisoit-il chez lui ? — Il m'a paru qu'il s'amusoit à
» tourner. — Précisément, c'est le roi, qui, n'ai-
» mant ni l'oisiveté, ni les conversations frivoles,
» s'occupe du travail des mains pendant quelques
» instans de sa digestion. »

L'on eût pu féliciter les officiers attachés à
Louis XVI, comme ceux qui habitoient le palais
de Salomon, sur le bonheur de servir un si bon
maître. Ce prince étoit le premier ami et se mon-

troit, en toute occasion, le père affectionné de ses
serviteurs. Etoient-ils dans le besoin, et surtout chargés de famille, il venoit à leur secours. Les savoit-
il malades, il s'intéressoit à leur guérison, il leur
envoyoit son médecin. S'il leur arrivoit quelque
accident fâcheux, il en étoit vivement affecté, et
devenoit leur premier consolateur. Un jour qu'il
revenoit d'une chasse, dans sa voiture, son postil-
lon tombe de cheval et se trouve blessé. Louis XVI
à l'instant saute par terre, court, arrive le premier
auprès du malheureux domestique; le prend entre
ses bras, tandis qu'un valet de pied lui soutient les
jambes : il le place, l'arrange lui-même dans sa
voiture, ordonne à son cocher d'aller le pas, gagne
Versailles à pied, tandis qu'un valet, qu'il a dépêché, est allé avertir son médecin et son chirurgien de se trouver au château pour y traiter le
blessé.

Dans une autre circonstance à peu près semblable, Louis XVI déploya la même sensibilité
auprès d'un piqueur, qui, sans être à son service,
se trouvoit à sa suite dans le bois de Boulogne.
Le cheval de ce domestique s'abat et le blesse
grièvement. Le roi s'empresse de lui faire administrer les secours du moment, s'approche de lui, le
console et lui promet sa protection. Il apprend depuis que ce malheureux se meurt, et qu'il regrette,
en mourant, de laisser une femme et des enfans
dans le besoin : Louis XVI lui fait dire de bannir

cette inquiétude de son esprit; que lui-même
prendra soin de sa femme et de ses enfans.

Les accidens auxquels ce prince étoit le plus
étranger, pesoient sur son cœur comme s'il eût eu
à se les reprocher. Un jour qu'il étoit à table, prenant un repas de chasse, il entend un coup de fusil
sous ses fenêtres, demande ce que c'est. On veut
lui cacher le malheur arrivé; mais il exige qu'on
lui dise la vérité, et il apprend qu'un garde de
chasse se tenant appuyé sur le canon de son fusil,
l'arme s'est déchargée et l'a tué. Désolé de la nouvelle, le monarque quitte son dîner, rompt la
chasse, et retourne tristement à Versailles. Une
mort d'un autre genre, dont il étoit témoin dans
son palais, offroit à sa cour une nouvelle scène de
sensibilité de sa part. Au milieu du rude hiver de
1784, Louis XVI, à la première pointe du jour,
s'aperçoit qu'un soldat de sa garde suisse, en faction devant l'appartement du Dauphin, reste im-
mobile et appuyé contre sa guérite, quoiqu'il fasse
un froid extrême. Cette attitude l'inquiète; il envoie un de ses gardes du corps voir si le faction-
naire ne se trouveroit pas incommodé : il étoit
mort. Le prince, à cette nouvelle, s'écrie : « Quel
» malheur! » Et chacun, autour de lui, se met à
raisonner sur ce qui a pu occasioner cette mort.
« Qu'est-il besoin, dit le roi, de chercher si loin des
» raisons? c'est la rigueur du froid qui aura saisi et
» tué ce pauvre malheureux. » Quelqu'un alors pré-

senta cet accident comme un inconvénient d'état,
auquel il étoit impossible de parer. «Vous le croyez?
»reprend Louis XVI avec émotion, eh bien ! moi,
»je vois un moyen très-simple d'empêcher que mon
»service ne tue personne : c'est qu'à dater d'au-
»jourd'hui, et tant que ce froid durera, j'entends
»qu'on supprime les sentinelles extérieures, et que
»tout le service du dehors se borne aux patrouilles.»
Ce qui fut exécuté.

Mais la bonté de cœur de Louis XVI se déployoit
surtout avec une extrême sensibilité envers ceux
de ses loyaux serviteurs qui, dans les derniers
temps de son règne, avoient à souffrir pour sa
cause. Il les faisoit assurer de toute sa reconnoissance; et, quelquefois, il vouloit la leur prouver
de vive voix. Parmi les fidèles gardes qui avoient
si courageusement défendu la porte de la reine
contre les brigands du 6 octobre, il en étoit un
qui avoit été laissé pour mort, trépané ensuite,
et rappelé à la vie. Louis XVI ne le sait pas plutôt convalescent qu'il le fait appeler, et il lui est
présenté au château des Tuileries. C'est dans son
cabinet et en présence de la reine qu'il veut le recevoir. Dès qu'il paroît il lui tend les bras, et lui
dit en l'embrassant : « C'est donc à vous, mon
»cher Miomandre, que la reine doit la vie : c'est
»un service dont le souvenir restera gravé dans
»nos cœurs.» Il détache en même temps la croix
de Saint-Louis qu'il portoit encore; et, en la pré-

sentant au brave chevalier, il ajoute : « Recevez,
» monsieur, ce premier gage de notre reconnois-
» sance : mais le moment de vous la marquer tout
» entière, qui n'est pas encore venu, arrivera, je
» l'espère. Je dois même vous donner l'avis de gar-
» der le secret sur ce qui se passe entre nous, de
» peur que votre attachement ne vous devienne fu-
» neste. » Tandis qu'il prononçoit ces dernières paroles, le son de sa voix trahissoit sa sensibilité, et
la reine fondoit en larmes.

C'étoit à l'époque où une engeance hypocrite
singeoit l'humanité, en méditant le carnage sous
le mantéau philosophique, que Louis XVI offroit
sur le trône le plus touchant modèle de cette vertu,
modèle qui ne péchoit que par exagération. L'humanité, dans ce prince, alloit jusqu'à combattre
contre lui-même la sainte maxime : « Que des
» sujets doivent se sacrifier pour sauver leur roi; »
et c'est de sa bouche que sortit ce nouvel apoph-
tegme d'un cœur égaré par excès d'amour pour
ses sujets : « S'il faut une seule goutte du sang de
» mon peuple pour le triomphe de ma cause, je
» défends qu'on la verse. »

Il y avoit erreur, sans doute, dans cette expression de la volonté de Louis XVI; mais ils connois-
soient bien peu ce prince, et ils étoient loin d'a-
voir la mesure de son grand cœur, ceux qui
croyoient voir de la foiblesse dans cette résolution.
Ils oublioient qu'il se montra intrépide et sans

peur parmi les dangers et au milieu des crises les
plus violentes; ils ignoraient qu'il y a diverses manières de montrer du caractère, et que Louis XVI
en fit preuve dans son attachement invincible au
principe qu'il s'étoit fait de ne jamais opposer que
la défensive aux agressions de son peuple. Ce
prince, dans la soirée du 20 juin, rendoit raison
de ce système de modération à la marquise de la
Roche-Aymon. Cette dame lui parloit, dans l'admiration du calme héroïque qu'il venoit de déployer, assailli par vingt mille brigands armés.
« C'est, madame, lui répondit Louis XVI, que
» je me suis convaincu que c'est la seule arme
» que doive jamais employer un roi pasteur contre
» son troupeau égaré. » Représentations de ministres, conseils de famille, conseils d'amis, tout
viendra échouer contre cette conviction; et soit
que le monarque autorise, soit qu'il ordonne lui-
même des dispositions militaires, sa volonté expresse sera toujours qu'on n'use des armes que
pour la contenance et non pour la mort (14). Et,
lorsqu'il parcoura les rangs des guerriers prêts à
combattre son peuple révolté, comme un autre
David, ce roi père leur donnera pour mot d'ordre :
Épargnez mon enfant *;

Malgré cette extrême horreur pour toute effusion
du sang de ses sujets, Louis XVI, dans les der-

---

* Servate mihi puerum Absalom. 11, Reg. 18.

nières années de son règne, vit couler ce sang à
grands flots sur tous les points de son empire; et
c'étoit le plus pur qui étoit répandu. Ce prince
en avoit le cœur déchiré; et, ne pouvant plus rien
alors par lui-même, il se transportoit au sein d'une
assemblée complice de tous les désordres, et cherchoit à lui inspirer ses sentimens, en s'écriant :
«Ah ! si le peuple *qu'on égare*, si ce bon peuple
»savoit à quel point je suis malheureux à la nou-
»velle d'un acte de violence contre les personnes,
»peut - être il m'épargneroit cette douloureuse
»amertume. »

Constant dans ses affections comme dans ses
principes, et imbu, dès sa jeunesse, de la triste
vérité que la guerre même la plus heureuse est encore une calamité, Louis XVI se fût résigné à
tous les sacrifices personnels, pour en épargner les
malheurs à son peuple. Nous verrons que la guerre
d'Amérique fut l'œuvre de la nation entière, en-
traînée par ses sophistes; et le monarque eut moins
de part encore à celle qui, dans les derniers temps,
fut déclarée à l'empereur d'Allemagne. Il n'y con-
sentit qu'après que les chefs des factieux eurent
fait de sa résistance un prétexte sans cesse renais-
sant d'insurrections et de scènes de sang dans l'intérieur. Et, alors encore, essayant d'effrayer ses
ministres constitutionnels du poids de leur responsabilité, il exigera d'eux qu'ils lui donnent par
écrit l'avis qu'ils ont unanimement émis dans son

conseil : « que cette guerre est indispensable, et » qu'elle est le vœu général du peuple français (12).»

Des maux divers qui accompagnent les guerres, il n'en mettoit aucun en comparaison avec l'effusion du sang humain. La nouvelle d'une victoire le flattoit moins que ne l'affligeoit la pensée que la vie de plusieurs hommes en avoit été le prix. Un jour que le comte de Vergennes lui annonçoit un avantage remporté sur la flotte anglaise : «Je » ne puis me réjouir d'une bataille gagnée, ré- » pondit le roi, quand je songe au sang qu'elle » a coûté : puisse donc ce nouveau succès être » la dernière de mes peines, et nous amener la » paix !» Le même sentiment d'humanité respire dans plusieurs lettres écrites de la main de Louis XVI à ses officiers généraux pendant la même guerre. Il ne les félicitoit jamais d'un succès, sans déplorer la perte des braves qui l'avoient payé de leur sang : «Je suis très-satisfait, écrivoit-il de sa » main au comte d'Orvilliers, de messieurs les offi- » ciers et de toute la marine; je vous charge de le » leur témoigner. Je suis bien fâché de la blessure » de M. Duchaffaut, mais j'espère qu'elle ne sera » pas dangereuse, et que, bientôt rétabli, il sera » en état de continuer ses bons services. J'ai or- » donné qu'on prît le plus grand soin des blessés. » Témoignez aux veuves et aux parens des morts » combien je suis sensible à la perte qu'ils ont faite.»

Cependant, comme la perversité, à défaut de

vices dans ceux dont elle a conjuré la perte, sait
tourner en piéges contre eux jusqu'à leurs vertus
les plus pures, les factieux, aux jours de la révolution, profiteront plus d'une fois contre Louis
XVI de cette sensibilité connue de son cœur, et
du prix qu'il attachoit à la vie d'un homme. C'est
ainsi que, pour obtenir le licenciement de ses
gardes du corps, ils les feront dénoncer par des
journalistes, et poursuivre par des assassins, tandis qu'eux - mêmes l'assureront qu'une prompte
suppression est l'unique moyen d'arrêter leur massacre commencé. De même, pour arracher son
adhésion à une constitution dont il leur a démontré les vices multipliés, ils lui représenteront
que son refus d'acceptation deviendra l'arrêt de
mort des prisonniers détenus à Orléans, et nommément des trois gardes du corps qui l'ont accompagné dans son voyage vers Montmédy. Ils auront
encore recours au même manége : ils feront menacer, poursuivre, jeter dans la Seine, des individus de sa garde constitutionnelle, pour obtenir
de lui le licenciement qu'ils ont décrété. Et c'est à
ce sujet que ce prince écrira à l'ex-ministre Bertrand : «J'ai donné ma sanction avec beaucoup
»de répugnance; mais les ministres m'ont affirmé
»que la fermentation du peuple étoit si violente,
»que je ne pouvois pas différer la sanction du
»décret sans exposer tous les soldats de ma garde
»et toutes les personnes du palais aux plus grands

» dangers. » Ainsi le danger de se trouver lui-même
sans défenseurs, à la merci de ses ennemis, affec-
tera moins ce grand cœur que le danger qui menace ceux que le zèle a placés entre lui et son
peuple révolté.

Si l'on en excepte les époques de révolution,
quand le prince est connu pour attacher un si
haut prix à la vie de ses sujets, son humanité les
investit, pour ainsi dire, et devient comme leur
sauvegarde dans les dangers éminens. L'espoir
d'être nommés à Louis XVI, ou d'en être récom-
pensés, portoit aux plus généreuses tentatives, et
à des dévouemens héroïques, des hommes chez
qui la pure vertu n'eût pas été un assez puissant
mobile pour une action périlleuse. Ils oublioient le
danger, ils bravoient les flammes et les flots, pour
en arracher une victime et offrir à leur roi un
trophée cher à son cœur. A la vue d'un petit navire qui échoue devant Cherbourg, et lorsque le
gros temps effraie tous les marins, un employé
dans la gabelle se jette seul dans un esquif, va
droit aux naufragés, en reçoit quatre qu'il conduit
au port : il multiplie ses voyages, et parvient,
non sans d'extrêmes dangers, à sauver trente-trois
hommes qui composent tout l'équipage. Louis
XVI, informé de ce trait, décerne une gratification à son courageux auteur, et lui assigne une
pension viagère. Un dévouement du même genre
a lieu sur le port de Dieppe, et trouve la même ré-

compense auprès de Louis XVI : ce prince fait écrire à un batelier, qui, au plus grand péril de sa vie, a sauvé huit hommes de la fureur des flots, qu'il le gratifie d'une somme de mille livres, et d'une pension de trois cents.

Pendant les horreurs de la révolution, toute la canaille de Brest, ameutée par les jacobins du lieu, poursuivoit, pour le mettre à mort, un capitaine de vaisseau, coupable de ce qui s'appeloit alors aristocratie. Déjà le brave officier avoit reçu plusieurs blessures, lorsqu'un particulier, charcutier de sa profession, accourt se joindre à lui, et le défend assez déterminément contre la troupe assassine, pour donner le temps à la garde de venir les arracher l'un et l'autre à une mort imminente. A la nouvelle de ce beau dévouement, le roi ordonne à son ministre de l'intérieur d'en faire venir l'auteur à Paris, pour savoir de lui-même ce qu'il pourroit désirer pour sa récompense. Ce brave homme dit au ministre qu'il n'avoit fait que son devoir, et n'avoit besoin de rien. «Mais, ajou- »ta-t-il, je me trouverois bien récompensé si je »pouvois voir notre bon roi.» Il fut présenté à Louis XVI, qui lui fit don d'un beau sabre et d'une médaille d'or, sur laquelle on lisoit, avec le précis de l'action : *Donnée par le roi à Louvergeat, charcutier à Brest.*

Tout procédé généreux, où se peignoit l'humanité, parloit au cœur du monarque et sollicitoit sa reconnoissance. Pendant la guerre d'Amérique, un corps de troupes alliées, après une marche pé- nible pour faire sa jonction avec l'armée du comte de Rochambeau, se. trouve sans pain et dans le dénûment absolu des objets de première néces- sité. Le général français, dont la troupe espa- gnole réclame l'assistance, lui déclare la triste im- puissance où il se trouve de venir à son secours, son armée n'ayant plus elle-même de pain que pour deux jours. Mais les soldats français, informés de la détresse de leurs compagnons d'armes, courent à leur rencontre, les amènent sous leurs tentes, et les obligent à partager leurs dernières rations de pain et leurs lits. Au récit de ce trait, si ana- logue à ses sentimens, Louis XVI s'écrie : « Le »gain d'une, bataille ne me feroit pas autant de »plaisir. » Sur-le-champ il écrit à son général, et lui ordonne de témoigner à son armée : « que le »roi s'estime heureux d'avoir des soldats capables »de cette bravoure d'humanité, qu'il place au- »dessus des plus hauts faits d'armes, dont elle est »d'ailleurs le garant. »

Dans tout le cours des actions de Louis XVI, dans ses relations royales comme dans ses habitudes domestiques, c'est partout la même empreinte de caractère ; partout on retrouve l'homme qui honore la royauté, le cœur sensible et bon, qui efface l'éclat de la majesté par l'excellence de la personne. Un trait caractéristique de bonté, de la part de ce

prince, rappelle celui du grand Turenne vis-à-vis
d'un grossier valet de cuisine. Dans une fête publique qui se donnoit au château de Versailles, le
roi causoit tranquillement avec deux officiers, lorsqu'un jeune étourdi, l'ayant heurté avec violence,
se retourne, reconnoît le monarque, et, dans le
désordre de ses idées, lui donne pour excuse qu'il
n'auroit pas cru que ce fût sa majesté : « Eh ! mon-
» sieur, lui dit Louis XVI, quand je serois un autre,
» faudroit-il me renverser ? » Puis il ajouta, parlant
aux personnes avec lesquelles il conversoit : « Nos
» jeunes gens deviennent de jour en jour si malhon-
» nêtes ! »

En diverses rencontres, et dans toutes les occasions convenables, ce prince, accessible et affable, sans compromettre la majesté, savoit descendre avec bonté jusqu'aux dernières classes de
ses sujets. C'est au milieu des petits qu'il lui semble
mieux qu'il est père : c'est là qu'affranchi de la réserve que lui commande le génie du courtisan, il
se livre à une conversation libre et paternelle. On
le voit à Versailles accueillir tous les corps de métiers qui aspirent à la faveur de lui offrir leur hommage. Il entretient l'ouvrier et l'artisan, étounés de
l'entendre parler la langue de leur profession. A la
naissance du premier Dauphin, événement qui
combloit ses vœux, après que les princes et les
seigneurs de sa cour lui eurent fait leurs complimens, on prit ses ordres pour savoir qui l'on ad-

mettroit encore : « Tous ceux qui se présenteront,
»répondit-il ; c'est leur enfant qu'ils viennent voir.»
A la même occasion, les poissardes de Paris s'étant
rendues à Versailles pour le complimenter sur la
naissance du nouvel appui du trône, le bon roi les
admet à son audience, écoute leur harangue, s'a-
muse un instant de leur conversation, leur fait
servir des rafraîchissemens, et ordonne qu'on leur
prépare un dîner. C'est au milieu de la grosse gaieté
de ce repas, où Louis XVI ne dédaigne pas de se
montrer, que les convives chantent les vertus du
monarque et de son épouse, et que dix fois la
troupe entière fait chœur pour répéter le refrain :

« Non, point de trône au monde où siége un si bon roi ! »

Etrange contraste entre cette scène touchante du
mois d'octobre 1781 et la scène du mois d'octobre
1789 ! Et qui pourroit dire par quel crime ces têtes
augustes auront mérité que les mêmes personnes
qui viennent de les charger de leurs bénédictions,
reviennent assiéger leur palais, la malédiction à la
bouche et le poignard à la main ?

Tous les jours quelque nouveau trait d'humanité
venoit signaler aux Français le cœur bon et sensible
de leur roi. Louis XVI est informé que, pendant la
saison rigoureuse, des mercenaires, dont le salaire
est assuré, se chargent d'amener à Paris, du fond
des provinces, des enfans délaissés, dont le plus
grand nombre, tués par le froid, n'arrivent pas à

leur destination. A cette nouvelle, un double sentiment de douleur et d'indignation saisit le monarque, qui s'écrie : « Eh ! de quoi s'occupent donc » MM. les intendans, s'ils ignorent un pareil dé- » sordre? » Il assemble sur-le-champ son conseil d'état, et il y fait rendre un arrêt, dans lequel on lit : « Sa majesté a regretté sensiblement de n'a- » voir pas été plus tôt instruite de ces tristes circons- » tances; et, pressée d'y remédier, elle veut qu'à » compter du premier octobre prochain, il soit dé- » fendu à tout voiturier et autres personnes, de se » charger d'enfans abandonnés et qui viennent de » naître, si ce n'est pour être remis à des nourrices, » ou portés à l'hôpital d'enfans trouvés le plus pro- » che, à peine de mille livres d'amende. Veut sa » majesté, qu'en attendant qu'il y soit pourvu d'une » manière stable, les fonds nécessaires pour cette » œuvre de miséricorde soient payés de son trésor- » royal. »

On ne s'étonnera pas que l'innocence malheureuse ait été l'objet de l'humanité de Louis XVI, quand on saura que les malheurs même du méchant n'en étoient pas exclus. Aucun lieu de son empire ne peut se dérober à son action bienfaisante. Il descend par la compassion jusque dans la demeure du crime; et, s'il n'est pas en son pouvoir d'y appeler le bonheur parfait, il y fait porter au moins la consolation avec la salubrité, et ne veut pas que le désespoir puisse y faire obstacle à l'utile remords. Par les ordres les plus précis, l'état des prisons est constaté dans toute l'étendue du royaume; et des mesures sont arrêtées pour qu'il y soit pourvu, avec plus de soin que par le passé, aux besoins tant corporels que spirituels des détenus, « ne voulant pas, dit le prince, que ceux qui »pourroient n'être pas coupables soient traités »comme tels; ni que ceux qui sont convaincus de »l'être, soient assujettis à des rigueurs que ne dé- »cerne pas la loi. »

Toujours conduit par le même sentiment, Louis XVI promène un regard paternel sur le code criminel, dont il fait effacer plusieurs dispositions qu'il a jugées d'après son cœur. Si la question, appelée *préparatoire,* a souvent conduit le juge à d'utiles découvertes, quelquefois aussi elle a extorqué d'un innocent l'aveu d'un crime qu'un autre avoit commis. « Plutôt dix coupables absous, dit »Louis XVI, qu'un innocent mis à mort * ! » et la question *préparatoire* est abolie. La désertion militaire, qui peut n'être que l'effet de la surprise ou de la séduction, emportoit toujours la peine de mort : il statua que désormais les coupables, suivant la grièveté du délit, seroient condamnés, ou à la détention pour un temps, ou aux travaux publics à perpétuité.

---

* Les assassins de ce prince diront un jour : « Périssent dix »innocens, plutôt qu'un seul coupable nous échappe »

Une des premières dispositions de Louis XVI, à
son avénement au trône, avoit fait dès lors augurer
que l'humanité siégeroit toujours à côté de sa justice. Après s'être fait présenter le tableau de tous
les prisonniers d'état, avec le sujet de leur détention, il en rendit un grand nombre à la liberté,
parmi lesquels s'en trouvoit un qui, pour une conduite également séditieuse et injurieuse au feu roi,
pouvoit croire que la Bastille seroit son dernier
séjour. Louis XVI, après avoir décidé son élargis-
sement, par une réflexion où se peignoit plus que
de l'humanité, dit à son ministre Malesherbes :
« Il faudra que vous le fassiez préparer à cette nou-
» velle inattendue, de peur qu'elle ne lui cause quel-
» que révolution fâcheuse. »

L'histoire croiroit avoir tout dit à la louange du
plus humain des rois, en publiant qu'il eût fallu
que les misérables sortissent de ses états, pour
échapper à l'influence de ses bienfaits : ce ne seroit
pas assez dire en parlant de Louis XVI. Son cœur,
encore plus vaste que son empire, sembloit être
le confident de tous les malheurs du monde ; et
tout homme devenoit son sujet dès qu'il le savoit
dans le malheur. Ses vaisseaux portoient son nom
et ses bienfaits jusqu'aux contrées les plus loin-
taines ; et il est également attesté, par les actes
ministériels et par les états de sa cassette particulière, qu'il pensionnoit l'indigence jusqu'aux antipodes, et dans la ville même de Pékin. Nous nous

réservons de parler ailleurs de ce qu'il fit, et de ce qu'il eût voulu faire, en faveur d'un roi malheureux à cinq mille lieues de la France, et qui, guidé par la renommée, faisoit réclamer son assistance par une ambassade solennelle. Les désastres de la Calabre, arrivés pendant son règne, devinrent ses malheurs particuliers; et les gémissemens des habitans de Messine retentirent jusqu'au fond de son âme. A la première nouvelle de l'événement, ne prenant conseil que de son cœur, il dépêche des ordres pour que, du port de Marseille, on expédie sur-le-champ quarante mille mesures de farine, une quantité d'autres provisions de bouche, et tous les genres de secours jugés nécessaires à la suite d'une si effroyable calamité.

Un autre trait, publié dans le temps à la louange de Louis XVI, fait, à notre avis, plus d'honneur encore chez lui au cœur de l'homme qu'à la sagesse du roi : c'est le fameux voyage maritime dont il confia l'exécution au comte de La Peyrouse. Aucun de ces motifs d'intérêt ou d'ambition, qui ont coutume de déterminer ces entreprises périlleuses, n'entrera dans ses calculs. Son but principal, et clairement énoncé, est de faire de nouvelles conquêtes à l'humanité, et de soustraire l'homme sauvage à l'esclavage de sa condition, pour lui assurer la liberté de l'homme social. Si le savant, appelé dans le cabinet de Louis XVI, pour recevoir ses instructions avant son départ, est frappé de l'éten-

due et de la précision de ses connoissances en
hydrographie, ce qu'il admire encore plus dans la
monarque, c'est la pureté de principes et d'intention qu'il lui développe. La Peyrouse, avant son
départ, couroit chez tous ses amis leur faire avec
attendrissement le détail de la séance où Louis XVI
lui avoit dit : « Vous vous garderez bien, La Pey-
»rouse, si vous découvrez des peuples inconnus à
»notre Europe, de leur faire présent de nos armes
»meurtrières, ou de leur donner connoissance de
»la dépravation de nos mœurs. Il ne faut leur
»donner d'idées que sur ceux de nos arts qui peu-
»vent leur faire du bien sans les corrompre. En
»attendant que nous puissions leur procurer le
»grand bienfait de la religion, il faut commencer
»par les gagner par des bienfaits qui parlent aux
»sens. Je veux que vous leur portiez toutes les
»graines, les plantes et les animaux que, d'après
»votre expérience, vous jugerez pouvoir s'acclima-
»ter chez eux : je vous en laisse le choix; et le
»ministre de la marine a dû vous faire part des
»ordres que je lui ai donnés à ce sujet. Vous con-
»noissez trop bien la mer pour que j'insiste sur ses
»dangers : vous saurez vous tirer de ceux qui seront
» inévitables, et n'en affronter aucun avec témé-
»rité. »

Que la philosophie, cette mère féconde de tant
de maux, vienne nous vanter encore ses héros de
bienfaisance et d'humanité, la postérité verra le

sien, sans doute, dans celui qu'avoit formé la religion ; et s'il étoit possible de douter que la religion
de Louis XVI ait été le grand mobile de son humanité, la preuve la plus complète en résulteroit du
livre suivant.

LIVRE VI.

QUELLES que soient les qualités et les vertus humaines dans un roi, ces dons naturels le laisseroient toujours fort au-dessous de sa dignité, s'ils n'étoient animés par la vertu de religion. Jamais un foible mortel ne tira de son propre fonds l'intelligence, et surtout les moyens, du gouvernement de ses semblables. Aussi, pour toute réponse à ces fiers érudits, qui, de nos jours encore, voudroient gouverner le monde physique et moral sans l'intervention de son auteur, nous osons les défier de nous produire dans les annales de l'histoire l'exemple d'un seul prince vraiment grand, qui l'ait été dans l'absence de la religion. Nécessaire dans le cœur du souverain, comme encouragement à de pénibles devoirs, la religion ne le sert pas moins utilement dans le cœur de ses peuples, comme sanction de son autorité. Il se doit donc la religion à lui-même, pour y trouver le courage des sacrifices et les lumières du commandement, et il la doit à ses peuples, pour qu'ils y découvrent le précepte divin et le motif irrésistible de leur obéissance. D'où l'on doit conclure que la vraie sagesse en politique, et le plus haut point d'habileté, sont du côté du prince qui, sachant se donner à lui-même une conscience religieuse, sait encore se donner, par la religion, la conscience de ses sujets.

Ce beau secret avoit été éminemment celui de notre Charlemagne. L'impulsion religieuse par lui donnée à l'empire des Gaules, plus forte encore que celle que le grand Constantin avoit imprimée à l'empire romain, avoit persévéré jusqu'au dix-huitième siècle ; et, loin de rien dérober de leur éclat aux actions guerrières de ce prince, le génie de la religion les avoit fait briller d'un plus beau lustre encore, en les marquant du sceau consécrateur qui brave les ans et les révolutions. On s'associe encore, après dix siècles révolus, à l'enthousiasme contemporain pour ce conquérant toujours heureux et toujours sage, quand on le voit saper, d'une main sûre et habile, l'édifice de Barbarie qui couvroit l'Europe ancienne ; changer en beau la face du monde connu, et faire de ses institutions religieuses le ressort à la fois et le rempart assuré de sa puissance colossale. C'étoit à la tête de soldats auxquels il ne commandoit qu'au nom du Dieu des armées, que Charles voloit de conquêtes en conquêtes ; et c'étoit avec des missionnaires, des maîtres d'école et des chants sacrés qu'il polissoit ces conquêtes journalières. Ses armes avoient mis à ses pieds des ennemis féroces, la religion en faisoit des hommes, et lui assuroit des

cœurs. Cet homme, vraiment étonnant, montra à
la terre le prodige nouveau d'un règne guerrier, et
restaurateur en même temps de la religion et des
mœurs. Aussi toutes les déclamations historico-phi-
losophiques du dix-huitième siècle sont-elles ar-
rivées trop tard pour empêcher qu'il ne reste
CHARLE-MAGNE dans la postérité, le héros qui sut se
faire bénir de son vivant par vingt peuples réunis
en une famille unique, et s'environner d'autant
de sujets affectionnés qu'il avoit conduits d'adorateurs aux autels du vrai Dieu.

Placés à une distance de dix siècles l'un de
l'autre, le trône de Charlemagne affermi par la religion, et le trône de Louis XVI détruit par l'irréligion, offrent, dans le contraste, une grande leçon aux maîtres du monde. Peut-être néanmoins
seroit-il difficile de dire auquel de ces deux princes
la religion communiqua le plus de grandeur. Car,
si Charles fut extérieurement supérieur à Louis
par la religion de son peuple, Louis nous paroîtra
supérieur à Charles par sa religion personnelle. Et
cette même religion qui investit Charlemagne de
tant de gloire sur le trône de sa prospérité, elle ne
réservera pas un moindre triomphe à Louis XVI,
en le montrant dans l'adversité, et sur l'échafaud
même, plus grand que jamais roi ne parut sur
son trône.

Né de parens que d'éminentes vertus avoient
rendus comme étrangers au dix-huitième siècle,

Louis XVI avoit, pour ainsi dire, sucé la religion
avec le lait; et il étoit à peine âgé de douze ans,
que déjà il se montroit pénétré des devoirs sublimes qu'elle impose*. Heureux préservatif, sans
doute, contre le triste avenir que lui réservoit une
génération dépravée : car ce prince ne rencontrera
parmi les instrumens de sa puissance, ni des Égi-
nard ni des Alcuin, ni aucun de ces sages dont
le génie religieux seconda si bien le génie de Charlemagne. Au contraire, à peine sera-t-il assis sur
son trône, qu'il s'y verra comme assiégé par une
ligue monstrueuse, qui, depuis un demi-siècle,
s'applique à miner l'empire de la religion dans le
cœur des hommes, comme moyen de réaliser le
plan qu'elle a formé dans son audace et qu'elle
avouera dans son triomphe, d'égaler le sceptre à
la charrue, l'homme à la brute, et l'Éternel au
néant.

Il faudra sans doute quelque courage à Louis
XVI, et un caractère à lui, pour se défendre,
aussi constamment qu'il le fit, des piéges et des
avances de la philosophie de son siècle; surtout
lorsqu'il aura sous les yeux l'exemple de presque
tous les princes contemporains, qui faisoient gloire
de fraterniser avec les prêtres de l'idole et de partager leur coupable célébrité. Louis XVI ne dédaignoit pas seulement la réputation de philosophe,

* Lettre de la Dauphine à l'évêque d'Amiens.

il la repoussa toujours comme une honte; et, dans
toutes les rencontres, il professoit aussi courageusement son dévouement à la religion que son
aversion pour la doctrine des sophistes et leurs
productions empoisonnées. L'occasion se présenta
un jour à ce prince, d'énoncer son sentiment
sur les œuvres du chef de la secte impie; et le
jugement qu'il en porta est digne de fixer celui
de la postérité. Voltaire avoit laissé, par sa mort,
une place vacante à l'académie française; et, suivant un usage de cette compagnie, qui prescri-
voit au vivant d'encenser le mort, l'abbé de Radonvilliers se trouva chargé du rôle, embarrassant
pour un prêtre et pour le sous-précepteur de
Louis XVI, de parler à la louange de ce philosophe; et il le fit avec une réserve qui déplut
beaucoup à ses confrères d'académie. Cependant,
le discours ayant été imprimé et présenté au roi,
ce prince en lut une partie en présence de l'auteur; et, frappé d'une phrase, où il souhaite
«qu'une main amie, en retranchant des écrits de
»Voltaire *tout* ce qui blesse la religion, les mœurs
»et les lois, *efface la tache* qui terniroit sa gloire,»
il dit à l'orateur : « Mais tout cela retranché, mon-
»sieur, il vous resteroit bien peu de chose. » Puis,
en logicien plus exact que son ancien maître, il
ajouta : « Et ce retranchement posthume, s'il ef-
»façoit la tache du livre, n'effaceroit pas celle de
»l'auteur. »

Si le succès répondit si peu aux vues qui animoient Louis XVI pour l'honneur et le maintien de la religion, c'est que, durant son règne, l'épidémie philosophique avoit tellement prévalu parmi les hommes d'état, que presque tous ceux que le prince chargeoit de comprimer les ravages de l'impiété, étoient eux-mêmes les fauteurs secrets de ses débordemens. De toutes les affaires qui se traitoient dans le conseil d'état, il n'en étoit point qui intéressassent autant Louis XVI que celles qui avoient trait à la religion; et toutes les conclusions qui s'y prenoient en faveur des principes religieux, étoient provoquées par son zèle. Dans ces occasions, le fonds de timidité qui lui étoit naturel, disparoissoit pour faire place à l'expression décidée d'une volonté absolue. L'époque de la révolution surtout lui fournira de fréquentes et cruelles occasions de se prononcer avec vigueur contre des dispositions que repoussoit sa conscience. Un témoin habituel de ses sentimens, durant ces temps orageux, nous dit : « Le roi, à l'occasion d'un mé-»moire des évêques alors à Paris, relatif au décret »qui ordonnoit la déportation des prêtres, me dit, »avec l'énergie que lui inspiroit toujours la cause »de la religion : *Assurez-les qu'ils peuvent être* »*tranquilles; jamais je ne sanctionnerai ce dé-* »*cret.* *»

---

* Mémoires de Bertrand de Molleville, tome 1, page 252.

Un autre ministre de Louis-XVI, dont le suffrage
ne doit pas être suspect en cette matière, admirant
la constance du monarque à refuser sa sanction à
cet inique décret, lors même que, malgré son opposition, il s'exécutoit par tout l'empire, se faisoit
cette question : « Pourquoi donc le roi persistoit-il
» dans un refus qui n'étoit d'aucun aide aux oppri-
» més ? — Il ne voulut pas s'associer à un acte de
» barbarie; et l'on verra bientôt qu'il défendit au
» milieu d'un grand danger, et avec une inébran-
» lable fermeté, le dernier retranchement de sa
» conscience. — Le 1er juin, et lorsqu'on annonçoit,
» d'une manière vague, mais terrible, le hardi
» complot tramé dans les faubourgs, le roi refusa
» de nouveau d'accorder sa sanction au décret de
» persécution contre les prêtres; et le ministre de
» la justice se rendit à l'assemblée législative pour
» annoncer cette détermination. — Le 20 juin, lors-
» que des furieux en armes lui demandèrent cette
» sanction, il leur répondit que ce n'étoit ni le mo-
» ment de la solliciter, ni celui de l'obtenir. —
» Enfin le 21 juin, lorsqu'il venoit d'échapper aux
» dangers les plus éminens, à des dangers encore
» prêts à se renouveler, il fait connoître, par une
» proclamation, sa persistance dans une résolution
» qui lui est imposée par le devoir, ou par le sen-
» timent de sa conscience. Le roi, dit cette pro-
» clamation, se dévoue à tout ce que pourront
» faire les factieux; mais il ne changera point

»de principes, et il restera fidèle à ses obliga-
»tions *. »

Louis XVI se montroit inébranlable lorsqu'il s'a-
gissoit du maintien de la religion, par la raison qu'il
en étoit profondément instruit. Il en avoit étudié le
dogme et médité la morale ; il en connoissoit l'histoire ; cette histoire qui jette un jour si ravissant sur
l'origine des temps et les rapports essentiels de la
créature au créateur ; cette histoire, dont la merveilleuse évidence ne laisse de refuge à l'incrédulité
que dans l'ignorance et la mauvaise foi des passions.
Ce prince étoit également instruit des principes sur
lesquels reposent la divine constitution de l'église,
et son indépendance dans le gouvernement des âmes.
Personne, dans son conseil, ne saisissoit avec plus
de justesse que lui le point de démarcation qui sé-
pare les domaines respectifs des deux puissances.
On le vit, dans une affaire d'éclat **, se défendre
d'accéder au vœu de tout le corps épiscopal, auquel
s'étoit réuni celui du souverain pontife ; et prononcer que le premier dignitaire ecclésiastique de son
royaume seroit jugé, en matière séculière, par un
tribunal séculier.

D'un autre côté, en garde contre le penchant de
la magistrature d'alors à s'immiscer dans les affaires

---

* *De la Révolution française,* par Necker, tome II, page 205
et suivantes.

** Celle du cardinal de Rohan pour le collier.

spirituelles et les plus étrangères à sa compétence, Louis XVI savoit, dans l'occasion, réprimer ses entreprises sur le domaine ecclésiastique. C'est ainsi qu'en cassant un arrêt du parlement de Paris, fauteur de prêtres insoumis à leurs évêques, il disoit : « Nous ne pourrions le laisser subsister sans »risquer de voir s'introduire dans les fonctions du »saint ministère une insubordination dangereuse, »si les curés se donnoient la liberté d'autoriser ar-»bitrairement des prêtres, non approuvés par leur »évêque diocésain, à confesser dans leurs paroisses; »et si ces prêtres, non approuvés, s'ingéroient de »confesser sans la permission des archevêques et »évêques. » D'autres fois nous le voyons renvoyer par devant leurs évêques diocésains, avec injonction de leur obéir, tantôt des prêtres qui allèguent devant les tribunaux une interdiction injuste, tantôt des curés qui protestent contre les dispositions d'un mandement épiscopal.

On peut d'autant moins refuser à Louis XVI le mérite exclusif des opérations de son conseil favorables à la religion, que ses ministres furent habituellement des hommes plus qu'insouciants sur cette matière, et que Voltaire félicitoit d'être philosophes. Le plus dangereux de ceux dont on l'avoit environné à son avénement à la couronne, étoit Turgot, qui cachoit son impiété sous un masque plus épais d'hypocrisie. Ce chef accrédité de la secte des économistes n'avoit rien négligé pour porter son maître

à dédaigner la cérémonie religieuse du sacre de nos
rois (1). Ce sacre, selon lui, loin de rien ajouter
aux droits de la couronne, n'étoit qu'un hommage
de dépendance et de servitude, et deviendroit encore l'occasion d'une dépense onéreuse pour le
peuple. Mais, plus religieusement politique que son
ministre, le jeune monarque étoit loin de voir rien
d'avilissant dans l'hommage de dépendance qu'il
feroit, non pas aux ministres des autels, mais au
maître des empires. Il savoit qu'il n'est pas inutile
de donner la religion pour base à la fidélité des
peuples, et que, si la cérémonie de son sacre ne
constitue pas le titre d'un souverain, elle en est du
moins la promulgation solennelle aux yeux de ses
sujets, et le signe indicateur du lieutenant inviolable de la divine puissance. Après de longues ter-
giversations, sous prétexte de pénurie du trésor
public, Turgot reçut ordre de Louis XVI de pourvoir aux préparatifs de son sacre, et la cérémonie
en fut fixée au dimanche 11 juin 1775, plus d'un
an après l'avénement du monarque à la couronne.

Cette résolution chagrina beaucoup les sophistes,
qui, depuis long-temps, publioient dans leurs cercles
que, grâce à la philosophie de ses ministres, Louis
XVI n'auroit pas la foiblesse de se faire déclarer roi
par la grâce de Dieu. Leur ressource alors fut de
faire annoncer dans les journaux que le sacre, à la
vérité, auroit lieu, mais que la seule chose que
cette cérémonie auroit de remarquable, seroit sa

simplicité. Cette ruse, imaginée pour écarter les spectateurs, ne réussit pas ; et l'on se rappelle encore qu'une multitude innombrable accourut de tous les points de la France pour y être témoin du sacre du nouveau roi. D'Alembert écrivoit à ce sujet au roi de Prusse : « Il ne reste plus aux patriotes » éclairés qu'une consolàtion : c'est d'espérer que, » pendant le règne de Louis XVI, les lumières feront » assez de progrès pour que cette cérémonie bizarre » et absurde, dont la religion n'est que le prétexte » et nullement l'objet, soit enfin abolie sans re- » tour *. »

Cependant diverses cérémonies religieuses avoient successivement occupé Louis XVI dans la ville de Reims. Déjà on l'avoit vu sur le tombeau de Remi, invoquer le suffrage du premier pontife qui sacra le premier de nos rois ; on l'avoit vu, humblement prosterné au pied des tabernacles, y participer aux saints mystères ; puis, suivant un antique usage, implorer, sur une foule de malades et d'infirmes, l'assistance du Dieu qui tient en sa main la vie et la mort (2). On l'avoit aussi entendu faire au Dieu de ses pères hommage de sa couronne, et, au milieu des pontifes et des grands de l'empire, promettre à tout son peuple le règne de la justice et de la religion, sous la garantie des saints évangiles (3).

Enfin le moment est arrivé pour le jeune mo-

* Lettre du 3 octobre 1775.

narque, où toute la pompe extérieure dont brille son trône en ce jour d'appareil, semble éclipsée par l'éclat imposant que vient réfléchir sur lui la majesté de la religion. Après s'être prosterné et comme anéanti devant le Dieu qui donne les empires, après que l'huile sainte a coulé sur son front, et l'a marqué du signe qui distingue les rois chrétiens, il se relève du pied des autels, et se montre à son peuple revêtu des habits de sa dignité, la couronne des lis sur la tête, et le sceptre à la main. Jusqu'alors un silence religieux avoit tenu toute l'assemblée en suspens. Mais, à ce moment, on n'est plus maître du sentiment qu'on éprouve : ce n'est plus Louis, ce n'est plus même le roi que l'on croit voir, c'est l'oint du Seigneur et l'homme de sa droite, qu'un titre tout divin recommande à la vénération des spectateurs. Toutes les têtes s'électrisent à la fois : on éclate en applaudissemens, des cris de joie percent la voute du temple ; il s'établit un long concert de bénédictions ; on lève les yeux et les mains au ciel, comme pour le remercier du don qu'il fait à la terre ; on regarde le roi, on pleure, on étouffe de tendresse en le regardant ; et Louis répond par ses larmes aux larmes d'un peuple ivre d'amour.

L'immense assemblée témoin de ce spectacle n'est pas seulement composée de nationaux, on y voit tous les ambassadeurs des cours étrangères, des curieux de tous les pays, des hommes de toutes les sectes. Mais en ce moment tous les cœurs sont fran-

çais, et toutes les consciences catholiques. L'exaltation est générale, et l'enthousiasme tel, que les
êtres les plus durs se surprennent de la sensibilité
et un cœur capable d'émotion religieuse. Portés par
la curiosité à une cérémonie objet de leurs sarcasmes
impies, des sophistes, conspirateurs déjà décidés
contre la monarchie, se sentirent saisis malgré eux
de l'esprit qui remplissoit le lieu. Nous les vîmes
pleurer comme les autres, et avec les autres crier
et répéter : *Vive le roi !* L'un d'eux en consigna
l'aveu dans les papiers publics, et nous avoua qu'il
eût fallu, pour n'être pas attendri du spectacle,
porter un cœur plus dur que celui d'un Barbaresque,
et nommément de l'envoyé de Tripoli, qui fondoit
en larmes à ses côtés.

Le lendemain de son sacre, Louis XVI écrivoit à
l'archevêque de Paris : « La divine Providence, qui
» a placé la couronne sur ma tête beaucoup plus tôt
» que je ne l'aurois désiré, me fait trouver de nou-
» velles forces pour en soutenir le poids. La satis-
» faction que mes peuples ont témoignée à l'occasion
» de mon sacre et couronnement, qui se fit hier, —
» les acclamations qui m'ont accompagné pendant
» et après cette auguste cérémonie, ont pénétré mon
» cœur d'un sentiment profond *qui ne s'effacera
» jamais.* » Il demande les prières de l'église « pour
» obtenir, dit-il, que Dieu attache à l'onction sacrée
» que je viens de recevoir, toutes les grâces que ma
» confiance en sa divine bonté me fait espérer. »

Celles auxquelles le jeune monarque, à l'exemple de Salomon, attache le plus grand prix, ce sont surtout l'esprit de sagesse, « *et les vertus paci-•fiques*, dans lesquelles, ajoute-t-il, *un roi vrai-•ment chrétien* doit placer la solide gloire de son »règne. » C'est ainsi qu'à l'entrée de sa carrière politique, ce prince se montre l'apôtre de la religion, dont il sera encore le martyr en terminant sa carrière.

Comme Louis XVI ne faisoit que promulguer en cette circonstance les sentimens qu'éprouvoit son cœur, jamais sa conduite particulière ne se trouvera en contraste avec sa profession de foi publique; et, depuis le jour de son sacre jusqu'à celui de sa mort, on reconnoîtra toujours *le roi vraiment chrétien*, au milieu de courtisans et de conseils généralement *anti-chrétiens*.

Parmi les progrès, de jour en jour plus effrayans, de l'incrédulité de ses sujets, le monarque puisoit toujours dans sa foi pure la règle de sa conduite. C'étoit sans ostentation, comme sans respect humain, qu'il se montroit fidèle, soit à payer au créateur le tribut d'hommages que lui doit toute créature, soit à acquitter la dette du bon exemple qu'un roi doit à son peuple. Dans les cérémonies religieuses, où il étoit quelquefois en spectacle au public, il faisoit leçon par sa piété. Roi sur son trône, il n'étoit plus que chrétien au pied des autels, l'égal du dernier de ses sujets, sujet plus humble qu'eux devant le roi seul immortel. Tantôt on voit Louis XVI suivre, avec le peuple, la bannière de la croix dans les supplications publiques, et tantôt faire cortège à l'auguste sacrement, porté en triomphe par les rues. On verra également ce prince descendre de son palais, et se confondre avec la foule de ses sujets, dans les stations d'un jubilé, pour aller puiser, aux mêmes conditions qu'eux, au trésor de grâces qu'ouvre à tous ses enfans la mère commune des fidèles. Dans les jours de sa prospérité, il se rendra dans sa capitale pour en visiter les lieux saints : il y fera plusieurs voyages pour satisfaire sa piété ; pas un seul pour y chercher des plaisirs.

Toutes les circonstances marquantes de son règne portent l'empreinte de sa foi également reconnoissante dans les événemens heureux, et soumise dans le malheur. Comme il étoit toujours le premier, et souvent le seul organe de la religion dans son conseil, les pièces qui en émanoient, à l'appui des principes religieux, n'étoient point des formules d'usage, mais l'expression du sentiment. Dans la crainte, ce semble, de perdre de vue un engagement pris avec sa conscience, il en déposoit le secret dans une lettre à l'archevêque de Paris, et lui disoit : « Nous nous sommes fait une loi de rappor- » ter à Dieu tous les événemens de notre règne. » Un de ces événemens qui l'affecta bien délicieusement, ce fut la naissance de son premier fils. A la nouvelle que lui en donne son premier valet de

chambre, il est transporté de joie. Des larmes d'attendrissement coulent de ses yeux, il embrasse les
personnes qu'il rencontre dans l'appartement, en
leur disant : « Bénissons Dieu, messieurs, il m'a
»donné un fils. » Dans une lettre, datée du même
jour, « la Providence, dit-il, vient de mettre le
»comble à mes vœux : cet événement pénètre mon
»cœur de la plus vive reconnoissance, et mon pre-
»mier soin est de m'empresser d'en rendre grâce à
»Dieu. » Peu de jours après, dans une visite qu'il
faisoit à madame Louise : « Je viens, ma tante,
»lui disoit-il, vous faire hommage de l'événement
»qui fait aujourd'hui la joie de mon peuple et la
»mienne ; car, après Dieu, je l'attribue à la ferveur
»de vos prières. »

A la triste époque où la foi, toujours également
vive dans son cœur, sera le plus indignement outragée par ses sujets révoltés, Louis XVI ne craindra pas d'aller en plaider la cause en personne
dans une assemblée où dominent les impies, et de
leur rappeler que la religion de leurs pères, qui
n'est plus leur vertu, n'a pas cessé pour cela d'être
leur intérêt. Le respect pour la religion, leur dira-
»t-il, est la sauvegarde de l'ordre public ; tous les
»cœurs honnêtes et éclairés ont un égal intérêt à
»la soutenir et la défendre *. »

Si l'on peut encore s'édifier, après cela, au

---

* Discours à l'assemblée nationale du 4 février 1790.

moins ne sera-t-on pas surpris de trouver dans le
testament de mort de ce prince, cette profession
d'orthodoxie si pure et si simple à la fois : « N'ayant
» que Dieu pour témoin de mes pensées, je déclare
» ici en sa présence, que je meurs dans l'union de
» notre sainte mère l'Église catholique, apostolique
» et romaine, qui tient ses pouvoirs, par une suc-
» cession non interrompue, de saint Pierre, auquel
» Jésus-Christ les a confiés. Je crois fermement, et
» je confesse tout ce qui est contenu dans le symbole
» et les commandemens de Dieu et de l'Église, les
» sacremens et les mystères, tels que l'Église catho-
» lique les enseigne et les a toujours enseignés. Je
» n'ai jamais prétendu me rendre juge dans les dif-
» férentes manières d'expliquer les dogmes ; — mais
» je m'en suis rapporté, et m'en rapporterai toujours,
» si Dieu m'accorde la vie, aux décisions que les
» supérieurs ecclésiastiques, unis à la sainte Église,
» catholique, donnent et donneront, conformément
» à la discipline de l'Église, suivie depuis Jésus-
» Christ. » ···· ···· ···· ···· ···· ···· ···· ····

En effet, jamais Louis XVI ne se départit de son
respect filial pour l'Église-Mère, et de son attachement à la foi vierge qu'elle professe. Il avoit une
égale aversion et pour l'impiété qui abjure la foi,
et pour l'hérésie qui l'outrage. Le jansénisme,
quoique toujours étayé par plusieurs cours de magistrature, acheva de perdre toute espèce de considération sous son règne, et n'eut plus pour cham-

pions dans l'Église, que quelques moines intrigans
ou fanatiques. Le monarque étoit assez instruit de
la scandaleuse histoire de cette hérésie pour dé-
tester ses manœuvres et avoir pitié de ses dupes.
Un mot, digne de passer à la postérité, annonce
tout ce qu'il en pensoit. Ayant appris que le célèbre
abbé de l'Épée, dont il protégeoit les utiles talens,
en étoit entiché au point de faire lire son nom dans
la liste des réfractaires au jugement dogmatique
qui la condamne, il prit des mesures pour s'assurer
que cet instituteur, en donnant des organes à ceux
qui en étoient privés, n'en faisoit pas le véhicule de
l'erreur; et il disoit à ce sujet à l'abbé de Radonvilliers : « Il rend un grand service à ses élèves; mais
»mieux vaudroit pour eux qu'ils restassent sourds
»que d'ouvrir l'oreille au jansénisme. »

Le protestantisme, en faveur duquel tous les sophistes du temps élevoient la voix, ne trouva pas
d'abord Louis XVI plus favorablement disposé que
le jansénisme. Turgot et Malesherbes s'étoient chargés de lui remettre un long mémoire sur la cause
des protestans : il le lut, et le leur rendit apostillé
en marge de cette judicieuse décision : « Je sais que
»cette affaire a été mûrement discutée et pesée dans
»le conseil de mes prédécesseurs; je suis trop jeune
»pour me croire plus habile qu'eux, et vouloir
»innover en matière de cette importance. » On
revint à la charge auprès du jeune monarque par
un second mémoire, qui ne fut pas mieux accueilli,

et au bas duquel il écrivit : « Les mesures qu'on
» propose ici ne me paroissent pas compatibles avec
» ce que je dois à Dieu et au repos de mes peuples. »
Enfin en 1780, dans une déclaration qui fut adres-
sée au clergé de France, et notifiée à tous les gou-
verneurs et intendans des provinces, Louis XVI dit :
« J'ai toujours été persuadé de la nécessité de n'ad-
» mettre en France qu'un culte public; et je main-
» tiendrai, de toute mon autorité royale, tout ce
» que mes prédécesseurs ont fait à ce sujet. » Nous
développerons ailleurs comment, vers la fin désastreuse de son règne, on extorqua à ce prince de
funestes concessions, au plus grand détriment pour
sa personne et son autorité, mais sans préjudice de
sa foi.

Lorsque, peu d'années après cette surprise faite
à sa religion, les usurpateurs de l'autorité royale
seront parvenus, non sans le secours des protestans réintégrés, à consommer le schisme en France,
Louis XVI n'hésitera pas un instant à rompre toute
espèce de communication avec le clergé séparé de
la communion romaine. Les novateurs, qui con-
noissent mal la religion éclairée du prince, se flattant de l'égarer par son confesseur, useront auprès
de celui-ci d'un double moyen de séduction qui
leur réussira, les promesses et la terreur. Mais
Louis XVI, sur-le-champ, répudiera le confesseur
qui aura eu la lâcheté de l'apostasie, pour lui substituer un saint prêtre, capable du courage du mar-

tyre, et qui en remportera la palme. Dans les temps les plus orageux de la révolution, un de ses ministres, guidé par un faux zèle pour sa personne, l'invitoit à feindre une sorte de rapprochement vers la religion du jour, en permettant l'entrée de son château aux prêtres conformistes. Cet indigne tempérament trouva dans le roi chrétien un nouvel Eléazar; et un témoin de son refus énergique le rapporte en ces termes : « Le ministre de l'intérieur »lui proposa dans un conseil, comme un moyen de »faire taire les mécontens, d'employer des prêtres »constitutionnels dans le service de sa chapelle et »de celle de la reine. *Non, monsieur, non*, dit le »roi, *ne me parlez plus de cela : la liberté du »culte est générale; et je prétends en jouir aussi-»bien que les autres.* — La chaleur avec laquelle »il prononça ces paroles nous étonna tous, et im-»posa silence à M. Cahier-de-Gerville *. »

Par suite de cette aversion décidée pour tout ce qui eût pu blesser la foi orthodoxe, Louis XVI, sous le fer des impies, nous rendra témoin d'un trait de délicatesse en cette matière, comparable à ceux qu'honore la religion dans ses héros les plus distingués. Il n'ignoroit pas qu'il est dans la volonté et la pratique de l'Eglise, que tout prêtre, fût-il entaché de schisme ou d'hérésie, recouvre, en cas extrême et nécessaire, le pouvoir d'absoudre un

---

* Mémoires de Bertrand de Molleville, tome 1, page 234.

mourant. Mais, combattu par l'idée que les foibles pourroient se scandaliser de ce rapport religieux du roi *très-chrétien* avec un prêtre infidèle, il n'hésite pas entre l'intérêt général de la religion et son propre intérêt; il préfère la plus éclatante manifestation de sa foi à une plus grande assurance de son salut; et, plein de ce sublime abandon qu'inspire l'amour parfait, il dit à son Dieu : « Je prie »Dieu de me pardonner tous mes péchés. J'ai cher-»ché à les connoître scrupuleusement, à les détes-»ter, et à m'humilier en sa présence. *Ne pouvant »me servir du ministère d'un prêtre catholique,* »je prie Dieu de recevoir la confession que je lui »en ai faite, et la résolution où je suis, s'il m'ac-»corde la vie, de m'adresser, aussitôt que je le »pourrai, à un prêtre catholique *. »

Si le Ciel ne prolonge pas les tristes jours de Louis XVI, il ne laissera pas du moins une si grande foi sans récompense. Ce prince, avant sa mort, réclamera le ministère d'un prêtre ortho-dexe, et cette réclamation, le reproche le plus direct d'apostasie qu'il puisse adresser à ses oppres-seurs, aura, contre toutes les apparences, un succès complet. Il ne doit plus exister alors de mi-nistres du culte catholique sur le sol de la France; mais la Providence ordonne qu'il s'y en trouve encore un pour Louis XVI; elle veut qu'il lui soit

* Testament de Louis XVI.

présenté par les mêmes mains qui ont signé l'extermination des prêtres fidèles; et c'est à cet envoyé
du Ciel pour être l'ange consolateur de son agonie
et le témoin de son martyre, que le monarque, au
moment de saisir une couronne bien plus précieuse
à ses yeux que celle qui est tombée de sa tête, osera
dire avec une noble confiance : « Combien je suis
» heureux, monsieur, d'avoir conservé la foi ! Quel
» seroit mon état en ce moment, si, par la grâce
» de Dieu, je n'en avois conservé le bienfait ? Oui,
» je le sens, je leur montrerai que je ne crains pas
» la mort *. »

C'est à cette vivacité de foi, dont le sentiment le
rendoit supérieur à la crainte même de l'échafaud,
que Louis XVI fut redevable, dans tous les temps,
de la moralité de sa conduite, et de sa fidélité aux
pieuses pratiques comme aux devoirs essentiels de
la vie chrétienne. Un de ces devoirs, la caution la
moins équivoque des autres, quand il est bien
rempli, c'est la fréquentation des sacremens, qui
commandent la justice du cœur et le sacrifice des
passions qui le souillent. Ce prince, environné de
courtisans déserteurs scandaleux de la Table sacrée,
ne se contentoit pas de les rappeler par son exemple au grand précepte dont l'observance est le
signe distinctif du catholique. Ce n'étoit pas seulement à la Pâque des chrétiens, c'étoit à toutes les

* Mémoires de Bertrand de Molleville, tome III, page 215.

solennités de l'Eglise qu'il se faisoit un devoir de la
participation aux saints mystères. Et, lorsque l'embarras des affaires ou les orages politiques devenoient pour lui un obstacle à cette pratique religieuse, il laissoit encore admirer sa piété dans le
regret de ne pouvoir en suivre l'impulsion. La
princesse Elisabeth, dans un entretien familier,
lui parloit des avantages de la communion fré-
quente : « Vous avez raison, ma sœur, lui répondit
» Louis XVI, mes jours de communion sont mes
» plus beaux jours, et j'aimerois bien à les rappro-
» cher si j'étois plus à moi; mais vous, qui êtes
» toujours à Dieu, faites souvent, à mon intention,
» ce que je craindrois de faire sans assez de prépa-
» ration. »

L'assistance journalière au sacrifice de nos autels étoit une pratique consacrée dans le palais de
nos rois; et Louis XVI ne connut jamais de raison
de s'en dispenser, que l'impuissance absolue d'y
satisfaire. Excepté lorsque la maladie, ou sa captivité, dans les derniers temps de sa vie, y mirent
un empêchement invincible, il ne passa pas un
seul jour de son règne sans entendre la messe. Il
assistoit avec la même régularité aux offices des
fêtes. Il passoit la nuit de Noël dans l'église, et
ne s'en absentoit pas durant les longs offices de
la semaine sainte. Il avoit étudié, dès son enfance,
l'esprit de nos solennités, et il aimoit à le retrouver dans la liturgie ecclésiastique. Il savoit par

cœur les plus belles hymnes à l'usage du diocèse de Paris; et quelquefois, à son réveil, il rappeloit à son valet de chambre la fête du jour, par une de ces strophes dont la majestueuse énergie pénètre l'âme.

Outre le tribut ordinaire de prières, par lequel Louis XVI consacroit à Dieu le travail du jour et le repos de la nuit, il récitoit tous les jours l'Office de l'ordre du Saint-Esprit; et, lorsqu'on l'aura réduit à une cruelle captivité, il en charmera les rigueurs par la récitation du bréviaire à l'usage de Paris (4). A l'exercice de la prière, il joignoit celui de la méditation des devoirs que lui imposoit la double qualité de chrétien et de roi. Il paroissoit donner la préférence, pour ses lectures religieuses, aux ouvrages de Bossuet et de Fénélon, de Bourdaloue et de Massillon, dont il avoit toujours quelques volumes sous la main. Le livre de l'*Imitation* ne quittoit point sa table de travail; et plusieurs fois la curiosité domestique s'assura qu'un roi de France nourrissoit sa piété de la lecture journalière de cet excellent livre. Il distinguoit tous les ouvrages nouveaux, écrits avec force et discernement en faveur de la religion; et son valet de chambre Thierry étoit chargé de les lui procurer.

Il s'en falloit souvent de beaucoup que les sermons qu'entendoit Louis XVI eussent le mérite de ceux qu'il lisoit; et plus d'une fois la cabale philosophique fut assez puissante en intrigues pour

pousser ses disciples jusque dans la chaire chrétienne de Versailles. « Je vous remercie, écrivoit
» Voltaire à d'Alembert, pour l'apprenti prêtre et
» l'apprenti évêque d'Espagnac. J'ai quelque lieu
» d'espérer qu'un jour il fera un prélat assez philo-
» sophe. Vous pouvez lui confier saint Louis pour
» 1778 *. » Ce panégyriste philosophe du plus saint
de nos rois, et de plus auteur d'un éloge de l'abbé
Suger, dont le ton philosophique avoit fort déplu
à Louis XVI, n'en fut pas moins désigné pour
prêcher devant lui. Ce prince, en l'apprenant, dit
publiquement : « Notre dernier sermon de la Cène
» étoit bien peu chrétien ** ; mais cette année ce sera
» bien pis encore, si nous sommes condamnés à
» entendre l'abbé d'Espagnac. » C'étoit prononcer
assez clairement l'exclusion du prédicateur. Mais
ses patrons l'ayant encouragé à ne pas se des-
saisir de sa mission, il se rendit à Versailles le
jeudi - saint, pour la remplir. Le roi, suspectant
cette obstination, voulut que son aumônier prît
communication du discours : c'étoit, au lieu de la
parole de Dieu, un parallèle très-philosophique du
despotisme avec la royauté. Le prédicateur eut défense de monter en chaire (5).

Plein de respect pour toutes les dévotions con-

---

* Lettre du 8 décembre 1776.

** Ce sermon, *bien peu chrétien*, avoit été prêché par un
abbé Rousseau.

sacrées par l'Église, Louis XVI affectionnoit spécialement celle qui a pour objet le culte de Marie. Héritier, à cet égard, de toute la piété de ses ancêtres, il se rendit un jour dans la métropole de Paris, sans suite et sans qu'il y fût attendu, accompagné seulement de la reine et de Madame royale; et, prosterné devant l'image de l'auguste patrone des Français, il renouvela, par une consécration spéciale, le vœu solennel de Louis XIII. Depuis ce moment, au rapport de personnes qui fréquentoient son intérieur, il attribuoit souvent à la protection qu'il avoit réclamée, cette force d'âme au milieu de la tempête révolutionnaire; et ce courage habituel des sacrifices, par lesquels il préludoit à celui qui devoit illustrer son échafaud.

Rien, au reste, n'étoit petit aux yeux de Louis XVI de ce qui étoit consacré par le grand motif de la religion. Imbu de la philosophie des Charlemagne et des Louis IX, il jugeoit dignes de sa vénération les pieuses pratiques autorisées par l'Église, pour être les soutiens extérieurs, et comme les avant-postes protecteurs de la foi dans le cœur de ses enfans. Dans le siècle où l'impiété philantropique faisoit, pour ainsi dire, de l'homme même le Dieu de l'homme, l'Église, dans sa sagesse, avoit cru devoir opposer à cette idolâtrie des cœurs ingrats le culte plus spécial du cœur sacré de l'Homme-Dieu, victime de son amour pour les hommes. Louis XVI, dans la simplicité de sa foi,

avoit adopté cette dévotion, vulgairement appelée
du *Sacré-cœur;* et, dans les dernières années de sa
vie, elle entroit dans les exercices consolateurs de
sa captivité. Dès lors aussi une multitude de Français, les uns par piété, les autres par mode, porteront sur eux une image du *Sacré-cœur;* et nous
entendrons plus d'une fois les comités inquisiteurs
du régime révolutionnaire, dénoncer cet emblème
comme un signe de royalisme. Il en résultera
même un chef d'accusation contre l'épouse et la
sœur de Louis. Et en effet les jacobins étoient fondés à soupçonner de fidélité à leur roi tous ceux
que ce signe religieux leur rendoit suspects d'un
tendre amour envers leur Dieu.

Les affections religieuses de Louis XVI s'annoncent dans un nombre de dispositions et de lois
émanées de son conseil, qui attestent que son zèle
pour la religion l'eût fait refleurir en France, s'il
eût été également le zèle des ministres de sa puissance. Persuadé que la religion est le garant seul
infaillible de l'incorruptibilité du soldat, le monarque essaya d'en faire revivre l'esprit dans ses
armées. C'est dans cette vue que, dans sa belle
ordonnance du 25 mars 1776, en prescrivant,
pour premier devoir, aux officiers généraux *et aux*
commandans des corps militaires, de *faire res-*
pecter la religion par *tous* leurs subordonnés, *il*
veut qu'ils donnent eux-mêmes l'exemple *du res-*
pect qu'ils exigeront. Il déclare que *son intention*

est de ne souffrir désormais dans ses troupes aucun officier affichant l'incrédulité ou la dépravation des mœurs ; et il en donne une raison incontestable au tribunal de l'honnêteté publique : « Un
» homme scandaleux, dit-il, quelque valeureux
» qu'il soit, est indigne de commander à d'autres
» hommes. »

Comme les progrès de l'irréligion et du libertinage dans l'armée n'avoient pas pour cause unique les scandales de l'officier, Louis XVI, en s'ef-
forçant d'écarter ce premier obstacle au retour du
bon ordre, adoptoit en même temps un des plus
sages moyens pour le rétablir. Depuis que le système de défaveur qui poursuivoit l'état religieux
avoit en partie dépeuplé le cloître, et en partie pa-
ralysé le zèle de ceux qui l'habitoient encore, on
n'en voyoit plus sortir, comme aux beaux jours de
Louis-le-Grand, de ces hommes apostoliques qui
souffloient sur les armées l'enthousiasme du dévouement au prince, par motif d'obéissance à
Dieu. Plusieurs corps manquoient d'aumôniers ;
et, dans d'autres, l'aumônier n'étoit qu'un sur-
croît de scandale. Louis XVI, qui eût désiré de
voir revivre le bel ordre établi par Charlemagne
dans ses légions invincibles, saisit le projet qu'on
lui proposa d'un séminaire d'aumôniers, qui seroient spécialement formés aux connoissances et
aux vertus analogues à leur mission. Une offrande
de cent mille écus, faite par l'archevêque de Paris

Beaumont, devoit fournir aux frais de l'établissement; et la bonne œuvre alloit se réaliser, lorsqu'une suite de manœuvres philosophiques la fit
échouer.

Le prince, qui sentoit ainsi l'importance de rappeler la religion dans ses armées, ne pouvoit être
indifférent sur les moyens d'en arrêter la décadence dans ses états. Le choix des premiers pasteurs, l'attribution incontestable de l'Église, étant
devenu par concession, le plus délicat des devoirs
d'un roi chrétien, et l'un de ses grands moyens
en même temps pour le gouvernement des mœurs,
Louis XVI s'étoit fait un principe de conscience
de ne régler que sur le mérite des sujets leur élévation aux prélatures ecclésiastiques; et l'on ne
peut disconvenir qu'il fut beaucoup plus heureux
dans le choix qu'il fit des ministres du sanctuaire
que dans celui de ses propres ministres. Les évêques nommés durant son règne, un seul excepté,
se signaleront, au jour de la révolution, par un
égal dévouement au trône et à l'autel.

Plusieurs traits, mais un plus remarquable que
les autres, déposent de la droiture d'intention de
Louis XVI dans ses choix pour l'épiscopat. Le
siége de sa capitale vint à vaquer, et il s'agissoit
de donner un successeur à un prélat devenu célé-
lèbre par quarante ans de vertus apostoliques, et
surtout d'intrépidité à combattre, dans leur foyer
d'activité, les vices et les erreurs qui minoient la

monarchie. Les intrigans n'ignoroient pas que le monarque ne voudroit porter à ce poste que le mérite capable de l'occuper. Ils insinuent d'abord à la reine, puis ils s'efforcent de prouver au roi que l'archevêque de Toulouse possède éminemment les qualités qu'il recherche; et que personne n'est plus digne que Brienne de succéder à Beaumont. Louis XVI demande des preuves, et on lui allègue la régularité du clergé de Toulouse : on lui fait valoir le zèle du prélat, qu'on avoit vu, en différentes occasions, tantôt provoquer la réforme des abus du cloître, tantôt dénoncer, dans les assemblées du clergé, les entreprises irréligieuses des tribunaux, ou les attentats des novateurs. Séduit par ces rapports, le prince nomme Brienne archevêque de Paris, et déclare sa nomination. Une des princesses ses tantes l'apprend, va trouver son neveu, lui représente, avec la confiance de la certitude, que le zèle apparent de Brienne n'est qu'hypocrisie; que la régularité de son clergé n'est due qu'aux vertueux prêtres de Saint-Sulpice, qui dirigent son séminaire; et qu'enfin il a pour amis de table et de société ces mêmes suppôts de l'incrédulité dont il affecte de dénoncer les productions au corps épiscopal. Louis XVI a peine à se persuader que le tableau ne soit point surchargé; mais il lui suffit de sentir que le premier siége de l'Église de France repousse une réputation obscurcie par tant de nuages; et il a le courage de réparer une erreur commencée, en révoquant la nomination de Brienne, qui n'est archevêque de Paris que pendant vingt - quatre heures (6).

Nous avons cherché à approfondir un reproche qu'on a fait circuler à la charge de Louis XVI, celui de ne pas aimer les prêtres; et nous sommes restés convaincus que ce n'étoit nullement sur le prêtre, mais sur la vie mondaine et scandaleuse de certains prêtres que tomboit sa juste aversion. Jamais il ne supporta ces papillons de société qu'on appeloit *abbés de cour*, qui affectoient le babil, le ton léger, et jusqu'à la parure des femmes frivoles, directeurs de leur toilette le matin et de leur partie le soir. Il en connoissoit, il en avoit sous les yeux, et il méprisoit ces êtres méprisables. Quant à ces prêtres édifians et laborieux, les guides fidèles et les consolateurs rapprochés de ses sujets, il étoit pour eux plein d'estime et d'affection; il leur en donna dans les occasions des preuves effectives. Le sort des prêtres attachés à l'instruction des campagnes, ne lui paroissant pas en proportion avec leurs besoins et leurs charges, il leur assigna une augmentation de traitement, de deux cents francs aux curés, et de cent cinquante aux vicaires. Le motif qu'il allègue de cette disposition, est digne de sa religion: « Nous voulons, dit-il, procurer à l'Église des » pasteurs qui, débarrassés des sollicitudes tempo- » relles, n'aient à s'occuper qu'à donner à nos

» peuples de bons exemples et dé salutaires instruc-
» tions. »

C'étoit sur leurs vertus sacerdotales que Louis
XVI graduoit les marques de considération qu'il
accordoit aux ministres de la religion. Celle qu'il té-
moignoit au vertueux Beaumont tenoit du respect
filial. Pendant la dernière maladie de ce prélat, un
page de Louis XVI se présentoit deux fois chaque
jour, qui l'assuroit que son roi prenoit le plus vif
intérêt au rétablissement de sa santé. Durant les jours
de sa captivité, c'est le respectable évêque de Clermont que ce prince fera le confident de ses sentimens et de ses projets restaurateurs de la religion ;
et la veille même de sa mort, il entretiendra son
confesseur de l'estime qu'il conserve pour le pieux
archevêque de Paris.

C'étoit dans le sacerdoce comme dans la préla-
ture qu'un mérite éminent recevoit, dans l'occasion,
des marques distinguées de la bienveillance de Louis
XVI. Un prêtre, recommandable par le savoir et les
vertus, avoit résolu de s'éloigner de la capitale, parce
qu'il avoit eu la douleur d'y voir son neveu condamné pour crime à périr sur l'échafaud. Louis
XVI, sur le compte qui lui est rendu de cette affaire, donne ses ordres à son ministre, qui mande
l'ecclésiastique et lui dit : « C'est de la part du
» roi, monsieur, que je vous ai appelé. Sa majesté
» fait le plus grand cas des bons prêtres, et de vous
» en particulier : vous en trouverez la preuve dans

»le brevet que voici d'une pension qu'elle vous fait.
»Je dois vous dire de plus que son intention est que
»vous restiez au poste où vous faites tant de bien. »
Ainsi soustrait, par l'estime de son roi, à l'empire
du préjugé, le vertueux ecclésiastique continuoit à
travailler dans Paris à la sanctification des âmes,
lorsque Louis XVI, à l'époque où son confesseur
prêta le serment schismatique, se ressouvint du bon
prêtre qu'on lui avoit fait connoître, et le fit appeler
au château des Tuileries. En le voyant pour la première fois, il le salua par son nom, et lui dit :
« M. Hébert, je connois toute la pureté de vos prin-
»cipes catholiques, qui sont aussi et seront toujours
»les miens. Jugez donc par votre cœur du tourment
»du mien sur les maux de la religion. Il est le plus
»cruel de tous ceux qui m'affligent ; tout ce qui s'est
»fait contre elle s'est fait malgré moi ; et, s'il plaît
»au Ciel de me rendre l'autorité, le premier usage
»que j'en ferai, soyez-en sûr, sera pour consoler
»l'Église et réparer les ruines du sanctuaire. Vous
»n'ignorez pas que mon confesseur a eu le malheur
»de se laisser séduire. Dès ce moment, j'ai dû rompre
»toute communication avec lui ; et je vous ai appelé,
»dans la persuasion que votre charité voudra bien
»le remplacer. La reine veut également avoir re-
»cours à votre ministère (7). »

Un autre ecclésiastique, occupé dans Paris des
travaux obscurs de son ministère, et d'études profondes dans le cabinet, avoit fixé sur lui l'estime de

Louis XVI, et reçu des marques particulières de sa bienveillance. Un ouvrage sorti de sa plume, sous le titre d'*Histoire véritable des temps fabuleux*, faisoit le plus grand bruit dans le monde savant. C'étoit le chef-d'œuvre de l'érudition guidée par le génie ; production vraiment originale , qui venoit tout à coup, comme un brillant météore, dissiper les ombres de l'antiquité fabuleuse, et forcer le mensonge accrédité à déposer lui-même en faveur de la vérité obscurcie. En vain, néanmoins, le profond et ingénieux auteur déchiroit-il, d'une main aussi sûre qu'habile, le voile d'ignorance tissu par les passions dans un lointain de plus de vingt-deux siècles ; en vain faisoit-il ressortir l'impertinence d'une foule de reproches et de sarcasmes dirigés contre la religion par les sophistes de son temps ; en vain annonçoit-il que la même justice qu'il venoit de faire des prétendues antiquités égyptiennes, il la feroit également et de la mythologie des Grecs et des Romains, et des fastueuses annales de la Chine : cette confiance même, qui naissoit de l'évidence de la découverte, devenoit le grand tort de l'auteur, un tort que ne pouvoient lui pardonner ni la vanité humiliée d'une classe de demi-savans forcés de renoncer à des systèmes forgés pour concilier des absurdités, ni l'orgueil plus dépité encore de la secte incrédule qui se voyoit enlever tout un arsenal de traits heureux contre la révélation.

Cependant, lorsque le philosophisme et les faux

érudits, Voltaire à leur tête, blasphémoient la précieuse découverte, et poursuivoient à outrance le Vespuce français du monde fabuleux, Louis XVI voulut connoître par lui-même l'ouvrage en butte à tant de contradicteurs. L'ayant lu sans préven. tion, il se rangea parmi ses admirateurs; et, pour intervenir dans la querelle en la manière qui seule convienne à un souverain, il gratifia l'auteur d'une pension; et son ministre, en lui en remettant le brevet, lui dit : « Le roi, monsieur, me charge de » vous dire qu'il est charmé de pouvoir récompenser » en vous le profond savoir qui honore son règne et » venge la religion (8). »

Aucune occasion ne s'offroit à Louis XVI de marquer de la considération au mérite vertueux, qu'il ne s'empressât de la saisir. Un des membres les plus distingués de l'académie française, et de tout temps étranger à l'esprit philosophique qui dominoit sa compagnie, vivoit retiré dans sa patrie, lié d'étroite amitié avec le moderne François de Sales qui gouvernoit le diocèse d'Amiens. Louis XVI, à qui le nom du chantre aimable de *Vert-Vert* n'étoit pas inconnu, apprend que, non content d'avoir renoncé à travailler pour le théâtre, il a eu le courage de jeter au feu une pièce estimée supérieure à tout ce qui a fait la réputation de sa muse. Ce trait, qui peint la grandeur d'âme, paroissant digne au monarque d'une distinction analogue, il gratifie Gresset de lettres de noblesse, où il fait insérer comme motif

déterminant de cette faveur, que l'académicien
« s'est distingué par des ouvrages qui lui ont acquis
»une célébrité d'autant mieux méritée, que la reli-
»gion et la décence ont toujours été respectées dans
»ses écrits. »

Autant Louis XVI aimoit à encourager le digne
usage des talens, autant il étoit décidé contre le
sacrilége abus qui s'en faisoit sous son règne. Et
cette disposition, à une époque d'impiété presque
générale parmi les lettrés de son royaume, fut le
principe de la haine qu'ils lui vouèrent et qui pré-
para de loin son martyre. Cette haine, habituellement sourde, éclatoit néanmoins dans certaines
occasions où le monarque essayoit de trop foibles
moyens de son autorité contre les attentats des co-
ryphées de la secte. Un professeur de séditieuse
impiété osoit, comme les disciples emportés de
Calvin, définir la révolte : « Un mouvement salu-
»taire, le droit inaliénable et légitime de l'homme
»qu'on opprime, et même de l'homme qu'on n'op-
»prime pas. » Le forcené publioit, dans l'empire
du roi très-chrétien, « qu'il ne connoissoit de crime
»que celui de professer la religion chrétienne, et
»de respecter les rois. » Louis XVI eût pu, dans sa
justice, envoyer Raynal à l'échafaud ; il se contenta, dans sa modération, de le bannir de ses
états. Tous les sophistes, à ce sujet, jetèrent les
hauts cris. Les nombreux complices du banni pu-
blièrent, ils firent même lire dans un imprimé,

que Louis XVI étoit, *de tous les rois de l'Europe*, *le seul ennemi des lettres*; le proclamant ainsi, sans y songer, plus sage que tous les rois d'alors, insoucians sur les manœuvres philosophiques qui dépravoient leurs peuples.

Un trait plus éclatant encore ne mit pas moins en évidence la constante religion de Louis XVI, et l'irréligion de plus en plus effrénée des premières classes de son peuple. Peu de temps après la mort de Voltaire, ses nombreux sectateurs se mirent en devoir d'élever à ce corrupteur de son siècle ce qu'ils appeloient un *monument digne de lui, de sa nation et de son siècle, — dans la collection complète de ses œuvres*. Ils ramassèrent jusqu'aux moindres immondices de leur grand lama, et confièrent à deux de ses plus zélés disciples, Condorcet et Beaumarchais, le soin d'en empoisonner le public. Les éditeurs avoient compté sur leurs intelligences dans le conseil de Louis XVI; mais, par les mesures de sévérité qu'ordonna ce prince, il ne leur resta de ressource que d'aller enfanter en pays étranger le monstre conçu en France; et il naquit au fort de Kehl. Le Rhin à franchir n'étoit qu'une bien foible barrière au fanatisme du jour; tout le peuple philosophe s'empressa de se procurer son *Voltaire complet*, et s'imagina voir un Dieu dans sa gloire, quand il vit ce génie infernal dans toute sa nudité. Ici paroît de nouveau la religion de Louis XVI, et son zèle à écarter de son peuple

la contagion philosophique : il proscrit cette production, comme *outrageant également la religion
et les mœurs, et tendant à ébranler les principes
fondamentaux de l'ordre social.* Il décerne une
amende considérable contre tout Français possesseur de cet ouvrage, et la déchéance encore de son
état, s'il est imprimeur ou libraire.

Mais en vain les rois commandent-ils le bon
ordre quand ils sont seuls à le vouloir, et que les
instrumens de leur puissance sont les premiers fauteurs et les complices du désordre. Nous en étions
alors au temps où un ministre protégeoit en robe
de chambre la circulation des mêmes livres qu'il
avoit dénoncés en simarre. Le jeu étoit connu, et
l'audace philosophique s'en prévaloit au point que
Beaumarchais osa jeter dans le public une diatribe
insensée contre un mandement de l'archevêque de
Paris, antidote du poison qu'on préparoit à son
troupeau sur la frontière du royaume. Ce nouveau
scandale demandoit une punition exemplaire, et la
religion de Louis XVI lui fit un devoir de l'infliger :
Beaumarchais, par ses ordres, fut renfermé dans
la maison de correction de Saint-Lazare. Au siècle
de Louis-le-Grand, l'on eût vu toute la France,
soumise et encore religieuse, applaudir à la sagesse
du monarque, punissant, dans le même sujet,
l'empoisonneur de son peuple et le contempteur de
toute autorité. Mais, à cette époque d'effervescence, nous fûmes témoins d'un spectacle inverse,

et qui dut effrayer les sages : l'intérêt public fut
pour le sujet impie, et le blâme solennel pour le
monarque religieux. Lorsqu'au bout de trop peu de
jours d'expiation, le coupable est mis en liberté,
tout Paris en rumeur semble s'être concerté pour
aller féliciter ce confesseur intéressant de la philosophie de Voltaire. Le concours des équipages qui
affluent chez Beaumarchais est prodigieux, tel
même que la police est obligée d'établir des gardes
pour maintenir l'ordre et prévenir les accidens.

Mais, lorsque la capitale donnoit cette scène
scandaleuse, et que tout un peuple en délire osoit
braver ainsi et le sceptre du monarque et la houlette du pasteur, n'étoit-il pas de toute évidence
que la révolution morale étoit consommée, et
qu'une révolution politique étoit inévitable? Ce
peuple révolutionnaire néanmoins n'est pas du
tout le petit peuple, c'est le peuple des beaux esprits, le peuple opulent et en carrosse. Quant au
petit peuple, il écoute, il observe, il étudie ses
maîtres; et le temps n'est pas éloigné, où il leur
prouvera, d'une manière terrible, qu'il a retenu
leurs leçons.

Quoique si souvent seul contre tous, dans la
cause de la religion, Louis XVI ne se lassoit pas de
s'en montrer le protecteur affectionné. Ce fut pour
rendre à l'Église des ministres utiles, et des hommes
vertueux à l'état, que ce prince donna une loi en
faveur des jésuites dispersés, et une seconde pour

casser les clauses d'enregistrement, par lesquelles son parlement de Paris s'acharnoit encore à la poursuite de ces illustres malheureux. Guidé par le même esprit, et sans craindre que sa conduite soit réputée la censure de l'empereur son beau-frère, tandis que ce prince philosophe arrachoit à un état honnête et à leurs pieuses habitudes des âmes paisibles, qui tenoient de la loi et de la nature le droit de s'y dévouer, Louis XVI les accueilloit avec bonté dans ses états ; et les rendoit au bonheur qu'on leur avoit ravi dans leur patrie. C'est à cette occasion que Pie VI, après avoir épuisé sans succès toutes les ressources du zèle pastoral, pour ouvrir les yeux à Joseph II sur le précipice où le poussoit la secte illuminée, se tournoit avec complaisance vers le pieux monarque des Français, et le félicitoit par un bref, sur ce que, « de son propre mouvement, » et sans en être sollicité que par son cœur vertueux, » il se déclaroit le patron généreux de la justice per- » sécutée (9). »

L'on ne sera pas étonné, après cela, de voir ce prince, au jour de la révolution, déployer la plus généreuse charité en faveur de ses propres sujets, proscrits pour leur attachement à la religion, et réduits à la misère en défendant le dernier retranchement de leur conscience. Après que les prêtres, pour refus du serment schismatique, auront été chassés de leurs églises, non content de leur ouvrir sa chapelle royale, pour y célébrer les saints mystères, il voudra encore prendre connoissance de tous ceux que leur profession de foi aura laissés sans ressources, et se constituer leur providence. «Pas un seul d'eux, disoit-il, ne manquera du né- »cessaire, que quand nous en manquerons la reine »et moi *.» Il dépensa, en peu de temps, plus d'un million pour subvenir à leurs besoins. Un grand nombre de ceux qui furent saisis et emprisonnés dans Paris, n'y subsistoient que par ses bienfaits. Il est plus aisé d'imaginer que de rendre la cruelle impression que fit sur lui la nouvelle de leur mas- sacre. En l'apprenant, il tombe consterné dans un fauteuil, se cache la face de ses mains, en s'écriant : «O Dieu! que ne consentis-je à leur déportation!» Il ne trouvoit d'adoucissement à sa douleur que dans la pensée qui lui découvroit, dans ces vic- times de la scélératesse, des martyrs des plus saints devoirs.

Plus on suit de près Louis XVI, soit dans sa vie privée, soit dans sa vie publique, plus on découvre qu'il n'y a point chez lui de vertus philosophiques et purement humaines; et que toutes celles qu'il professe ont la religion pour principe et pour but. C'est du fonds religieux qui l'anime qu'on voit dé- couler, comme de leur source naturelle, ces exem- ples d'une probité à toute épreuve dans les affaires, d'une libéralité sans bornes envers les indigens, de

* Mémoires de la baronne de Pont-l'Abbé.

la plus rare sobriété dans l'affluence des délices, d'une
chasteté sans nuages dans le séjour de la corrup-
tion, d'un courage plus grand que tous les dangers
et supérieur à tous les maux, d'une force d'âme
surtout incapable de se laisser maîtriser par le ressentiment, et de sacrifier à la vengeance.

La religion de Louis XVI étoit le sûr garant de
tous les engagemens qu'il contractoit; ils lui étoient
sacrés par ce principe; et il eût fallu qu'on le
trompât pour qu'il y portât la plus légère atteinte.
«Jamais ce prince, dit un de ses ministres, ni dans
»son conseil, ni dans ses entretiens particuliers, ne
»mit en question s'il devoit garder la foi donnée*.»
L'Europe entière proclama sa probité, sans en ex-
cepter l'Angleterre, et dans le temps même qu'il
combattoit cette puissance. Nulle considération,
aucun prétexte n'eût pu le porter à agir contre sa
parole engagée, même à son préjudice. Sa fidélité
à suivre une constitution bizarre, et adoptée forcé-
ment, étonnera souvent ses ministres constitutionnels, qui, moins délicats que lui, lui suggéroient
quelquefois des moyens d'en éluder certaines dispositions onéreuses à l'autorité. Dans une affaire,
traitée dans son conseil, on ouvrit deux avis différens, dont l'un eût ajouté une forte influence au
pouvoir de la couronne, sans exciter de mécontent-
tement, parce qu'il étoit conforme au vœu général;

---

* Necker, *de la Révolution française*, tome 1, page 50.

et l'autre étoit plus conforme à l'esprit et à la lettre
de la constitution : Louis XVI, sans attendre l'avis
de ses ministres, dit : « La constitution doit être
» exécutée fidèlement ; et nous ne devons jamais ten-
» dre à augmenter les pouvoirs de la couronne, en
» nous en écartant. » De là le reproche qui lui sera
souvent intenté par les factieux, de vouloir *tuer la
constitution par la constitution*, parce qu'en effet
cette exactitude de conscience, rendant souvent
palpables les vices de cette constitution, faisoit
sentir la nécessité de la réformer.

Une autre occasion se présenta, dans les mêmes
circonstances, bien propre à ébranler dans Louis
XVI une probité qui n'eût pas reposé sur la religion. Tippo-Saïb, en 1791, lui fit proposer, par un
message secret, comme une opération d'un succès
infaillible, de détruire l'armée des Anglais dans
l'Inde, et de s'emparer de leurs établissemens, avec
engagement d'en laisser la possession à la France.
Il ne demandoit au roi, pour assurer l'entreprise,
que six mille hommes, dont il se chargeoit de payer
le transport, l'entretien et la solde. Il eût été facile
à Louis XVI de disposer des troupes qu'on lui demandoit ; et il sentoit fort bien qu'un triomphe
éclatant dans l'Inde eût été propre à relever sa
considération en France. Mais nul intérêt à ses
yeux qui pût balancer celui d'une fidélité aux
traités que lui commandoit sa conscience ; et sa
réponse au ministre qui lui remit les dépêches de

Tippo Saïb`, fut : « Ceci ressembleroit beaucoup
»à l'affaire de l'Amérique, à laquelle je ne pense
»jamais sans regret. On abusa de ma jeunesse en
»cette occasion ; et nous en portons aujourd'hui la
»peine. » Réflexion d'une âme chrétienne, qui su-
bordonne les événemens politiques à la foi d'une
justice providencielle.

Mais l'esprit religieux de Louis XVI ne se manifeste nulle part avec plus d'éclat que dans le zèle
compatissant avec lequel on le voit se constituer
la ressource de tous les infortunés et la providence
de tous les misérables. Tandis que de vains spéculateurs nous fatiguoient de leurs recettes char-
latanes en faveur de l'humanité, la religion de ce
prince lui commandoit impérieusement de s'occuper de ses maux : son immense charité couvroit
tous les points de son empire, et y suppléoit aux
stériles résultats de la bienfaisance philosophique.
Un des grands objets de sa sollicitude envers les
malheureux, c'étoit que les bienfaits que leur destinoit sa religion leur fussent encore appliqués par
les mains de la religion : et ce fut cette disposition
du monarque qui, sous son règne, investit de
toute la protection qu'elles méritoient, ces hé-
roïnes chrétiennes, connues dans le monde sous
le nom de *Sœurs de la charité*, et en religion
sous celui de *Servantes des pauvres malades*. Il
eût voulu, dans son estime pour leur société, pouvoir confier à ses soins la famille entière des mal-

heureux de son royaume. La même fille de Vincent de Paul qui venoit de consoler le malade sous
la tuile, le moribond sur son lit, ou le prisonnier
dans son cachot, on la voyoit monter au palais
de Louis XVI pour y recueillir les aumônes de sa
cour. Son costume modeste étoit son passe-port
auprès des gardes; elle pénétroit jusqu'au cabinet
de la reine et des princesses; et le roi, si elle en
étoit rencontrée, lui donnoit un signe affectueux
de son estime. Lorsque la séditieuse impiété aura
converti en persécuteurs et en bourreaux de leurs
charitables bienfaitrices, les malheureux même
dont elles avoient coutume de panser les ulcères
et d'assouvir la faim, Louis XVI, alors dans l'impuissance de les protéger plus efficacement, le fera
du moins par une proclamation aux citoyens honnêtes, aussi honorable pour ces pieuses filles que
flétrissante pour leurs infâmes flagellateurs. Tant
que Louis XVI habitera son palais des Tuileries,
des Sœurs de la charité seront les canaux de ses
abondantes aumônes, et l'intendant de sa liste civile aura ordre de se concerter avec elles pour le
soulagement des malheureux. Ce fut par une
fille de saint Vincent, attachée à sa paroisse,
que le curé de Saint-Eustache, confesseur de
Louis XVI, apprit ce qu'on pensoit de sa conduite
dans le cabinet de la reine, où cette princesse
avoit salué la religieuse par l'exclamation : « Ah !
» bonne sœur, nous fussions-nous jamais attendus

»au scandale dont votre curé vient de nous affli-
»ger ? »

Les dispositions prononcées de Louis XVI en faveur d'un institut qui secondoit si bien ses affections charitables, devoient naturellement influer
sur les ministres jaloux de lui plaire; et l'un d'eux,
qu'on ne soupçonnera pas de préventions trop favorables à la religion catholique, rendoit aux filles
de saint Vincent un témoignage, non moins honorable à cette religion, principe de leur dévouement, que décisif entre la bienfaisance vertu religieuse, et la bienfaisance vertu philosophique (10).

Ce ne fut que par son empressement hypocrite
à seconder les penchans charitables de Louis XVI
et sa continuelle sollicitude pour le soulagement
des malheureux, que Necker parvint à lui rendre
ses services supportables. Il entroit, à cet égard,
dans toutes les vues du monarque; quelquefois
même il lui en suggéroit. Un grand désordre avoit
lieu dans la capitale, au mépris des plus saintes
lois du christianisme. Une horde d'usuriers publics, cruels vampires de la classe indigente, tra-
fiquoient de sa détresse et s'engraissoient de sa misère. Louis XVI n'en est pas plutôt informé, que
sa bienfaisance forme le projet d'extirper le mal
dans sa racine, en opposant le prêt gratuit au prêt
usuraire. Il fait les fonds; et l'on voit s'élever dans
Paris, sous le nom de *Mont de piété*, un temple
à la miséricorde. C'est là que, sous une adminis-

tration paternelle, le pauvre, qui ne l'est point
assez pour vivre d'aumônes, trouve une ressource
assurée dans ses embarras passagers.

Quoique Louis XVI eût pour principe : que les
largesses du riche ne doivent pas alimenter la fai-
néantise du pauvre; dans le doute néanmoins, il
préféroit l'erreur profitable au mendiant à celle
qui favorise la cupidité. Un jour que ce prince
chassoit dans les bois de Verrières, un jeune
homme couvert de haillons, mais dans la force de
l'âge, le rencontre à l'écart, se jette à ses genoux
sans le connoître, et lui dit : «Au nom de Dieu,
»monsieur, faites-moi une charité; elle sera bien
»placée. — Est-ce donc, mon ami, dit le roi, que
»tu ne pourrois pas travailler au lieu de mendier?
»— Oui, monsieur, mais je suis retenu à la mai-
»son. Mon père se meurt, ma mère et mes frères
»sont malades au nombre de cinq. — Cela est-il
»bien vrai? — Oh! monsieur, c'est la pure vérité.»
Louis XVI hasarde son aumône; mais il fait en
même temps la réflexion que, si l'exposé qu'on
lui fait est vrai, le secours qu'il a donné sera bien
foible, et il continue d'interroger : «Ta maison est-
»elle bien loin d'ici? — Pas trop loin, monsieur,
»trois quarts de lieue au plus, par un chemin que
»je connois. — Eh bien, conduis-moi par ce che-
»min.» Le monarque se met à la suite du mendiant, traverse les taillis et les bruyères, arrive au
pied d'une chaumière isolée, ouverte à tous les

vents : il entend déjà les cris plaintifs du **dedans**.
Il entre, et trouve la misère extrême aux prises
avec la maladie, un moribond sur la paille, des
enfans à demi nus , les uns malades, les autres
demandant du pain à une mère qui n'a que des
larmes à leur donner. Le spectacle déchire son
cœur, et néanmoins il se le donne tout entier. Puis,
tirant une bourse qu'il portoit toujours pour ses
aumônes imprévues : «Tenez, ma bonne, dit-il à
»la femme moins malade que le mari, je suis
»fâché de n'avoir pas davantage.» En disant ces
mots, le cavalier disparoît; mais il a bien remarqué où est située la cabane. De retour au château,
il se rend chez la reine, et s'écrie en l'abordant :
«Ah ! madame, que ma chasse a été heureuse ! »
Puis il se met à raconter l'aventure. La reine et
ses enfans en sont touchés jusqu'aux larmes : on
ne perd pas de temps, et bientôt l'arrivée d'un
médecin, porteur de nouveaux secours, apprend
à la malheureuse famille que l'ange consolateur
qui l'a visitée étoit son bon roi.

C'étoit partout que la bienfaisance de ce prince
portoit l'empreinte du motif surnaturel qui la déterminoit. Le pauvre, à ses yeux, étoit un être
sacré ; et le don qu'il lui faisoit une offrande faite
à Dieu : il la faisoit de ce qu'il avoit de meilleur.
C'est ce qu'on eut lieu de remarquer à l'époque
de l'émission désordonnée du papier-monnoie. Les
fonds de la liste civile se faisant alors partie en

numéraire et partie en assignats, Louis XVI donnoit son numéraire aux pauvres et gardoit pour
lui-même un papier décrédité. Aussi peut-on se
rappeler qu'à son départ pour Montmédy, ayant
emporté tout l'or qu'il avoit, il n'emporta presque rien. Quand la liste civile ne reçut plus de
numéraire, le monarque en acheta, et l'acheta
pour en faire ses aumônes ordinaires. C'est une
particularité que nous apprend un de ses ministres, par lui chargé de négocier l'achat de cent
mille francs en or. « Ce n'est pas pour moi, lui
» dit Louis XVI, que j'ai besoin de cette somme :
» mes dépenses sont payées en assignats; mais c'est
» pour de vieux serviteurs que j'ai toujours payés
» en argent : c'est aussi pour quelques pratiques de
» charité *. » Le malheur des temps, à cette époque,
ouvroit un si vaste champ à ces pratiques charitables, que Louis XVI, pour y subvenir, emprunta
de l'ordre de Malte, cinq cent mille francs en
numéraire.

Bien différente de la fastueuse bienfaisance, qui
donne pour se montrer, la charité de Louis XVI
se cachoit pour donner; et nous vîmes un temps
où ce prince, en suivant en ce point le conseil de
sa religion, pratiquoit encore celui de la prudence : car, à l'époque où le brigandage fut vertu
parmi nous, sa charité devint crime, celle surtout

---

* Mémoires de Bertrand de Molleville, tome 1, page 258.

qui embrassoit les victimes de la violence. Cependant son secret fut quelquefois trahi par la reconnoissance ; et son cœur assez connu le laissoit soupçonner. Les jacobins alors dénoncèrent, sans les connoître, ses œuvres de miséricorde; nous les proclamerons aujourd'hui avec connoissance de cause : elles s'élevèrent, en moins d'un an, à plus de trois millions, répartis entre ceux de ses sujets qui, de l'état d'aisance, ou même du sein de l'opulence, étoient tout à coup tombés dans la misère extrême.

Toute espèce de malheureux excitoit la commisération de Louis XVI et avoit des droits à ses bienfaits : il n'en excluoit pas même le cœur ingrat ni l'ennemi passionné. Un trait bien remarquable en ce genre fixa l'admiration des personnes qui avoient accès dans son intérieur. Ce prince habitoit le château des Tuileries, lorsqu'un jour, se trouvant dans l'appartement de la reine, il se mit à parcourir quelques tableaux où étoient écrits les noms des familles qu'il secouroit dans les divers quartiers de Paris. Parmi ces états, il en vit un sur lequel, à côté du nom de chaque pauvre, et d'un court énoncé de ses besoins, étoient écrits les mots : *Bien pensant.* « Quoi donc, dit le roi, » est-ce que tous les pauvres penseroient bien sur » cette paroisse ? » On lui répondit que la personne qui avoit dressé le tableau, avoit présumé qu'il n'étoit pas dans son intention d'y comprendre des

misérables qui conspiroient contre lui. « Et pour-
» quoi pas, reprend Louis XVI, puisque Dieu fait
» encore luire sur eux son soleil, et que l'Évangile
» nous crie toujours : *Si votre ennemi a faim,
» donnez-lui à manger ?* Il faut, ajouta-t-il, que
» cette liste soit reformée, et que ceux qui nous
» veulent ou nous font du mal n'en soient pas ex-
» clus. » La reine se chargea de faire remplir les intentions de son époux.

Un trait de charité, également digne de mémoire,
eut lieu au retour du voyage de Varennes. Des brigands, accourus de Paris pour le coupable plaisir
de voir leurs souverains captifs, ne quittoient point
la portière de leur voiture, et se répandoient en propos offensans contre le roi, et outrageans contre la
reine. Pétion et Barnave, à portée de leur imposer
silence, faisoient semblant de ne pas les entendre.
Ces misérables qui, en venant, avoient vécu aux
dépens du public, se trouvant au dépourvu pour le
retour, épuisés de fatigues et de besoin, suspen-
dirent leurs cantiques de malédiction pour s'entretenir entre eux de leur détresse, et se plaindre de ce
qu'on laissoit *crever de faim* des citoyens que leur
civisme avoit fait voler à la poursuite des traîtres.
Louis XVI, à ce propos, s'adresse à la reine, et
dit : « Ces gens-là, madame, ne sont pas de nos
» amis ; mais ils ont faim : on pourroit leur donner
» une partie de ces provisions. » La reine, à l'instant, leur en fait l'offre ; et ces malheureux se jettent

dessus comme l'oiseau sur sa proie. Ils commen-
çoient à les dévorer, lorsqu'un d'eux, ne pouvant
croire à tant de vertu, manifeste aux autres le
soupçon que ce qu'on leur a donné ne soit empoisonné. Prompts à saisir une réflexion qu'appuie leur
cœur pervers, ces hommes affamés hésitent alors
entre la faim qui les presse et la crainte du poison.
A ce nouvel outrage, Louis XVI n'oppose qu'un
nouveau trait de modération; il dit à la reine :
« Pour les rassurer, madame, faites-en manger aux
» enfans : » ce que fit aussitôt la princesse. On crut,
dans le temps, que cet héroïsme de charité avoit
converti à l'humanité ce jeune Barnave, que ses
inclinations sanguinaires avoient fait surnommer *le
tigre ;* et qui, depuis ce moment, se montra aussi
sincèrement dévoué au roi qu'il avoit été jusque-là
fougueux révolutionnaire.

C'étoit également par principes religieux et non
par tempérament ou par prudence humaine, que
Louis XVI exerçoit, dans les occasions, les vertus
de douceur et de patience. Un trait d'ingratitude
ou de noire malice affectoit vivement sa sensibilité,
mais s'émoussoit contre sa religion. Jamais on ne
le vit agir par ressentiment, jamais on ne lui surprit
un mouvement d'aversion réfléchie; l'idée même
de la vengeance étoit étrangère à son cœur. Toujours plus enclin à la clémence qu'à la rigueur, ce
qu'il aimoit le plus de sa puissance suprême, c'étoit
la faculté de faire grâce; et, quand le devoir lui

commandoit de punir comme roi, il savoit encore
pardonner en chrétien et compatir en homme. Quant
aux injures qui ne s'adressoient qu'à sa personne,
on eût dit qu'il avoit moins de chagrin à les apprendre que de plaisir à les pardonner. Le monarque
jouissoit encore de la plénitude de sa puissance,
lorsqu'on lui fit connoître l'auteur d'un ouvrage
anonyme, dans lequel ses intentions étoient étrangement calomniées. Après avoir lu le libelle, il dit
à la personne qui lui conseilloit d'en faire punir
l'auteur : « Ne voyez-vous pas que cet homme vou-
» droit uniquement me dégoûter de travailler au bien
» de mon peuple : pour le punir, je lui ferai man-
» quer son but. »

Si l'on avoit peine à concevoir que le prince que
nous vîmes environné de tant d'injustes ennemis,
ne l'ait jamais été lui-même de personne, il suffiroit, pour en avoir la conviction, de jeter les yeux
sur son testament de mort. C'est là que, laissant
parler sa conscience avec cette candeur et cette
simplicité touchantes qui excluent tout soupçon de
déguisement, il fait l'aveu naïf que jamais sa belle
âme ne conçut le ressentiment, ni ne connut la
haine active. C'est à la suite d'un examen de toute
sa vie, et en déclarant qu'il parle à son Dieu, et
prêt à paroître devant lui, que Louis XVI nous
dit : « Je ne me rappelle pas avoir fait sciemment
» aucune offense à personne. » Mot sublime ! Il est
d'une si haute perfection qu'on pourroit douter

qu'aucune autre bouche véridique ait pu le prononcer en France. A cette déclaration, le prince
ajoutoit : « Je pardonne de tout mon cœur à ceux
» qui se sont faits mes ennemis, sans que je leur en
» aie donné aucun sujet, et je prie Dieu de leur par-
» donner. — Je recommande à mon fils, s'il avoit le
» malheur de devenir roi, — d'oublier toutes haines
» et tous ressentimens ; et nommément tout ce qui
» a rapport aux malheurs et aux chagrins que j'é-
» prouve. — Je sais qu'il y a plusieurs personnes de
» celles qui m'étoient attachées, qui ne se sont pas
» conduites envers moi comme elles le devoient,
» et qui ont même montré de l'ingratitude : je leur
» pardonne. »

Le plus saint des rois d'Israël, au lit de la mort,
disoit à son fils : « J'ai pardonné à mes ennemis ;
» mais je vous laisse à venger, suivant votre sagesse,
» les outrages faits à votre père par Joab et Séméï[*]. »
Disciple parfait d'une religion plus parfaite, Louis
XVI a pardonné, il a recommandé le pardon à son
fils : il fera plus encore, il essaiera d'atténuer aux
yeux de ce fils le crime de ses persécuteurs ; et ,
pour lui inspirer le courage de substituer comme
lui le bienfait à la vengeance, il ajoutera : « Souvent,
» dans les momens de troubles et d'effervescence ,
» on n'est pas maître de soi ; et *je prie* mon fils (11),
» s'il en trouve l'occasion, de ne songer qu'à leur

---

[*] Reg. iii, 2.

» malheur. » S'il se souvient lui-même des barbares geoliers qui se sont complus à appesantir ses chaînes, ce sera pour dire : « Je pardonne encore *très-vo-* » *lontiers*, à ceux qui m'ont gardé, les mauvais » traitemens et les gênes dont ils ont cru devoir user » envers moi. » Enfin jusque sur l'échafaud, en face de ses assassins et sous le fer de ses bourreaux, le roi des Français, émule admirable de la charité du roi des Juifs, proclamera de nouveau le pardon de ses ennemis, et demandera au Ciel que son sang, qu'ils vont répandre, devienne pour eux un gage de paix et de bonheur.

Quand la religion a pris cet ascendant sur un cœur, et qu'elle sait lui commander de si héroïques sacrifices, son influence est décisive sur toute la conduite des mœurs. Celles de Louis XVI n'étoient pas seulement à l'abri de tout reproche, elles offroient à sa cour un modèle de régularité parfaite et la censure éclatante de la dissolution publique. Aussi, pour se défendre de ce grand exemple, le courtisan libertin avoit-il coutume de dire : « Le » roi n'est pas de son siècle. » En effet, il falloit remonter jusqu'à celui de saint Louis, pour trouver sur le trône de France un roi dont l'inaltérable pureté de mœurs pût être comparée à la sienne. Ce n'est pas, comme nous l'avons déjà observé, qu'on n'eût ourdi bien des intrigues pour le détacher de ses devoirs d'époux : mais elles furent toutes des crimes perdus ; et sa religion seule eût rompu les charmes des modernes Calypsos qui eussent essayé d'égarer sa vertu. Poli, mais réservé auprès des femmes, et n'en voyant que chez la reine, il leur commandoit par sa gravité le maintien du respect en sa présence. Si quelqu'une avoit l'air de s'émanciper dans le propos, le ton sur lequel il lui répondoit lui faisoit perdre tout espoir de faire sa cour en insistant. Une dame, à qui on donnoit moins de vertu que de beauté, lui disoit un jour : « Je voudrois bien, sire, avoir un sylphe qui m'avertît » des moyens que je dois employer pour qu'il m'arrive bonheur. — Eh ! quoi donc, madame, lui répond Louis XVI, est-ce que vous n'avez pas votre » sylphe, comme j'ai le mien, qui ne sauroit non » plus nous quitter que nous tromper ? Qui écoute » sa conscience, madame, est toujours dans le sentier du bonheur.

Ce fut par sa constante déférence pour ce conseiller domestique, que Louis XVI sut échapper au naufrage des mœurs, et éviter tous les piéges tendus à sa vertu. Au courage qui triomphe dans le combat, il joignoit la prudence qui l'évite ; et, pour être toujours chaste, il résolut d'être toujours sobre. Il l'étoit sur toutes les jouissances qui flattent les sens, et qui préviennent les désirs d'un jeune roi plein de santé. Il s'étoit interdit le jeu et les spectacles, les plaisirs qui amollissent l'âme comme ceux qui énervent les sens. Les exercices du corps étoient le seul délassement de ses travaux de l'esprit. Il n'avoit de grande passion que celle de ses devoirs, et de vrai plaisir qu'à les remplir.

Cependant, la ligue perverse, qui, pour rendre Louis XVI odieux à ses sujets, l'accusoit de tyrannie, osa, par le même motif, lui imputer l'intempérance. Le reproche d'aimer le vin tomboit sur un prince qui avoit eu cette liqueur en horreur jusqu'à vingt ans, et qui depuis lors, au vu de toute sa cour, en buvoit fort peu, pendant ses repas seulement, et toujours détrempé de beaucoup d'eau; sans que jamais, ni dans une fête publique ni dans un festin de famille, il se fût permis le moindre excès en ce genre.

Mais, ce qui rendoit plus absurde encore l'imputation des méchans, c'est qu'elle attaquoit dans le monarque le chrétien que distinguoit une fidélité exemplaire à toutes les pratiques expiatoires que l'Église prescrit à ses enfans. Religieux observateur de la loi du jeûne, Louis XVI ne s'en permit pas une seule infraction pendant sa vie, et ne sut jamais faire d'un prétexte la raison d'une dispense. Pendant le carême, il s'en tenoit à un seul repas et à la collation. Un jour qu'après le dîner, il se disposoit pour une chasse, on vint prendre ses ordres pour l'heure du souper. « Comment souper ! répond le »roi, est-ce que nous sommes hors du carême ? » On lui observe que la chasse qu'il se propose, sera fatigante, et que le soir il aura faim. « La réflexion »est juste, reprend-il, mais ma chasse n'est point

» de précepte. » Et sur-le-champ, il fit donner contre-
ordre à son équipage. Dans le cas d'un voyage, un
jour de jeûne, ou s'il vouloit chasser, il différoit
son repas jusqu'au soir, et se contentoit d'une sévère collation à midi. Une de ses tantes lui dit, un
matin, qu'à l'occasion de la fête du lendemain, il
y avoit obligation de jeûner ce jour-là. C'étoit erreur
ou badinage de la part de la princesse. Le roi, sans
vérifier l'avis, s'y conforma. Dans le temps que ce
prince travailloit les jours et les nuits dans sa prison
du Temple, à préparer avec ses conseils les preuves
de son innocence, ce travail forcé ne lui paroissoit
pas une raison valable de dispense; et un jour que
son valet de chambre, à cette époque, lui servoit
son déjeuner : « Vous oubliez, lui dit-il, que nous
» sommes dans les quatre-temps (12). »

Le même respect qu'avoit Louis XVI pour la loi
du jeûne ecclésiastique, il le montra constamment
pour celle des abstinences tant annuelles qu'hebdo-
madaires. Personne néanmoins n'eût eu plus de
droit que lui à la dispense, si le dégoût des alimens
maigres en eût été une raison légitime. Il avoit une
égale répugnance pour le poisson et pour les œufs.
Tous les jours, pendant le carême, on lui servoit
un plat copieux de lentilles. Son cuisinier, voyant
que ce légume faisoit presque la seule nourriture
de son maître, avoit imaginé, pour le rendre plus
succulent, de l'apprêter au gras. Le roi ne se fût
pas douté de la fraude, lorsque le hasard lui donna

lieu de la découvrir (13). « Vraiment, s'écria-t-il
» alors, je ne suis plus surpris, si, avec pareille
» recette, ces drôles-là me donnent de si bonnes
» lentilles. » Il chargea son valet de chambre,
Thierry, d'aller dire au chef de cuisine, qu'il mé-
riteroit punition ; qu'on vouloit bien lui faire grâce
du passé ; mais qu'on ne lui pardonneroit pas d'y
revenir. Puis, par réflexion, il ajouta : « Voyez,
» je vous prie, jusqu'où il faut que nous soyons
» trompés ! « Tel est, en effet, l'esprit qui règne dans
le palais des rois : depuis le cabinet où se balancent
les intérêts des peuples, jusqu'à la demeure obscure
des derniers valets, les cours abondent en consciences officieuses, toujours prêtes à se charger,
soit des erreurs des rois, soit des crimes de la
royauté.

Jamais, aux jours d'abstinence, il ne paroissoit
de gras sur la table de nos rois ; et s'ils mangeoient
en famille, l'individu que l'état de sa santé dispensoit du maigre étoit servi dans son appartement.
Depuis la fin seulement du règne précédent, à l'occasion d'une partie de plaisir appelée *la grande
chasse de Saint-Hubert*, à laquelle étoient invités
les princes et grands seigneurs de la cour, on avoit
dérogé à la règle ; et la table du roi, les jours
d'abstinence, offroit du gras à ceux des chasseurs qui
en avoient ou en prétextoient le besoin. Louis XVI,
encore Dauphin, avoit remarqué que le nombre
en étoit grand. Devenu roi, il rétablit pour Saint-

Hubert l'usage de Versailles. Mais dès lors, et quand il fallut, pour faire gras, s'exclure de la faveur de manger avec le roi, le maigre fut du goût de tous, et n'incommoda plus personne.

Un léger mal-être, une de ces indispositions passagères, suite naturelle d'un changement dans les habitudes animales, ne paroissoit pas à Louis XVI une raison de se dispenser de la loi ni d'en calomnier la sagesse; et, sans s'étonner de ce qu'une pratique d'expiation et de pénitence pouvoit avoir de gênant et même de pénible, il avoit le courage de le supporter, et le faisoit sans qu'on s'en aperçût. Fatigué de quelques nuits d'un sommeil agité, au commencement d'un carême, il ordonna un jour à son premier valet de chambre de disposer toutes choses pour qu'il pût se remettre au lit, sans qu'on s'en aperçût dans le château. «C'est, dit-il, que, si la faculté venoit à s'empa-»rer de moi, elle ne manqueroit pas de faire de »suite le procès au carême, de me condamner au »gras, peut-être même aux arrêts; et vraiment il »n'y a pas de quoi. »

Il est tel contre-sens en morale qui circule dans le palais des rois, et retentit quelquefois jusqu'à leurs oreilles, qu'on imagineroit ne pouvoir faire fortune qu'auprès du vulgaire le plus ignorant. Ainsi Louis XVI se trouva-t-il un jour dans le cas de venger publiquement le précepte de l'Église du préjugé d'un vieux militaire. A l'occasion d'un bref de Pie VI, accordé à la demande du roi, pour dispenser les troupes en marche, de l'obligation de faire maigre, cet officier dit que le souverain pontife auroit bien dû accorder la dispense entière, pour empêcher qu'on ne la prît. « Il est du devoir » du pape, répondit Louis XVI, de soutenir, au- » tant qu'il est en lui, la discipline ecclésiastique, » comme il est du nôtre de maintenir la discipline » militaire. » L'officier répliqua qu'il ne pouvoit se faire scrupule de faire gras, sachant qu'il est écrit dans l'Evangile que ce qui entre au corps ne souille pas l'âme*. « Est-ce bien sérieusement, » monsieur, dit Louis XVI, que vous vous fondez » sur cette autorité? — Très-sérieusement, sire, et » bien d'autres font comme moi. — Et en cela, » monsieur, on décèle une grande ignorance des » premiers élémens de la religion. » L'officier répète son axiome de l'Evangile, et dit qu'il ne voit pas ce qu'on peut y répondre. Le jeune monarque alors, continuant de faire la leçon au vieux général, reprend : « Non, sans doute, monsieur, ce n'est » point précisément de manger de la viande qui » souille l'âme et fait l'offense; mais ce qui la » constitue cette offense, c'est la révolte contre une » autorité légitime, et l'infraction de son précepte » formel. Tout se réduit donc ici à savoir si Jésus- » Christ a donné à l'Eglise le pouvoir de comman-

* Matth. xv, 11.

»der à ses enfans, et à ceux-ci l'ordre de lui obéir.
»Le catéchisme l'assure : mais, puisque vous li-
»sez l'Evangile, vous eussiez dû voir que Jésus-
»Christ dit quelque part : Que celui qui n'écoute
»pas l'Eglise doit être regardé comme un païen *;
»et je m'en tiens là. » L'officier, qui étoit franc et
loyal, remercia le roi de l'avoir éclairé, et lui promit bien de ne plus opposer au devoir de la soumission le sophisme de l'ignorance (14).

La vraie religion a cela de propre, qu'elle fait
constamment des apôtres de ceux de ses disciples
qui l'ont assez approfondie pour avoir la conscience
de sa divinité. On ne peut être pénétré de l'excellence d'un si grand bien sans éprouver le besoin
d'en faire le patrimoine du monde; et Louis XVI,
sous ce rapport, peut être regardé comme un de
nos rois qui a le plus fait pour justifier son titre
héréditaire de roi *très-chrétien.* Il joignoit à la
pratique de la religion le zèle d'en propager la connoissance. Partout on le voit seconder les courageuses entreprises de ces hommes apostoliques qui
vont planter la foi dans les climats les plus loin-
tains. Non content d'entretenir les établissemens
religieux fondés par Louis-le-Grand dans les pays
étrangers, il en crée lui-même de nouveaux; et
ses vaisseaux transportent gratuitement au delà des
mers et jusqu'aux antipodes les jeunes apôtres de

* Matth. xviii, 17.

la foi catholique. Il fait les fonds d'une mission
pour l'île de Cayenne dont il charge un séminaire
de Paris. Il protège efficacement le séminaire appelé *des Missions étrangères*. Il soutient, des
deniers de sa cassette particulière, d'anciens jésuites qui se sont maintenus dans la mission de
Pékin; et le vide immense que l'extinction de ces
religieux a laissé dans les missions de la Chine, il
essaie de le remplir en appelant à cette œuvre les
missionnaires de la congrégation de Saint-Lazare (15).

Mais un événement marquant du règne de
Louis XVI, qu'on ne sauroit attribuer qu'au zèle
connu de ce prince pour la religion de ses pères,
ce fut cette ambassade, unique en son genre, qui
lui vint du fond de la Chine, et à la tête de laquelle
on voyoit le fils aîné d'un roi et l'héritier de sa
couronne. Ce jeune prince étoit conduit par un
évêque, missionnaire français, son instituteur et
son conseil. On avoit vu, sous Louis-le-Grand, les
ambassadeurs d'un roi de Siam, complimenter le
monarque sur la célébrité de ses exploits; l'ambassade dirigée vers Louis XVI étoit d'un intérêt
tout autrement touchant : elle avoit pour but d'intéresser le cœur et la religion de ce prince en faveur d'un roi aux prises avec ses sujets révoltés,
d'un roi encore idolâtre, mais déjà pourtant protecteur affectionné de la religion chrétienne.

La Cochinchine, royaume de l'Inde, situé au

delà du Gange, étoit, depuis plusieurs années,
agitée par une révolte qu'y avoit excitée un puissant
factieux nommé Tayssan. Durant ces troubles, le
roi avoit reçu de fréquentes preuves de la fidélité
de ses sujets et de ses soldats chrétiens, dont pas un
seul n'avoit passé sous les drapeaux ennemis. D'un
autre côté, le chef des révoltés faisoit une guerre
ouverte tant aux missionnaires français qu'à l'E-
glise chrétienne qu'ils dirigeoient. Ce contraste,
d'inviolable attachement de ses sujets chrétiens
et de lâche défection de la part des idolâtres,
acheva de décider le roi en faveur de la religion
chrétienne. Il avoit déjà donné des marques d'estime à l'évêque d'Adran, missionnaire du plus rare
mérite ; il lui donna sa confiance tout entière, au
point d'en faire moins son conseil que son ami,
de lui confier même l'éducation de son fils, et de
l'autoriser à l'instruire de la religion qui rendoit les
sujets si fidèles (16).

Cependant l'incendie révolutionnaire gagnoit,
et déjà les révoltés étoient en possession de la plus
grande partie du pays, lorsque le roi, dans cette
extrémité, appela l'évêque d'Adran, et lui tint en
substance ce discours * : « Vous m'avez toujours
» parlé avec éloge du roi de France, et je ne puis
» douter de son zèle pour la religion chrétienne,

---

* Nous le tenons de la bouche même de l'évêque ambassadeur,
que nous vîmes, dans le temps, au séminaire des Missions étrangères.

»puisqu'il fait gloire du nom de *roi très-chrétien*,
»et qu'il vous envoie ici, à grands frais, travailler à
»la propagation de cette religion. Mais, d'après
»l'idée que je me forme de ce prince adorateur de
»votre Dieu, et protecteur d'une religion amie des
»hommes et de la justice, il pourroit n'être pas
»bien difficile de l'intéresser au sort d'un roi, et
»de tout son peuple malheureux. Je me flatte
»même que le succès de l'entreprise seroit infail-
»lible, si vous vous en chargiez, et que vous allas-
»siez, vous son sujet fidèle et grand-prêtre de sa
»religion, lui présenter en mon nom l'héritier de
»ma couronne, et l'assurer que cet enfant, confié
»à vos soins, adore déjà le Dieu très-saint des
»Français, et pourra un jour, plus heureux que son
»père (17), devenir un *roi très-chrétien*. A ces
»considérations, de nature à faire impression sur
»un prince généreux par religion, j'ajouterai que,
»si quelqu'un peut être auprès de lui le garant de
»mes dispositions à faire jouir ses sujets des avan-
»tages du commerce, c'est vous-même, dont les
»conseils m'ont détourné d'écouter les propositions
»des Anglais. Je ne puis vous donner à vous-même
»une plus haute preuve de ma confiance en votre
»probité, qu'en vous établissant le gardien de ce
»que j'ai de plus cher au monde. Je vous laisse
»maître de désigner ceux qui accompagneront mon
»fils. Partez donc si vous m'aimez; le Dieu que
»vous adorez vous conduira et vous ramenera avec

»un détachement des soldats invincibles de Louis
»XVI qui ont triomphé des Anglais. Mon attente
»sera longue ; mais l'espoir du secours ranimera
»mes fidèles : je saurai disputer le terrain pied à
»pied; et, ne me restât-t-il qu'un soldat pour se-
»cond, je ferai tête à mon ennemi en attendant
»votre retour. »

Quoique le monarque indien sût se prévaloir
avec habileté de tous les moyens propres à rendre
son invitation pressante, on ne peut disconvenir
que si jamais entreprise dut paroître hasardeuse,
et en quelque sorte chimérique, c'étoit celle d'aller
mendier en Europe des secours pour un roi qu'on
détrônoit à la Chine. Cependant l'évêque d'Adran,
homme accoutumé à compter plus sur les promesses de la foi que sur les calculs de la sagesse
humaine, crut que l'intérêt de la religion et la
gloire du Dieu dont il étoit l'apôtre, pouvoient
autoriser une démarche insolite et courageuse; il
accepta la direction de l'ambassade vers Louis XVI.

À son arrivée en France, en 1788, tout semble
dire à l'évêque qu'il s'est fait illusion. Il trouve le
trône assiégé des plus cruels embarras, et les esprits au plus haut degré de fermentation. C'étoit
bien, à la vérité, un archevêque qui étoit à la tête
du ministère; mais cet archevêque étoit Brienne,
Brienne l'ulcère du corps épiscopal. Un si fâcheux
contre-temps ne décourage point celui qui compte
moins sur les hommes que sur le Dieu qui règle la

destinée des empires. L'évêque d'Adran paroît à Versailles, avec toute la modestie d'un saint missionnaire, et aussi avec tous les moyens d'un homme d'esprit. Auprès d'un ministre qui venoit de se déclarer le patron du sectaire et du juif, il croit prudent de mettre en avant des appâts judaïques d'intérêt et de bénéfices commerciaux ; mais auprès du religieux Louis XVI, le pieux évêque s'étendit spécialement sur le grand intérêt de la religion, à laquelle le monarque pouvoit, au prix de légers sacrifices, assurer un triomphe mémorable. Cette considération fut d'un poids décisif auprès du monarque, qui, dès lors, fit de cette affaire son affaire personnelle.

La circonstance des temps, qu'on eût crue défavorable, avoit son avantage. L'orage révolutionnaire, qui grondoit autour du trône françaît, inclinoit les esprits à la commisération en faveur d'un prince aux prises avec ses sujets révoltés. L'ambassade reçut du roi et de la famille royale l'accueil le plus affectueux; et le prince royal de Cochinchine, de l'âge du Dauphin de France, intéressa toute la cour. Louis XVI donna des ordres pour faire équiper une escadre à Pondichéry, et porter sur les côtes de la Cochinchine les forces jugées nécessaires pour rétablir le monarque indien sur son trône.

Cette expédition étrangère étoit oubliée, et le souvenir s'en étoit perdu dans la succession rapide

des événemens calamiteux qui pesoient immédiatement sur nous, lorsque tout à coup le plus étonnant des contrastes vint frapper nos imaginations,
et les fixer sur l'instabilité des choses humaines.
Quoique le gouverneur de Pondichéry n'eût exécuté qu'en partie les ordres qui lui avoient été
transmis en 1788, deux ans après, en 1790, lorsque Louis XVI, captif dans son palais, voyoit sa
puissance anéantie, et la religion de ses pères pros-
crite dans ses états, à cette époque précise, on reçut la nouvelle à Paris, que la puissance du roi
des Français, se survivant à elle-même sous un
autre hémisphère, y faisoit triompher un roi de
ses sujets rebelles, et protégeoit, dans des contrées
idolâtres, la religion qu'abjuroit alors la France
catholique.

En effet, le roi de Cochinchine, qui s'étoit bra-
vement défendu dans l'espoir du secours, se crut
sauvé dès qu'il parut. Son parti se ranima, le
découragement se jeta dans celui des rebelles; et
bientôt l'armée royale, exercée à l'européenne,
reprend l'offensive, gagne des batailles, recouvre
trois provinces; et Louis XVI, dans le malheur de
sa situation, s'applaudit d'avoir amélioré dans
l'Inde les affaires de la religion et du trône (17).
Mais ce prince ne survécut pas assez à la nouvelle
de ce beau début, pour en apprendre, comme
nous, les suites heureuses, les deux royaumes de
la Cochinchine et du Tunquin reconquis, l'auto-

rité du roi raffermie, le chef des rebelles décapité, et l'évêque d'Adran, au plus haut point de faveur, obtenant du monarque reconnoissant les édits les plus favorables à la religion chrétienne (18).

Tandis que Louis XVI triomphe en Cochinchine, il est chargé de fers à Paris; mais qu'il soit en même temps poursuivi par la calomnie, assiégé par le crime, assailli par la violence, fort de sa religion, il possédera son âme en paix, sans qu'aucun coup de l'adversité puisse étonner sa vertu ni ébranler sa constance. Précipité de son palais dans une obscure prison, sa religion l'y suit, qui l'éclaire et le soutient. Ses oppresseurs, après lui avoir ravi tout le reste, imagineront-ils de lui enlever encore le dernier consolateur de sa captivité? « Je devois m'y attendre, dira-t-il avec douceur, »il m'étoit attaché;» et si on lui annonce qu'ils ont porté la dureté jusqu'à ordonner des retranchemens sur sa table, c'est avec le même calme qu'il répondra : « Absolument parlant, le pain et »l'eau suffisent à la subsistance de l'homme; et si »l'on m'y réduisoit, je saurois m'y résigner. » Louis XVI ayant un jour surpris la reine en pleurs, lui en demanda le sujet; et, sur sa réponse, que c'étoit moins son sort qu'elle déploroit que celui des autres : « Courage, madame, courage, lui dit le »roi, tous les malheurs du temps ne méritent pas »une larme; mais nous pouvons en faire la source »du vrai bonheur. » Une autre fois la princesse Élisabeth lui disoit dans la conversation, qu'il étoit plus consolant pour lui de souffrir innocent que s'il étoit coupable. « Innocent, ma sœur, reprend »vivement Louis XVI, eh ! qui peut donc se flatter »de l'être? Si je le suis des crimes qu'on m'impute, »je sens que, pour valoir quelque chose auprès de »Dieu, j'avois besoin de quelque grande épreuve; »et qu'à tout prendre, celle qu'il m'envoie est une »grâce dont je dois remercier sa providence. »

C'est là, sans contredit, de l'héroïsme en religion. Mais le sophiste, abruti dans ses conceptions étroites, ne soupçonne pas même la grandeur d'âme du cœur religieux. Un des geoliers municipaux de Louis XVI, dans sa prison du Temple, Dorat de Cubières, disoit un jour à Malesherbes : « Mais vous, qui voyez Louis tous les »jours, vous pourriez bien lui apporter du poison, »et compromettre notre responsabilité. — Du poi-»son ! se récrie Malesherbes : oh ! ne craignez point; »le roi n'est pas de la religion des philosophes : il »est catholique; et sa religion l'élève au-dessus du »malheur et de l'idée même d'attenter à ses jours.» Le suicide, en effet, n'est qu'un martyr de sa lâcheté; et le vertueux Louis XVI, s'il devoit être un martyr, ne pouvoit être que celui de sa religion.

A l'Église seule appartient le droit de vérifier les titres qui donnent droit à l'inscription dans son martyrologe. Mais, sans prétendre régler le jugement de l'Église, il nous est permis de le prévoir

et de l'atténdre, d'après la connoissance des règles
ordinaires qui la dirigent. Or, abstraction faite de
la vie de Louis XVI, toutes les circonstances qui
environnent sa mort conspirent à prouver qu'elle
fut celle d'un martyr. L'Église honore de ce nom
tout fidèle mis à mort en haine de sa fidélité à la
religion. Or, il faudroit ignorer les faits les plus
authentiques et les plus multipliés pour révoquer
en doute que Louis XVI ait été persécuté, traduit
en jugement et condamné à mort en haine de la
religion, et pour refus de s'associer aux impiétés
des philosophes, qui en blasphémoient les dogmes
et en proscrivoient les ministres.

On ne peut se reporter sur le théâtre où triom-
phèrent les conspirateurs, sans les voir opiniâtré-
ment appliqués à presser les conséquences du principe établi par le plus habile des leurs : que *pour
républicaniser un peuple, il faut le décatholi-
ciser.* Et de là cette succession de manœuvres et
d'attentats des jacobins dans le dessein de pervertir, par son chef, le corps entier de la France
catholique. Après qu'ils auront échoué dans la
tentative d'insinuer l'apostasie à Louis XVI par le
canal d'un confesseur séduit, ils essaieront de la
lui commander par la terreur. S'ils dénoncent les
prêtres fidèles, sous le nom de *conspirateurs,* le
monarque sera signalé comme chef de leur cons-
piration; et, s'il refuse de revêtir de sa sanction la
loi qui dépouille ces mêmes prêtres de leur habit

sacerdotal, ce refus, dans la langue des jacobins, s'appellera *crime de lèse-nation*. Mais, lorsque Louis XVI repoussera avec horreur la sentence qui frappe de mort civile tous les fidèles ministres de sa religion, les jacobins, dans leurs clubs et dans leurs libelles, le proclameront *traître à la patrie*. On diroit que Louis XVI, roi des Français, leur est moins odieux encore que Louis XVI, roi catholique; et c'est en haine de son attachement à ce titre, qu'il entendra souvent les menaces de *déposition* retentir sous les fenêtres de son château, et jusque sous les voûtes de sa chapelle royale.

De cette persécution des menaces, les ennemis acharnés du catholicisme de Louis XVI en viendront à la persécution armée. Un jour que ce prince se disposoit à sortir de Paris, l'époque du voyage en ayant laissé soupçonner le but religieux, les jacobins accourent en armes, investissent sa voiture, et, les baïonnettes posées sur le poitrail des chevaux, lui intiment la défense d'aller faire à Saint-Cloud la Pâque des catholiques.

Dans le dépit de tant d'attentats inutiles pour triompher de son attachement à la religion, les lâches persécuteurs de Louis XVI n'auront pas honte de diriger vingt mille assassins contre une seule conscience catholique; et le monarque n'op-

---

* Voyez les pétitions des jacobins de Paris à l'assemblée, celle des jacobins de Sarlouis, une lettre au roi de l'ex-ministre Roland, etc.

posera aux cris de mort et aux poignards de cette
armée de brigands, que sa poitrine et le refus éner
gique de trahir sa religion. A ce régicide manqué
succédera celui du 10 août, qui portera le même
caractère, et sera organisé par le même motif de
l'attachement de préférence du monarque pour le
culte catholique, et, pour parler le langage de la
commune de Paris à l'assemblée, *de sa prédilec-*
tion pour les prêtres perturbateurs des con-
sciences timides *.

Mais Louis XVI n'aura pas seulement été persécuté, outragé et deux fois assassiné dans son palais
en haine de son attachement à la foi pure de ses
pères, cet attachement formera chef d'accusation
dans son procès; il en sera accusé comme d'un
crime, et son arrêt de mort portera sur ce prétendu
crime. Les factieux, sans doute, lui en imputeront
d'autres; mais ils lui imputeront nominativement
celui-là; et la rage avec laquelle, aussitôt après
l'avoir détrôné, ils se porteront à exterminer de
l'empire tout culte catholique, ne laissera nul doute
que le plus grand des crimes de Louis XVI à leurs
yeux étoit celui de la foi qu'il professoit, et qu'une
fois maîtres de sa personne, n'eussent-ils pas eu
d'autre grief à lui reprocher que d'être d'effet comme
il étoit de titre, un roi *très-chrétien*, ces impies,
pour cela seul, l'eussent encore jugé digne de mort,

* Pétition du 3 août 1792, présentée par le maire Pétion.

comme ils en jugèrent dignes tous les prêtres or-
thodoxes de la capitale, dont le monarque avoit
suspendu la proscription.

C'est en s'appuyant de l'ensemble de ces considérations, que le sage et vertueux Pie VI n'hésitera
pas à déclarer, en plein consistoire *, que son opinion est que la mort de Louis XVI porte le véritable caractère du martyre; et, s'autorisant de la
doctrine et de l'exemple d'un de ses plus illustres
prédécesseurs, dans un sujet semblable, le pontife
ajoutera : « Pourquoi ne serions-nous pas de son
»avis (de Benoît XIV) en reconnoissant le martyre
»de Louis XVI ? — Et peut-il y avoir le moindre
»doute que ce prince ait été particulièrement mis
»à mort en haine de la foi, et pour son attachement
»aux dogmes catholiques (19) ? »

Le souverain pontife ne se dissimule pas la plus
forte des objections qu'on puisse opposer à son sentiment : la souscription donnée par Louis XVI à
l'acte appelé *constitution civile du clergé*. Puis,
après avoir fait valoir ce qui lui fut donné pour certain, et ce que lui-même rend très-vraisemblable,
que cette souscription fut extorquée au prince par
la ruse officieuse d'un de ses ministres (20), Pie VI
conclut : « Et, dans la supposition même que, sé-
»duit ou égaré de quelque manière que ce soit, le
»roi ait donné son approbation à cet acte, devrions-

* Le 17 juin 1793.

»nous, pour cela, varier dans l'opinion que nous
» avons embrassée sur son martyre ? Point du tout :
» car sa rétractation incontestable et solennelle, jointe
» à la mort qu'il a soufferte en haine de la religion
» catholique, comme nous l'avons déjà prouvé, sont
» des motifs d'après lesquels il nous paroît comme
» impossible qu'on puisse lui rien contester de la
» gloire du martyre. »

Mais nous qui, pour nous mettre à portée d'en
édifier les contemporains et la postérité, avons fait
depuis quinze ans une étude approfondie des vertus
religieuses qui distinguèrent Louis XVI pendant sa
vie, pourquoi ne nous seroit-il pas permis de joindre
notre foible suffrage à des suffrages si imposans ?
Oui, guidés par la doctrine d'un grand pape et par
l'application qu'un autre en a faite, nous voyons
avec eux, dans la mort de Louis XVI, la mort d'un
martyr ; et, nous oserons l'avouer, nous avons assez
de confiance dans le retour prochain de notre France
aux vrais principes, pour nous flatter que nous
verrons un jour au pied des autels érigés à l'Éternel
sous l'invocation de Louis, les fils supplians demander grâce pour les pères coupables.

Au reste, la palme du martyre ne seroit pas solennellement décernée à Louis XVI, que celle des
vertus héroïques lui seroit encore dévolue. Si l'on
se rappelle ce que nous avons dit, et qu'on veuille
y joindre ce qui nous reste à dire, on trouvera dans
la vie de ce prince des traits multipliés, nous ne

dirons pas d'une haute vertu, mais d'une piété sublime, et quelques-uns d'une sainteté consommée.
Son testament de mort est comme un tableau où
viennent se déployer tous les sentimens qui cons-
tituent le héros chrétien. Cette pièce, qui porte
avec elle le cachet inimitable de la sincérité, a retenti dans toutes les parties du monde connu. Tra-
duite en toutes les langues, partout elle a produit
le même effet sur les esprits ; et, ce que nous avons
remarqué nous-mêmes dans l'étendue de la Bel-
gique et dans les contrées hospitalières de l'Allemagne, des milliers de Français disséminés sur les
quatre parties du globe en auront également été
témoins : ils nous attesteront qu'à Londres comme
à Madrid, à Constantinople comme à Rome, à
Philadelphie comme à Pétersbourg, et jusqu'au
centre de la Chine, le testament de Louis XVI fut
arrosé des larmes de ses lecteurs, et même au milieu des armées républicaines.

Mais la clause de ce testament, qui paroîtra toujours plus admirable à mesure qu'on l'admirera
davantage, c'est, sans contredit, celle que nous
avons déjà rappelée ; c'est celle où, dans une simple
parenthèse, échappée à la candeur qui dictoit,
Louis XVI nous révèle que jamais il n'eut à se reprocher la moindre transgression du précepte, si
facile à transgresser, de la charité du prochain. Et
c'est au bout de quarante ans de vie et de vingt ans
de règne, après qu'il a fait la guerre et la paix,

gouverné les bons, gouverné les méchans, essuyé les outrages de quatre ans de révolte, c'est alors qu'il peut se rendre le témoignage d'une conduite exempte de toute offense envers qui que ce soit. Tous nos mémoires, il est vrai, s'accordoient en ce point; mais nous avions besoin de la confession d'une bouche qui ne mentit jamais pour ne pas suspecter tous nos mémoires d'exagération. Mais dès lors, que la mort de Louis XVI ait été ou non celle d'un martyr de sa foi, sa vie au moins aura été celle d'un élu de la charité; et, quand on voudra signaler un prodige plutôt qu'un modèle en ce genre, on citera le cœur droit et pur qui, à la veille de comparoître devant le scrutateur des consciences, et en lui parlant à lui-même, osoit lui dire : « JE NE ME RAPPELLE » PAS AVOIR FAIT SCIEMMENT AUCUNE OFFENSE A PERSONNE. »

NOTES

RELATIVES AU LIVRE PREMIER.

(1) Les seuls articles du Dictionnaire encyclopédique compris sous la lettre A manifestoient le dessein de faire, de cette compilation indigeste, le magasin universel des poisons philosophiques. Cet ouvrage, déjà suspect par le nom de ses auteurs, fut vivement attaqué dès qu'il parut, par les jésuites auteurs du Journal de Trévoux.

(2) Exilé pour s'être immiscé en juge dans les causes purement spirituelles, et avoir suspendu ses fonctions essentielles plutôt que d'avouer son incompétence en matière de sacremens, le parlement de Paris, du lieu même de son exil, décrétoit de prise de corps un prêtre qui, fidèle à sa conscience, à son évêque et à sa foi, avoit refusé d'administrer les sacremens de l'Église à un janséniste réfractaire obstiné aux jugemens dogmatiques de l'Église.

(3) On lit, dans les *Mémoires* qui portent le nom de la marquise de Pompadour : « Mon bonheur dépendoit de l'anéantissement de la bulle *Unigenitus*, parce que le repos du roi y étoit attaché. — Je lui proposai de condamner à une prison perpétuelle les prêtres qui seroient convaincus d'avoir refusé d'administrer les sacremens. »

« — J'ai ouï dire à un très-habile homme, qui venoit quelquefois me voir à Versailles, que, quand même, après la mort du cardinal de Fleury, on auroit employé un ange dans le ministère, il n'auroit pu rendre de grands services à la couronne. — Il trouvoit six vices principaux dans le gouverne-

» ment, et disoit que , pour les corriger, il faudroit *refondre la*
» *constitution.* » Ceci s'imprimoit en 1764 et se débitoit long-
temps auparavant.

(4) Les Mémoires déjà cités portent : « Le parlement fut reçu
» à Paris avec une joie indécente pour la cour. Tous les envi-
» rons du palais furent illuminés : on fit des feux de joie, et on
» sonna les cloches. Le roi en fut ému. M. de Maupeou l'as-
» sura que personne de son corps ne s'étoit prêté à ces témoi-
» gnages d'allégresse : et c'est ce qui devoit les rendre plus sus-
» pects. »

(5) Le libelle ayant pour titre *la triple Nécessité*, et pour
divisions : « *Nécessité* de détruire les jésuites ; *nécessité* d'é-
» carter le Dauphin du trône ; *nécessité* d'anéantir l'autorité
» des évêques. »

(6) Condorcet, après que la révolution française eut éclaté,
invitoit le duc d'Aranda, dans une lettre imprimée, à oser en
Espagne tout ce que les jacobins avoient osé en France; et il se
flattoit de ce trait d'audace de la part de celui qu'à titre d'honneur il qualifioit *le destructeur des jésuites.*

(7) Les soins de la gouvernante du duc de Berry avoient
été, en effet, ceux de la mère la plus tendre. Pour soustraire le
jeune prince valétudinaire aux vexations de la médecine, elle
sollicita et obtint la permission de s'exiler avec lui de la cour.
Elle le conduisit au château de Bellevue, l'y laissa respirer en
repos, et lui sauva la vie.

(8) Je me rappelle un enfant qui, n'étant encore âgé que de
neuf à dix ans, recevoit ces pompeuses leçons de d'Alembert,
à qui malheureusement il avoit été recommandé, et qui venoit
le voir au collége de *Louis-le-Grand.* L'enfant devint adoles-
cent, continua d'écouter les belles sentences de son patron, et

celles encore du philosophe Damilaville son parent ; et, malgré tout cela, n'en mourut pas moins à dix-huit ans, tué par un excès de libertinage.

(9) L'abbé Soldini étoit un de ces prêtres respectables, d'un savoir plus solide que brillant, et qui bornent leur religieuse ambition à assurer le salut des âmes confiées à leur sollicitude. Ce fut lui qui rassembla, sous les yeux de la Dauphine, les précieux matériaux mis en œuvre dans la Vie du Dauphin, père de Louis XVI.

(10) Déchiré par un combat éternel entre sa foi et sa conduite, le foible et malheureux monarque, subjugué par le concert de Choiseul et d'une maîtresse dévouée à ce ministre impérieux, aimoit le bien, souffroit le mal, pensionnoit sur sa cassette les jésuites innocens à ses yeux et persécutés en son nom.

(11) Le gouverneur des princes écrivoit à ce sujet au père Berthier, alors en exil dans le Brabant : « Vous ne pouvez cer- » tainement rendre un plus grand service aux enfans de France » et à l'état, ni rien faire de plus agréable à Dieu, que de conti- » nuer à m'aider dans les travaux immenses de la place où la Pro- » vidence et les bontés de feu monseigneur le Dauphin m'ont » porté. Permettez donc qu'en suivant le plan d'éducation que » je vous ai communiqué, et que vous approuvez, je vous prie » instamment de m'envoyer d'autres entretiens. — Vous avez » bien raison, monsieur, les princes, plus encore que les autres » hommes, ont un très-grand besoin d'être prévenus et instruits » sur ces trois objets : 1° de savoir rentrer en eux - mêmes ; » 2° d'aimer le travail ; 3° d'apprendre l'art de raisonner juste. » Faites-nous donc part, je vous en supplie avec la dernière » instance, de vos pensées sur ces trois sujets si importans ; et » toujours dans la forme de conversations ou d'entretiens. Je » connois votre zèle pour votre patrie, votre tendre attachement

» pour la personne du roi et pour les enfans que monseigneur
» le Dauphin nous a laissés. Du haut du ciel, ce nouveau saint
» Louis verra votre travail et l'affection de votre cœur pour ce
» qu'il a eu de plus cher. — Je vous supplie, monsieur, de vou-
» loir bien m'envoyer, le plus tôt qu'il vous sera possible, la suite
» du bel ouvrage dont vous avez bien voulu vous charger. Toutes
» les bibliothèques du monde ne nous fourniroient rien de meil-
» leur que ce qui est dans votre tête. » (Lettres des 4 juin 1766 et
20 janvier 1767.)

(12) Le P. Berthier, en date du 13 février 1767, répondoit
au duc de la Vauguyon : « — Il s'en faut bien que ce qui sort
» de ma plume ait toujours été conçu dans ma tête, à laquelle
» vous faites trop d'honneur. Je ne puis me donner auprès de
» vous que pour le canal bien imparfait de vérités augustes dans
» leurs sources. La religion et le savoir des grands hommes qui
» nous ont précédés, voilà mes guides. Il y a long-temps que
» tout a été dit sur les matières que nous traitons. Le mérite
» aujourd'hui, c'est de redire avec méthode et intérêt, et tout
» au plus de commenter le génie, pour le mettre à portée de
» l'âge qu'il doit éclairer. — Bossuet et Fénelon n'ont rien laissé
» à désirer pour la plus complète éducation d'un prince destiné
» au trône. Quel homme que celui dont la vaste érudition, sou-
» mise au génie, sut fondre en un si petit volume l'histoire en-
» tière du monde et de ses révolutions. — Sa *Politique sacrée*,
» autre chef-d'œuvre d'un architecte instruit, fait reposer sur sa
» base éternelle tout l'édifice de la puissance humaine ; et, en
» même temps qu'elle découvre au prince l'origine de son auto-
» rité, elle en fait découler naturellement la sanction de ses
» droits et la règle de ses devoirs. »
    « Le *Télémaque* de Fénelon, heureuse invention d'un génie
» brillant, fait goûter, sous l'appât du merveilleux, les leçons
» austères de la sagesse à un prince environné de tous les écueils
» de la séduction. — Un autre ouvrage du même maître, moins
» connu que celui-ci, et pourtant bien digne de l'être, ce sont

»ses *Directions pour la conscience d'un Roi*. Un prince y trou-
»vera une mine inépuisable de solides instructions, l'aperçu lu-
»mineux de toutes les connoissances auxquelles il doit se for-
»mer, de toutes les vertus qu'il doit pratiquer, de tous les de-
»voirs qu'il ne peut négliger. Ce livret de cinquante pages est
»toute une bibliothèque royale ; et le prince, qui sauroit en
»faire le sujet de ses méditations, y trouveroit plus à gagner
»pour sa gloire et pour le bonheur de sa nation, que dans cin-
»quante volumes de spéculations philosophiques, enfantés de
»nos jours pour endoctriner les sujets et les rois ; théories d'i-
»gnorance ou de mauvaise foi, dont la pratique seroit l'anar-
»chie.... »

(13) Helvétius, l'un des prosélytes de Voltaire à la cour,
étoit maître d'hôtel de la reine, épouse de Louis XV. Cette
princesse ayant appris qu'il s'appliquoit à pervertir sa maison,
l'obligea de quitter son service ; et le philosophe, de tout
temps ingrat, ne laissa jamais échapper l'occasion de calomnier ses bienfaiteurs et ses maîtres. Dans ses rapsodies impies,
sur l'Homme, etc., il controuve cette anecdote au sujet de l'é-
ducation que recevoit l'héritier du trône. « Il s'agissoit de sa-
»voir quels seroient les livres dont on permettroit l'usage au
»jeune prince. On assemble le conseil à ce sujet. Le confesseur
»du jeune prince y préside. On propose d'abord les Décades de
»Tite-Live, commentées par Machiavel, l'Esprit des Lois,
»Montaigne, Voltaire, etc. Ces ouvrages successivement reje-
»tés, le confesseur jésuite se lève enfin, et dit : J'ai vu, l'autre
»jour, sur la table du prince, *le Catéchisme* et *le Cuisinier*
»*français* ; point de lecture pour lui moins dangereuse (tome II,
»page 126). » Helvétius, voulant faire ici le plaisant, étoit
d'une insigne maladresse. Il étoit absurde de supposer qu'un
jésuite eût proposé de faire étudier le *Cuisinier français* à l'héritier du trône ; mais, ce qui ne l'étoit pas, c'étoit de supposer que ce même livre fût entré dans l'éducation d'un maître
d'hôtel ; et le jésuite, provoqué par le philosophe, eût pu lui

répliquer : « De quel droit, vous, directeur de la mangeaille,
» vous ingérez-vous dans la direction des alimens de l'esprit ?
» Indiscrétion qui vous expose à raisonner sur l'éducation d'un
» prince en vrai *Cuisinier françois*; comme lorsque vous sup-
» posez qu'on doive occuper la première enfance de ce prince
» des Œuvres d'un Machiavel, le docteur de toutes les perfidies ;
» d'un Montesquieu, le calomniateur de la monarchie ; et d'un
» Voltaire, l'ennemi acharné de Dieu et des rois. »

(14) Je me rappelle la circonstance et l'époque précise où
le précepteur du Dauphin, l'évêque de Limoges, alors retiré à
l'abbaye de Saint-Victor à Paris, me disoit de ce prince :
« M. le Dauphin, par la droiture de son esprit, la bonté de
» son cœur, l'application à tous ses devoirs, nous promet un roi
» juste, le père affectionné de ses sujets, et leur modèle par ses
» bonnes mœurs. » Je pris la liberté d'observer au prélat, que
l'opinion assez généralement répandue n'étoit pas favorable à
ce prince, et lui donnoit très-peu d'aptitude pour les langues et
pour les sciences. « Oh! c'est une erreur, se récria M. de Coët-
» losquet, si ce n'est pas une méchanceté. Il est vrai que M. le
» comte de Provence traduiroit plus couramment son Tite-Live
» à l'ouverture du livre ; mais M. le Dauphin entend aussi ses
» auteurs latins ; il en sent les beautés, et peut-être qu'il en cite-
» roit à propos plus de morceaux remarquables que la plupart
» des jeunes gens de son âge qui figurent avec distinction dans
» votre université. » Ce que m'ajouta le précepteur, avec le ton
de candeur qui lui étoit naturel, des connoissances de son élève
sur l'histoire, la géographie, le droit public et d'autres matières
encore, ne me laissa dès lors nul doute que le Dauphin n'eût
puisé dans ses premières études, non pas ce savoir universel
que les charlatans d'éducation promettent à des parens crédules,
mais toute l'aptitude nécessaire pour se former lui-même, et se
familiariser, par l'exercice, à tous les travaux de l'esprit.

NOTES

RELATIVES AU LIVRE SECOND.

(1) Ces promesses de sa protection, souvent réitérées à d'autres jésuites par Marie-Thérèse, avoient été faites en ces termes précis à ceux qui tenoient son collège *théréseien* à Vienne, le P. *Kérens* étant à leur tête : « Je compatis à vos malheurs, mes » Pères ; et tenez-vous pour assurés que ce qui s'est passé ailleurs » contre vous, ne fait, ni ne fera jamais impression sur moi, et » que vous n'avez à craindre rien de pareil dans mes états. » Après que Marie-Thérèse se fut départie de cette promesse si solennelle, le roi de Prusse Frédéric, qui rioit de tout, disoit à ses courtisans : « Si j'avois la conscience de notre bonne sœur » l'impératrice, il me semble que le partage de la Pologne et » la destruction des jésuites me donneroient de grands scru- » pules ; mais je n'ai pas sujet d'en avoir : car, supposé que j'aie » égratigné la justice en recevant mon lopin de la Pologne, j'é- » tablis compensation, en m'opposant seul contre tous à l'in- » juste persécution suscitée aux jésuites. » Une autre fois, le même prince disoit : « On voudroit me faire craindre les jé- » suites, parce qu'ils sont les fidèles soldats du pape : c'est précisé- » ment ce qui me les rend recommandables ; car j'aime aussi le » pape, quoique je sois son excommunié ; et, s'il me prenoit envie » de suivre une religion, je n'en voudrois point d'autre que la » sienne. »

(2) Nous ignorons jusqu'à quel point l'épithète de *renard*, donnée à l'abbé *Vermont* dans les *Mémoires sur le Jacobinisme*, peut convenir à ce lecteur de la Dauphine, qui conti-

nuera d'être celui de la reine; mais une tache pour lui , à jamais ineffaçable aux yeux des Français, c'est qu'il ait été successivement le protégé et le protecteur de ce Brienne, la honte de son nom et l'opprobre de son état.

(3) La rue Royale, nouvellement percée, n'étoit point pavée dans toute sa largeur, et il s'y trouvoit, du côté des Champs-Elysées, non pas des fossés, comme l'ont publié des journalistes du temps, mais seulement des ornières, que nous vîmes nous-même le lendemain du funeste événement.

(4) Des brochures circulèrent, avant les fêtes données pour le mariage du Dauphin, qui purent contribuer à en préparer les malheurs. On y blâmoit l'appareil militaire, qu'il étoit d'usage de déployer dans les réjouissances publiques , et qui servoit moins , disoit-on, à prévenir des désordres imaginaires qu'à flatter l'orgueil des grands, en tenant le peuple à une distance humiliante du spectacle qui se donnoit pour lui, et à ses dépens. La police souffrit que le peuple se conduisît ce jour-là par lui-même; et le peuple s'étouffa. Ce premier succès en émancipation, s'il n'étoit pas dans la nature du peuple de rester toujours peuple, eût été bien propre à le dégoûter de nouveaux essais en ce genre.

·(5) Le temple de l'Hymen portoit cent trente pieds de hauteur , avec ses autres dimensions proportionnelles. L'architecture en étoit d'ordre corinthien.

(6) *Lettre de l'impératrice Marie - Thérèse au Dauphin.* «Votre épouse, mon cher Dauphin, vient de se séparer de «moi. Elle faisoit mes délices; j'espère qu'elle fera votre bon-«heur. Je l'ai élevée dans ce dessein , parce que, depuis long-«temps je prévoyois qu'elle devoit partager *vos destinées.* Je lui «ai inspiré l'amour de ses devoirs envers vous, un tendre atta-«chement à votre personne, l'attention à imaginer et pratiquer

» ce qui peut vous plaire. Je lui ai toujours recommandé, avec
» beaucoup de soin, une tendre dévotion envers le Maître des
» rois, persuadée qu'on fait mal le bien des peuples qui nous
» sont confiés, quand on manque envers *celui qui brise les*
» *sceptres et renverse les trônes* comme il lui plaît. Aimez donc
» vos devoirs envers Dieu. Je vous le dis, mon cher Dauphin,
» je le dis à ma fille : aimez à faire le bien des peuples sur les-
» quels vous régnerez toujours trop tôt. Aimez le roi votre aïeul ;
» soyez bon comme lui ; rendez vous accessible aux malheureux.
» Il est impossible qu'en vous conduisant ainsi, vous n'ayez le
» bonheur en partage. Ma fille vous aimera, j'en suis sûre, parce
» que je la connois. Mais, plus je vous réponds de son amour et
» de ses soins à vous plaire, et plus je vous recommande de lui
» vouer le plus sincère attachement. Adieu, mon cher Dauphin ;
» soyez heureux : je suis baignée de larmes.

                                   » MARIE-THÉRÈSE, *imp.* »

(7) On se rappelle avec quelle audace, lorsque Gustave III
se disposoit à venir au secours de Louis XVI, le jacobin Ca-
mille-Desmoulins félicita ses *frères et amis* sur ce qu'à cinq
cents lieues de Paris, un des associés à leur club, Ankarstroom,
avoit eu la gloire d'assassiner ce roi.

(8) Nous n'ignorons rien de tout ce qui fut dit et écrit pour dé-
créditer la personne et les opérations du chancelier de Maupeou.
Mais la révolution sera l'éternelle apologie de cet homme d'état.
Le prétendu coup de despotisme que lui reprochèrent les sophistes, frappés eux-mêmes dans la personne de Choiseul, ne
fut qu'un trait de sage et nécessaire politique, une opération
dont le maintien eût au moins retardé, et peut-être prévenu la
chute de la monarchie.

(9) Le confesseur de Louis XV, quoique appelé par ce prince,
s'étoit présenté plusieurs fois sans avoir pu pénétrer jusqu'à lui.
Lorsqu'enfin il eut été introduit, le malade lui demanda, et

apprit de lui la cause de son retard. L'ecclésiastique, après une première séance de son ministère, ayant témoigné au roi la crainte de retrouver les mêmes obstacles à son retour, le prince lui dit, à haute voix : « Je vous attends, monsieur, pour l'heure » convenue » ; et le confesseur, se tournant vers ceux qui lui avoient interdit l'entrée, leur dit : « Vous l'avez entendu, mes- » sieurs. »

NOTES

RELATIVES AU LIVRE TROISIÈME.

(1) Le Dauphin faisoit ici ressortir tout le poison caché dans le principe philosophique sur la propriété de la puissance ; principe non moins désastreux pour les sujets gouvernés, qu'inquiétant pour l'autorité gouvernante : car le prince qui régnera sur des peuples imbus du préjugé anarchique, qu'ils peuvent se ressaisir à volonté du pouvoir suprême, ce prince doit se croire sage en tenant dans l'oppression ceux qui lui laissent craindre la révolte.

(2) Voici en quels termes le Dauphin avoit demandé à l'auteur de lui communiquer ses idées sur cette matière, l'une des plus importantes dont puisse s'occuper un prince destiné à gouverner.

« Je vous prie que la première de vos lettres soit sur la ma- » nière de connoître à fond les hommes, l'étendue et les bornes » de leurs lumières, leur degré de sagacité, l'aptitude de leur » esprit, la droiture ou la duplicité de leur cœur, les motifs qui » les dirigent, l'intérêt qui les anime, et singulièrement l'éten- » due de leurs connoissances sur des matières sur lesquelles je ne » suis moi-même nullement, ou que médiocrement instruit ; car

» cet article me paroît la magie noire, ainsi que de juger des
» sentimens du cœur. Traitez donc toutes ces matières métho-
» diquement, intelligiblement et avec étendue. Qu'aucun des
» moyens, pour parvenir à cette fin, ne vous échappe. Condui-
» sez vous-même mon esprit dans tous ceux que j'aurai besoin
» de connoître; introduisez-le dans les cœurs les plus tortueux;
» employez-y, s'il le faut, des cahiers entiers. Si, par-dessus
» tout cela, vous m'apprenez à éviter les jugemens téméraires,
» je dirai que vous avez accompli toute justice. »

Le prince, après avoir reçu l'ouvrage, répondoit au P. Griffet, en date du 20 juin 1758 : « Je suis dans l'enchantement,
» mon révérend père; vous avez saisi à merveille mes idées, et
» avez été beaucoup plus loin. Votre ouvrage m'a autant fait de
» plaisir qu'il doit m'être utile : c'est tout dire. Je vous remercie
» de votre peine; mais je ne la plaindrai point, s'il me passe
» quelque autre chose par la tête; car je m'en ferois un scrupule.
» Vous pouvez compter sur le plus grand secret. Louis. »

(3) L'abbé de Radonvilliers, qui avoit eu, en qualité de sous-
précepteur, la plus grande part à l'éducation du roi, étoit un
homme de probité, ami sincère du bien public, du monarque
et de la monarchie; mais, en même temps, s'il nous est permis
de le juger d'après les rapports très-immédiats que nous eûmes
avec lui, d'un caractère facile et trop confiant pour démêler
les jeux ténébreux de l'ambition et la duplicité des cœurs.

Le roi de Prusse, Frédéric II, qui suivoit de très-près tout ce
qui se passoit à la cour de Versailles, nous fait lire, dans une
de ses lettres : « Ce fut encore une intrigue, comme cela arrive
» toujours à cette cour, qui plaça le comte de Maurepas à la tête
» du ministère; — homme gai, aimant la joie et les plaisirs. » On
assura même, mais sans que nous puissions le garantir, qu'une
somme de cent mille écus avoit été payée à la personne qui
avoit joué le rôle décisif dans cette coupable intrigue.

(4) Le duc de Choiseul avoit une sorte de cour à son château

de Chanteloup. Il y donnoit des fêtes ; on y jouoit la comédie.
Les hommes qu'il avoit mis en place, et les philosophes qu'il
avoit protégés, ne désespérèrent jamais de son retour à la faveur. Les régimens qui passoient près du lieu de son exil lui
faisoient des députations de corps ; les ministres même de
Louis XVI le ménageoient ; et M. de Calonne lui facilitoit le
paiement de trois millions dont il s'étoit endetté. Pendant sa
dernière maladie, plusieurs secrétaires n'étoient occupés qu'à
copier des bulletins de l'état de sa santé, pour le peuple immense de ses protégés et de ses amis.

(5) Une lettre du comte de Maurepas, datée du 13 août
1743, peint la politique méticuleuse et indécise du ministère
dont il faisoit alors partie, et ses ménagemens pour les philosophes, déjà tout occupés à saper les fondemens de l'ordre social. Voltaire avoit présenté au théâtre son *Mahomet*, et le
procureur général du parlement avoit requis le lieutenant de
police *de Marville* d'en empêcher la représentation. Celui-ci
en ayant écrit au comte de Maurepas, ce ministre lui répondoit : « J'ai porté votre lettre, monsieur, à M. le cardinal, et
« lui en ai fait lecture, ainsi que de celle du procureur général
« qui y est jointe. Quoique son éminence pense toujours de
« même au fond, elle ne pense pas cependant que vous deviez
« risquer une scène pour un pareil sujet, et elle approuve que
« vous fassiez dire aux comédiens de supposer la maladie d'un
« acteur, pour se dispenser de jouer la pièce jeudi ; et à Vol-
« taire, de la retirer lui-même de leurs mains, pour éviter l'é-
« clat. Je crois même que, si vous faites bien, vous commen-
« cerez par ce dernier parti, et qu'il vous aidera lui-même à
« l'exécuter et à couvrir la démarche. La communication des
« épithètes que lui donne le procureur général (auteur scélérat,
« digne de Bicêtre), joint à un certain arrêt du parlement, en
« vertu duquel il ne tient qu'à lui d'informer et de décréter l'au-
« teur des *Lettres philosophiques*, rendront votre argument plau-

»sible. Et, par ce moyen, vous ne serez commis avec personne.
»MAUREPAS. »

Voltaire alors dissimule ; et, ne pouvant se faire jouer à Paris, prend le parti de s'y faire lire. Il se rend à Bruxelles, y fait imprimer son *Mahomet*, qu'il envoie à Paris ; il écrit en même temps au ministre et au lieutenant de police, pour se plaindre de la publication de sa pièce , et les supplier de faire faire des poursuites contre les éditeurs. La dérision étoit palpable, et Maurepas voulut bien l'ignorer.

(6) Pour écarter toute inquiétude de l'esprit du jeune roi, et consommer son erreur sur le ministre qu'on vouloit lui faire adopter ; après qu'on lui en eut fait un pompeux éloge, on lui mit sous les yeux des mémoires imprimés depuis dix ans, dans lesquels il lut : « Le comte de Maurepas étoit celui de tous les »ministres qui gouvernoient alors la France, qui avoit le plus »de génie , d'activité et de pénétration. Il étoit aussi ancien »dans le ministère que Louis XV sur le trône. La monarchie »lui étoit redevable de plusieurs grands établissemens ; c'est »lui qui avoit rétabli la marine qui, après la mort de Louis XIV, »étoit dans un désordre affreux. J'ai ouï dire que la branche »du commerce du Levant est entièrement de lui. Il travailloit »beaucoup : on n'a jamais tant expédié. Sa correspondance étoit »un chef-d'œuvre de précision. J'ai vu plusieurs de ses lettres : »il est impossible, à mon avis, de dire plus de choses en si peu »de mots. »

Après que Louis XVI eut lu ce portrait brillant, on eut soin de lui faire observer qu'il étoit d'autant moins suspect qu'il avoit été tracé par une main ennemie, par la même marquise de Pompadour qui avoit déterminé, dans le temps, la disgrâce du comte de Maurepas. L'observation tomboit à faux, parce qu'il est reconnu que les *Mémoires* qui portent le nom de cette marquise ne sont pas d'elle. Il est vrai que Maurepas avoit été disgracié de Louis XV, pour s'être émancipé en propos

sur cette femme. Et, comme il étoit notoire que le Dauphin,
père de Louis XVI, méprisoit la marquise qui avoit fait disgra-
cier, on en conclut, et on débita, contre toute vérité, qu'il
étoit plein d'estime pour le ministre disgracié.

(7) Lorsque Louis XVI fit son entrée solennelle dans Paris,
Robespierre finissoit son cours d'humanités au collége de Louis-
le-Grand. Il avoit eu pour professeur de rhétorique un homme
instruit, mais admirateur enthousiaste de Rome païenne et de
ses héros; et que ses écoliers, pour cette raison, appeloient
entre eux *le Romain*. Ce professeur, nommé *Hérivaux*,
croyoit reconnoître dans Robespierre un indice de la fierté
républicaine qui lui plaisoit. Ce fut lui qui lui procura la faveur de présenter à Louis XVI une pièce de vers latins composée pour la circonstance. Alors préfet des études dans le
même collége, et me trouvant dépositaire de quelques aumônes que faisoient annuellement à Robespierre l'évêque et
quelques chanoines d'Arras, je l'avois fait habiller, pour qu'il
pût se présenter décemment. Parmi tous les jeunes gens qui
étudioient alors dans ce collége, à l'aide d'une pension gra-
tuite appelée *bourse*, je doute qu'il s'en fût trouvé un second
réduit à l'état d'indigence où étoit le jeune Robespierre; et,
s'il m'eût été donné de deviner le monstre dans l'écolier, rien
ne m'eût été plus facile que de le museler dès lors, en tarissant
le cours des aumônes que je recevois pour lui; ressource sans laquelle il lui eût été impossible de s'entretenir et de continuer ses
études. J'attribue à ma déportation d'avoir échappé à ses poignards; car il ne paroît pas qu'il ait pardonné à aucun de ceux
à qui il devoit quelque reconnoissance.

(8) Ce précis des devoirs d'un roi, publié *par ordre du roi*,
fit tant d'honneur au jeune monarque, il fut si généralement
accueilli que les philosophes eux-mêmes ne purent s'empêcher
de parler dans le sens commandé par l'opinion, d'un ouvrage
où Fénelon assigne parmi les premiers devoirs de conscience

pour un roi « de chercher la règle de sa conduite dans la lec-
» ture et la méditation de l'Évangile ; de s'appliquer à la prière
» avec ferveur et assiduité; d'employer toute son autorité pour
» rendre l'irréligion muette (Direct. 1, v, xiii). » La Harpe,
alors encore tout philosophe, n'en voyoit pas moins, dans ce
petit traité, *comme l'Abrégé de la Sagesse, et le Catéchisme des
Rois*. D'Alembert lui-même, faisant en pleine académie l'éloge
de l'auteur de ce petit ouvrage, s'écrioit : « Qu'il y rend le
» christianisme respectable ! quel précieux usage il sait en faire
» pour établir les principes de la félicité des peuples, pour
» éclairer le jeune prince sur l'étendue et la rigueur de ses de-
» voirs, pour l'effrayer sur les suites affreuses qu'entraîneroit sa
» négligence à les remplir; enfin, pour lui inspirer l'horreur
» de la tyrannie et de l'oppression. » Il mentoit donc à sa conscience, et il conspiroit bien sciemment contre l'humanité,
celui qui, dans sa correspondance secrète, appeloit *infâme*, et
juroit d'*écraser* comme telle, cette même religion qui, de son
aveu, procure *la félicité des peuples*, et inspire aux princes
l'horreur de la tyrannie et de l'oppression.

'

(9) L'apologie de son ministre, composée par Louis XVI et
envoyée à l'assemblée, étoit conçue en ces termes : « Mes-
» sieurs, j'ai examiné les observations que le zèle et la sollici-
» tude de l'assemblée nationale l'ont portée à m'adresser sur la
» conduite du ministre de la marine. Je recevrai toujours avec
» plaisir les communications qu'elle jugera utile d'entretenir
» avec moi. Les observations qui m'ont été remises de la part
» de l'assemblée, me paroissent absolument conformes aux dé-
» nonciations sur lesquelles elle avoit déclaré n'y avoir pas lieu
» à délibérer. Je m'étois fait rendre compte alors des réponses
» que M. Bertrand avoit présentées contre les différens griefs,
» et j'avois porté le même jugement que l'assemblée. Depuis,
» aucune plainte fondée ne s'est fait entendre relativement aux
» différentes parties de son administration; et tout ce qui me

«revient de la part des colons, du commerce et des gens de
«mer, me présente des témoignages de l'utilité de ses services.
«Enfin, aucune violation de la loi ne lui étant reprochée, je
«croirois manquer à la justice si je lui retirois ma confiance. Au
«reste, les ministres savent que le seul moyen de la mériter et
«de la conserver, c'est de faire exécuter les lois avec énergie et
«avec fidélité.

«Louis.»

M. S. F. Dupont.

(10) La Peyrouse, qui a vu et examiné, donne le démenti
le plus formel à nos sophistes, qui, du fond de leur cabinet,
nous peignent le Sauvage si bon, si intéressant, pour avoir
droit d'en inférer l'inutilité soit de la religion révélée, soit des
gouvernemens civilisés par son influence, et qui se conduisent
par ses lumières. Cet homme de la nature, au rapport du
voyageur, est partout le même, «hypocrite et perfide, s'il
«craint; le plus méchant et le plus féroce des êtres vivans, s'il
«se croit le plus fort. — Les philosophes se récrieront en vain
«contre ce tableau : ils font des livres au coin du feu, et moi
«je voyage depuis trente ans. — Le malheureux Lamanon,
«qu'ils ont massacré, me disoit encore la veille de sa mort,
«que ces hommes valoient mieux que nous.»

Un missionnaire de la congrégation de Saint-Sulpice, M. Le-
vadoux, à portée d'étudier, pendant plus de dix ans, les sau-
vages qui se montrent sur les rives du Mississipi, nous les peignoit absolument des mêmes couleurs que La Peyrouse, et nous
disoit : «Il n'y a que la force de la religion qui les convertisse
«en hommes.»

(11) Si on croyoit pouvoir opposer à ce que nous avons dit
du caractère franc et loyal de Louis XVI, le refus qu'il fit,
dans son interrogatoire, de reconnoître un nombre de pièces
et de lettres qu'il devoit connoître, c'est qu'on ne feroit pas
attention que ce n'est nullement blesser la vérité, mais con-

sulter la prudence, surtout en présence de juges iniques et passionnés, que de répondre, comme fit Louis XVI, en voyant passer sous ses yeux un amas confus de pièces manuscrites : « Je ne les connois pas. — On peut contrefaire les écritures. — Je demande communication de ces pièces, avant de prononcer. » Par où il étoit évident que ce refus de reconnoissance n'étoit que provisoire. Et, en effet, la communication des pièces lui ayant été accordée, il enjoignit à ses défenseurs d'avouer toutes celles qu'il put lui-même reconnoître.

(12) Qu'il y avoit loin du cœur de Louis XVI au cœur du comte d'Estaing ! Quel contraste entre cette belle lettre que son roi daignoit écrire à d'Estaing, et celle que d'Estaing fera circuler, après la nuit du 6 octobre, à la charge de la reine ! L'une peint le grand roi, et l'autre le courtisan le plus bas et le plus perfide.

(13) Les mécontentemens que le ministre Narbonne ne cessoit de donner à Louis XVI, avoient porté ce prince à lui signifier sa destitution par ce billet : « Je vous préviens, monsieur, que je viens de nommer M. de Graves au département de la guerre : vous lui remettrez votre portefeuille. Louis. »

NOTES

RELATIVES AU LIVRE QUATRIÈME.

(1) Il parut, en 1802, une petite brochure fort curieuse, ayant pour titre : *Le Rétablissement de la marine française, dans la pratique du catholicisme.* A Paris, chez *Laurens jeune.* L'auteur, *M. Legrand,* qui passa sa vie à étudier la marine

dans tous ses détails et ses rapports d'utilité, met en thèse cette
proposition : « Jamais le gouvernement ne rétablira la marine
» en France que par le rétablissement et le maintien de la loi
» du catholicisme qui prescrit quarante jours d'abstinence an-
» nuelle et deux jours d'abstinence hebdomadaire. »

Le but de l'auteur est de donner des matelots à notre marine
qui en manque. Il prouve sans peine qu'il se consomme en
France beaucoup moins de poisson aujourd'hui qu'autrefois, et
lorsque, sous Louis XIV, toutes les tables, depuis celles du roi
et de ses ministres, jusqu'à celles des moindres particuliers,
excluoient le gras et le remplaçoient par le poisson pendant
plus d'un tiers de l'année. « Si, avec cela, dit l'auteur, on se
» rappelle les nombreuses corporations des deux sexes, où
» l'abstinence des viandes étoit perpétuelle, on pourra se former
» quelque idée du nombre de bras qui devoient continuellement
» s'agiter sur nos mers et nos rivières, sur nos lacs et nos étangs
» pour fournir le nécessaire à tant de consommateurs. » — Mais
depuis que, vers le milieu du dix-huitième siècle, la loi de
l'abstinence, minée par les principes des philosophes et par
l'insouciance du gouvernement, commença à tomber en dé-
suétude, et que le poisson ne fut plus, sur un grand
nombre de tables, qu'un mets de gourmandise et de fantaisie,
nos pêcheurs aussi ne furent plus que des ouvriers de fantaisie,
ivrognes ou paresseux, qui se saisirent d'une profession délais-
sée par des familles honnêtes et laborieuses, qui ne s'y affection-
noient qu'à raison des avantages que leur garantissoit une con-
sommation régulière et assurée.

L'auteur, appuyant ses vues d'autorités respectables, ajoute :
« Une anecdote décisive sur la manière de voir de ce grand homme
» d'état (Colbert), se trouve consignée au dépôt de la marine.
» Un enseigne de vaisseau, le chevalier de Vesle, dînant un jour
» à sa table, pendant le carême, se plaignoit de ce que la reli-
» gion catholique imposoit tant de jours d'abstinence de viandes.
» Le ministre se tournant vers le jeune homme, lui dit : M. de

» Vesle , votre observation paroîtroit moins déplacée dans la
» bouche d'un officier de terre; mais elle est inexcusable dans
» celle d'un marin. Ne voyez-vous donc pas que la loi de l'Eglise,
» ici, sert merveilleusement l'état ; et que, sans les abstinences
» de préceptes religieux, vous verriez tomber nos pêcheries, qui
» sont les séminaires naturels de nos matelots. »

« Beaucoup plus exposé que ne l'étoit Colbert à entendre faire
les questions : « A quoi bon un carême? pourquoi ces absti-
» nences de viandes? à quoi servent des carmelites et des char-
» treux , etc. ? M. de Sartine répondoit quelquefois laconi-
» quement : *à nous donner des matelots.* » Des importans d'a-
lors, incapables de saisir son idée, nous disoient à l'oreille : il
faut lui pardonner de ne rêver que matelots, il est homme du
métier. Mais quand ce rêveur jugeoit à propos de développer
sa pensée, il l'eût rendue palpable aux plus aveugles. Il disoit :
» — Mais , avec tous les savans du monde, dans nos ports et sur nos
» vaisseaux, il faut convenir encore d'une grande vérité; c'est que,
» sans matelots, point de marine. Or, sans pêcheries, point de
» matelots ; sans consommateurs des fruits de la pêche, point de
» pêcheries ; et, en dernière analyse, sans une loi prohibitive
» de l'usage des viandes en certain temps et certains jours, point
» de consommateurs des fruits de la pêche; j'entends de ces
» consommateurs habituels et nécessaires, tels qu'il les faut pour
» que des spéculateurs sages exposent, les uns leurs travaux, les
» autres leurs fonds dans l'exploitation de nos pêcheries. D'où
» je conclus que , eu égard aux besoins de la marine, l'antique
» institution sur l'abstinence des viandes devroit encore être
» une loi de l'état chez le Français, si elle n'en étoit pas une de
» sa religion. »

Après cette conclusion de M. de Sartine, M. Legrand conclut lui - même : « Les procédés de M. Turgot, qui faisoit
» étaler et vendre publiquement les viandes pendant le carême,
» furent aussi impolitiques que peu religieux, et portèrent un
» coup mortel à nos pêcheries. En vain l'archevêque de Paris

» éleva-t-il alors la voix ; les économistes crièrent *au fanatisme !*
» et furent écoutés. Mais, au fond, le fanatique étoit Turgot, et
» le vrai philosophe Beaumont. »

(2) Il y a bien apparence que Necker voyoit plus loin que
Maurepas dans le système des assemblées provinciales ; lui qui
nous fait observer que, dès son établissement, « l'assemblée de
» la haute Guyenne spéculoit *à l'avance* sur le rachat des droits
» féodaux ; » lui qui organisoit dès lors ces assemblées comme
il fit organiser depuis celle des Etats généraux, avec double représentation du tiers-état, et suffrage par tête dans les délibé-
rations. Une assemblée provinciale étoit composée de cinquante-
deux membres, dont vingt-six du tiers-état.

(3) Le système des économistes étoit celui d'une liberté in-
définie pour l'exportation comme pour la circulation des grains.
Cette secte exagérée, et composée en général de riches propriétaires, ne pouvoit que gagner au monopole que favorisoit
son système. Dans le même temps qu'elle coupoit les vivres au
peuple, elle lui parloit le doucereux langage de la philanthro-
pie, et faisoit publier des recettes de charlatanerie, pour lui
apprendre à se nourrir d'économie et à se passer de pain.

(4) Les dépenses secrètes du *livre rouge,* dont les sophistes
faisoient tant de bruit avant qu'elles ne fussent connues, tournè-
rent à leur honte par la publication. On apprit que leurs chefs
et leurs amis ne s'oublioient pas à la cour, et ne rougissoient
pas du rôle de mendians auprès de Louis XVI. Quand on connoît les dispositions de ce prince, on est bien convaincu que ce
n'étoit pas sans lui en imposer, et surprendre sa bonté de cœur,
qu'on lui faisoit allouer, à titre de *secours,* cent mille livres au
philosophe d'Angivilliers ; cent soixante-six mille livres à la philosophe comtesse de Maurepas ; vingt mille livres de pension à
Turgot, le plus fanatique des sophistes ; près d'un million, pour
couvrir ses fredaines, à un prince étranger, et long-temps assez

jeune pour couvrir de sa protection la secte la plus enragée
contre les Princes ; enfin deux pensions, de six mille livres
chacune, l'une au secrétaire particulier du philosophe Necker,
et l'autre à la philosophe du Défunt, coadjutrice de la philosophe Geoffrin, la pourvoyeuse des philosophes précurseurs du
sans-culotisme [*].

Cependant ce fameux *livre rouge*, où l'on annonçait que se
trouvoient consignées les preuves des prétendues dilapidations
de la reine, prouva tout le contraire. Les dépenses personnelles
au roi et à son épouse, durant tout son règne, ne se portent
qu'à onze millions quatre-cent vingt-trois mille livres, dont le co-
mité vérificateur avoue qu'une grande partie a été employée en
acquisition de fonds. Il ajoute même, en parlant du roi : «Ja-
» mais, lorsqu'il a été question de ses affaires, ou de ses goûts
» personnels, on n'a pu lui persuader de s'écarter d'une sévère
» économie. Ses réponses à des propositions qui le regardoient
» personnellement, portent : *Il n'y a rien de pressé. Bon, à con-*
» *dition que cela n'occasione pas de nouvelles dépenses.* » (Livre
rouge, p. 6 et 38.)

(5) Nous avions emprunté de nos voisins le moyen, depuis
long-temps en usage chez eux, de faire payer les frais des grandes
routes au commerce et aux voyageurs, qui en retirent exclusivement les avantages : mais le gouvernement a trouvé des ressources plus simples que celle des barrières pour fournir à la
confection et à l'entretien de ces routes.

(6) Je lis dans mes mémoires (ceux de la baronne de Pont
l'Abbé) : «Combien de fois mon père n'a-t-il pas surpris le roi
» se promenant triste et rêveur dans son cabinet de travail, à la
» nouvelle reçue de quelque fâcheux accident, auquel il cher-
» choit à remédier. Je me rappelle qu'il nous disoit un jour :

_____

[*] On connoît la plaisanterie sur les culottes de velours, distribuées aux
philosophes de Paris par la dame Geoffrin

» J'entends bien souvent comparer le roi à Henri IV, et il est
» certain qu'il a tout le cœur de ce prince pour son peuple. Il
» prend aussi, comme lui, le délassement de la chasse ; mais
» Henri IV se permettoit bien d'autres distractions qui ne seront
» jamais du goût de son petit-fils : la nation est sa seule maî-
» tresse, tous les Français sont ses enfans ; et je puis dire, avec
» vérité et connoissance de cause, que jamais il ne s'est refusé à
» en secourir un seul dont il ait connu le besoin, et qu'aucune
» privation ne lui coûte pour le soulagement des malheureux. »

(7) La comparaison, assurément, ne disoit pas assez en faveur de Louis XVI. Mais nos écrivains du siècle philosophique
croyoient avoir montré le dernier terme de perfection, quand
ils avoient proposé pour modèles, à des princes chrétiens, des
princes païens, et, comme par grâce, le bon Henri. Mais quelle
justesse de parallèle entre les vertus d'un Tite et les vertus de
Louis XVI ? Pour en juger, qu'on place ces deux princes à leur
dernière heure : Tite meurt à quarante et un ans, et Louis XVI
au même âge. Quelle grandeur d'âme dans le héros chrétien,
qui périt de mort violente, en bénissant son Dieu et pardonnant
à ses ennemis ! et quelle petitesse dans le vertueux païen, mourant dans son lit, le blasphème à la bouche contre ses dieux,
auxquels il demande si une mort prématurée devoit être la récompense des vertus qu'il a pratiquées. Un Marc-Aurèle et un
Antonin dit le Pieux, sont-ils plus dignes d'être proposés à
l'imitation des princes chrétiens ? Ce pieux Antonin protégeoit le
culte de ses idoles ; et, sous son règne, comme sous le règne
non moins vanté de Marc-Aurèle, on vit ruisseler le sang des
martyrs. Sans doute que les historiens du paganisme, dans la comparaison de ces princes avec leurs Nérons, ont dû vanter l'humanité des premiers, assassins seulement des chrétiens : mais
Voltaire et son école devoient-ils, au mépris des grands modèles
qu'offre le christianisme, affecter d'aller chercher les leurs dans
les annales de l'idolâtrie ?

26.

(8) L'Hôtel-Dieu de Paris est un monument unique de la charité de nos pères. Tous les malades y sont accueillis, sans distinction de sexe, de patrie, de religion : il suffit, pour y être reçu, d'appartenir à l'espèce humaine.

(9) Suivant les mêmes relations, dans le cours de cette visite que fit Louis XVI à l'Hôtel-Dieu, gardant l'*incognito*, un objet l'ayant plus particulièrement affecté, il demanda quelques éclaircissemens à une servante qui traversoit la salle où il se trouvoit : mais celle-ci, sans s'arrêter, lui répond brusquement, qu'elle a bien autre chose à faire qu'à répondre aux curieux.

(10) Dans ses lettres patentes, enregistrées le 11 mai 1781, le roi disoit : «Instruits de l'état de l'Hôtel-Dieu, et frappés de la » nécessité où l'on a été jusqu'à présent d'y réunir souvent dans » un même lit des personnes attaquées d'infirmités différentes, » des malades avec des mourans, nous avons partagé le senti- » ment de compassion dont ce triste spectacle pénètre depuis » long-temps tous ceux qui en sont les témoins. Après avoir pris » connoissance des différens projets, et nous être fait rendre » compte des obstacles qui traversoient leur exécution, nous avons » reconnu combien il étoit difficile de remplir entièrement nos » vues. Mais ne voulant pas que le désir de la perfection arrête » un très-grand bien, surtout quand ce bien intéresse essentiel- » lement la partie de nos sujets la plus infortunée, nous nous » sommes déterminés à adopter un plan qui n'oblige ni à de » grands édifices, ni à des dépenses considérables, ni à une » longue attente. — Nous avons vu avec satisfaction que la dé- » pense n'excéderoit pas six cent mille livres, et que nous pour- » rons y pourvoir sans rien détourner de notre trésor royal, en » destinant à cet objet un fonds qui nous est particulier, et de » plus les droits que notre cousin l'archevêque de Paris avoit ac- » quis sur la ville de Paris, mais qu'il nous a cédés en partie, » pour être employés à cet établissement d'utilité publique. — » Au moyen de distributions et de constructions nouvelles, que

» nous avons ordonnées, les malades dudit hôpital, jusqu'à la
» concurrence de trois mille au moins, seront couchés seuls. —
» Et, quoique la quantité de trois mille personnes excéderoit le
» nombre ordinaire des malades de l'Hôtel-Dieu et de l'hôpital
» Saint-Louis, nous avons ordonné cependant la disposition de
» plusieurs emplacemens pour y recevoir, en cas de foule, mille
» malades de plus. »

(11) Le ministre Cahier-de-Gerville, dans un projet de proclamation aux Français, qu'il lui soumettoit, lui faisoit dire
mon peuple. « Il faut, monsieur, lui dit le roi, rayer ces deux
» mots, et mettre en place : *Le peuple français*. Hélas ! ajouta-
t-il, avec l'accent de la douleur profonde, je ne puis plus dire
» *mon peuple*. Mais on a beau faire, ce sera toujours l'expression
» de mon cœur. »

(12) Louis XVI, qui ne voulut pas qu'on suivit, le jour de son
sacre, l'antique usage de tapisser les rues de la ville, pensoit
en cela par son cœur. Mais son ministre Turgot, qui ne vouloit
pas même qu'il y eût de sacre, pensoit dès lors en vrai jacobin ; et un premier ministre, moins frivole que Maurepas, eût
insisté pour qu'on n'ôtât rien de sa majesté à une cérémonie religieuse qui ne donne pas l'autorité, mais qui avertit les peuples
que l'autorité qui va les gouverner est émanée du Ciel.

(13) Quelle fatalité ! Et pourquoi fallut-il que trois illustres
voyageurs, un roi et deux empereurs, ainsi que le monarque
qu'ils visitèrent, périssent tous à la fleur de l'âge, et de la main
des disciples de Brutus ? Ne seroit-ce pas que le ciel auroit voulu
inculquer aux rois de la terre, par cette effroyable leçon qua-
druplée en si peu d'années, que nourrir des sectes impies dans
leurs états, et à leur cour, c'est y préparer les conspirations et
les forfaits régicides.

(14) On remarqua, dans le voyage de Louis XVI sur les

côtes de Normandie, que ce prince, sans négliger les petites
choses pour les grandes, apportoit une extrême attention à tout
ce qui frappoit ses regards. Etant à dîner sur le vaisseau amiral,
le pavillon qu'on y avoit dressé pour le recevoir lui parut mes-
quin ; et, comparant des yeux l'ouvrage avec la matière fournie,
il jugea qu'il y avoit eu friponnerie dans l'emploi, et dit au
commandant : « Que pensez-vous de votre pavillon, M. d'Al-
» bert ? Vous devez en être content ; car il nous a pris cinq cents
» aunes de taffetas. — C'est beaucoup, sire, que cinq cents
» aunes, répond l'officier. — En effet, reprend le roi, il ne me
» paroît guère possible qu'il y en soit entré autant ; mais la preuve
» en est facile. » Il tire un crayon, et, dans la minute, il dé-
montre que la moitié de l'étoffe, à peu d'aunes près, a été volée.
Mais, ne voulant pas troubler un jour de fête par des éclaircissemens qui lui eussent montré des fripons à punir, et peut-être
parmi les convives, il se contenta de les avoir signalés au chef
d'escadre Albert-de-Rhions. Ce voyage mémorable et si déli-
cieux, pendant lequel Louis XVI parut prodiguer ses dons au
mérite et ses aumônes aux pauvres, on saura un jour, par la
manifestation du livre des dépenses secrètes, qu'il n'a coûté
que cent quarante-huit mille livres.

NOTES

RELATIVES AU LIVRE CINQUIÈME.

(1) Les mêmes sentimens d'affection que Louis XVI ne cessa
de témoigner aux princesses Adélaïde et Victoire, après leur
sortie de la France, il les avoit également conservés à madame
Louise, retirée de la cour, et à laquelle il écrivoit : « Rempli
» d'admiration, en considérant le courage que vous avez eu de

» quitter le monde pour vous attacher uniquement à Dieu , si je
» ne craignois de vous troubler dans vos saintes occupations , ce
» seroit mon grand plaisir d'aller vous voir, et vous marquer
» les sentimens de vive tendresse et de vénération que j'ai et
» que j'aurai toute ma vie pour vous. »

(2) Nous connoîtrons un jour le désintéressement philosophique de ces charlatans , qui ne crioient si haut à *la déprédation!*
que parce qu'ils n'étoient pas encore en société avec les déprédateurs. Si quelque chose devoit étonner , ce n'étoit pas que de
jeunes princes , mal environnés, eussent fait quelques fautes ,
c'étoit, au contraire, qu'ils n'en eussent pas fait davantage et de
plus grandes. Leurs vrais amis néanmoins ne sauroient trop le
répéter à ces grands personnages : Que toujours on les rend responsables des iniquités de leurs agens, et qu'on les fait complices lorsqu'ils ne sont que dupes.

(3) Louis XVI , en 1791 , avoit investi l'aîné de ses frères de
ses pleins-pouvoirs pour traiter en son nom , avec les puissances
étrangères, des moyens d'arracher la France aux horreurs de
l'anarchie. Mais le baron de Breteuil , s'il faut en croire le ministre Bertrand , traversa cette disposition de son maître , en se
prévalant de pouvoirs révoqués ; abus de confiance qui divisa les
esprits et écarta les succès, toujours attachés à l'unité de vouloir
et d'action.

(4) Ceux qui ont parlé des *conseils vigoureux* que madame
Elisabeth auroit donnés au roi, ignoroient absolument sur quel
pied le frère et la sœur vivoient entre eux. Leur amitié étoit réciproquement tendre et sincère, mais très-respectueuse en même
temps de la part de madame Elisabeth , qui recevoit quelquefois des avis du roi, mais ne lui en donnoit jamais. La princesse, qui mettoit très-peu d'importance aux ajustemens qu'il
plaisoit à ses femmes de lui donner, ayant un jour paru devant
Louis XVI avec une coiffure qui étoit de mode au commence-

ment de la révolution, le roi, qui la jugea messéante pour sa
sœur, la pria de ne la plus porter. La princesse, sans beaucoup y
songer, reparut le lendemain coiffée comme la veille. Louis XVI,
en la voyant, lui dit : « Vous avez oublié, Elisabeth, que je
« vous ai fait hier une invitation; vous seriez fâchée que je vous
» intimasse une défense. » C'eût été la première que la bonne
princesse se fût attirée ; et elle ne fut pas nécessaire.

(5) Un jour que le roi étoit seul chez la reine, qui s'amusoit
à faire elle-même son café, la princesse, au moment précis où
une femme de chambre entroit chez elle, disoit au roi : « Passe-
» moi le soufflet, mon ami. » Le bruit de la porte ayant empêché
le roi d'entendre, elle répéta devant la femme de chambre :
« Passez-moi le soufflet, monsieur, s'il vous plaît. »

(6) Une personne attachée au service intérieur de la reine, et
généralement estimée, la dame Thibault, lorsque la révolution
éclata, s'exprimoit en ces termes : « Il faut être absolument
» étranger à la cour, et n'avoir nulle idée de la manière d'y être
» d'une reine, pour ignorer que la moindre démarche de sa part,
» de nature à fonder un soupçon injurieux à ses mœurs, ne pour-
» roit échapper au monde qui l'environne, et par-là même à la
» publicité. Mais la reine est sûre du cœur du roi comme du sien ;
» elle est bonne, affable, ne songeant qu'à faire du bien, char-
» mante pour tout ce qui l'approche. Elle efface personnellement
» toutes les femmes de sa cour qui ont des prétentions à la beauté.
» Elle est d'une si admirable franchise, que des gens qui ont
» tenté de donner des maîtresses au roi, ont su d'elle-même
» qu'elle connoissoit leurs menées ; et le duc d'Orléans ne peut
» ignorer qu'elle méprise autant sa personne qu'elle a d'amitié
» pour sa vertueuse et malheureuse épouse : voilà les grands
» crimes de la reine ; ce sont ceux-là qui ont enfanté tous ceux
» qui se sont commis contre elle. »

Ce témoignage de la première femme de chambre de la reine
nous fut confirmé par la première femme de chambre de la

princesse royale, la dame Basire, qui ajoutoit : « Tous les
» rapports que mon emploi me donnoit avec la reine, m'ont
» convaincue de son sincère attachement à la religion, et du vif
» désir qu'elle avoit de trouver en sa fille la solide piété et les
» vertus chrétiennes. Elle vouloit aussi que la jeune princesse
» se prémunît, par l'habitude des travaux propres à son sexe,
» contre les écueils du désœuvrement. Elle-même n'étoit jamais
» oisive : je la voyois souvent travailler pour les pauvres. »

(7) Voyez l'interrogatoire de la reine, page 39. La domestique *Renée Millot* prétend savoir, que le motif qui détermina
le roi à obliger la reine de garder son appartement pendant
quinze jours, c'est qu'elle avoit formé le projet d'assassiner le
duc d'Orléans, et si décidément, qu'elle s'étoit munie de
deux pistolets pour l'exécution. La reine, en se défendant,
non de l'ordre reçu du roi, mais du motif qui l'auroit dicté,
répondit : « *Il se peut*; mais ce n'est pas pour une cause pa-
» reille. » C'étoit, en effet, une absurdité de le penser. Des personnes mieux instruites que cette servante, nous ont assuré que
la reine, quoiqu'elle eût été insultée dans plusieurs promenades,
vouloit continuer ses sorties : que le roi les lui interdit expressé-
ment; ce qui la retint pendant quinze jours dans son appartement.

(8) La bibliothèque scolastique du jeune Dauphin ayant subi
le même sort que celle de son père, dans le pillage du château
des Tuileries, Louis XVI, dans sa prison, réclamoit, par une
note, à la municipalité de Paris, l'achat des livres nécessaires à
l'instruction de son fils, en tête desquels il désignoit ceux des
ouvrages de Bossuet et de Fénélon, qui avoient été réimprimés
par ses ordres pour cet usage.

(9) La continuité des traitemens barbares que le cordonnier
Simon fit essuyer au Dauphin, après la mort du roi, prouve-
roit seule que ce monstre avoit le mot des jacobins sur la des-

tinée de cet enfant, quand même l'apostat Chabot, leur organe, n'auroit pas eu l'impudence de dire, en séance publique,
que c'étoit à *l'apothicaire à en purger la France;* et quand
même encore l'homme de l'art chargé de publier que le jeune
prince n'étoit pas mort par une opération d'apothicaire, ne seroit pas mort lui-même subitement, aussitôt après son rapport
publié.

(10) L'enfant, qui est *de cire pour le vice,* prendroit ordinai-
rement la même flexibilité pour la vertu, s'il y étoit exercé dès
le bas âge; et les attentions soutenues d'un esprit sage auroient
rectifié, avant huit ans, des inclinations que ne réformeront
plus à quinze ni les argumens de la raison ni la crainte des
châtimens. C'est une justice que l'on doit à l'épouse de
Louis XVI, de dire qu'elle partageoit les sentimens de son
époux et sa sollicitude pour l'éducation de ses enfans. Elle appuyoit de toute son autorité celle des personnes chargées de
diriger leur enseignement et de rectifier leurs inclinations. Il
étoit très-ordinaire qu'elle assistât à leurs leçons : elle leur expliquoit elle-même les vérités de la religion et leur faisoit réci-
ter leurs prières. Sa tendresse pour eux fut mise à une épreuve
très-délicate, immédiatement après la mort du roi, qui lui pré-
sageoit assez la sienne. Un homme du jour, qui avoit accès au
Temple, lui proposa un moyen de l'en tirer. Le plan d'évasion
lui paroissant très-praticable, elle le soumit à l'examen d'une
personne de confiance qui en porta le même jugement qu'elle:
mais, au moment de l'exécution : « Non, dit-elle, je n'ai jamais
« voulu séparer mon sort de celui de mon mari; et je ne puis
« me résoudre aujourd'hui à me séparer de mes enfans; je me
« résigne à tout ce qu'en ordonnera la Providence. »

(11) Nous rapporterons ici un passage assez curieux de nos
Mémoires sur les principes de modération de Louis XVI.
« On fit souvent des représentations au roi pour l'engager à
« employer la force pour assurer le triomphe de sa cause, sans

«que jamais il eût voulu entendre aux voies de rigueur, lors
»même que les dangers les plus éminens pour sa personne sem-
»bloient en indiquer la nécessité. Mon père, qui ne se seroit
»jamais mis en avant pour lui donner des conseils, ne savoit
»pas non plus lui déguiser la vérité quand il la lui demandoit;
»mais, sur cet article, le roi étoit d'une inflexibilité sans égale,
»et tellement fort de raisons, que, lors même que vous n'étiez
»pas de son avis, il vous forçoit encore de respecter ses mo-
»tifs et sa vertu. On lui disoit, par exemple : « Sire, l'opinion
»des gens de bien, celle de vos sujets les plus dévoués est que
»votre majesté porte la douceur à l'excès. — Ceux qui sont de
»ce sentiment, répondoit-il, n'ont jamais été rois. — Ils di-
»sent, sire, que des méchans, en révolte contre leur roi, sont
»dignes de mort. — Oui; mais ils le sont aussi de compassion;
»et tuer ne rend pas meilleurs. — Ils pensent que Mirabeau et
»le duc d'Orléans auroient dû porter leur tête sur l'échafaud,
»et que leur impunité accuse l'autorité de foiblesse. — David
»n'étoit ni foible, ni lâche, lorsque outragé par Sémeï, il re-
»poussoit les conseils violens du fils de Sarvia. — Ils disent que
»les jours de votre majesté sont exposés. — Cela se peut; mais
»je crains la mort pour mes ennemis, et la crains peu pour
»moi. — Ils disent que la vie d'un roi n'est pas à lui, et qu'il
»doit à ses sujets de la leur conserver. — Sans doute; mais
»par des moyens qu'avouent la sagesse et la conscience. —
»Tous pensent que la sagesse et la conscience approuveroient
»que le sang des factieux expiât leur révolte. — Charles Ier
»pensoit comme eux; mais son exemple m'apprend que ce
»moyen n'est rien moins qu'infaillible en révolution. Je pour-
»rai périr, je dirai plus, je m'attends à périr; mais jamais l'his-
»toire ne m'intentera le reproche qu'elle fait à ce prince, d'a-
»voir, pour ma cause, mis mes sujets aux prises avec mes su-
»jets. » *Mémoires de la baronne de Pont-l'Abbé.*

Une observation que ne doivent pas perdre de vue ceux qui
veulent être équitables en jugeant la conduite de Louis XVI

pendant la révolution, c'est qu'actuellement encore, en se re-
plaçant avec lui dans chaque circonstance où il se trouva, il
seroit très-difficile de dire ce qu'il eût dû faire pour faire
mieux qu'il ne fit, et téméraire d'affirmer qu'une conduite
différente de celle qu'il tint, lui eût réussi et l'eût sauvé.
Louis XVI apporta un soin extrême à éviter les fautes repro-
chées à Charles d'Angleterre; et toujours Louis XVI évitant
Charybde donna dans Sylla. C'est qu'il n'est plus de mesures
certaines contre une crise révolutionnaire, quand elle est l'effet
d'une dépravation presque générale. Le plus habile médecin
ne l'est jamais assez pour opérer avec succès sur un sujet gan-
grené.

(12) Au mois de mai 1791, l'empereur Léopold, parfaitement guéri alors de sa maladie philosophique, faisoit passer à
Louis XVI un plan secret contenu en vingt et un articles, et
arrêté a Mantoue, par lequel il se faisoit fort de rétablir son
autorité, en portant sur-le-champ toutes ses forces sur la France,
dont les frontières alors étoient hors d'état de défense. La seule
idée de voir le royaume envahi par des troupes étrangères dé-
tourna le monarque d'accepter les offres de son beau-frère. Depuis, et après que les manœuvres des jacobins eurent décidé
la guerre, par une dépêche secrète dont Mallet-Dupan fut le
porteur, il invita le successeur de Léopold à ne répondre à une
agression forcée et désavouée par son cœur que par une guerre
défensive, pendant laquelle des négociations pourroient ramener la paix. Que si, enfin, il faut en venir à des combats,
Louis XVI fait insinuer a l'empereur le vif désir qu'il a que
les Français émigrés ne soient pas employés en première ligne,
« afin, dit-il, que le Français ne verse pas le sang du Fran-
« çais. »

NOTES

RELATIVES AU LIVRE SIXIÈME.

(1) Le rédacteur très-philosophe des *Mémoires sur Pie VI, etc.*, nous dit : « Turgot fit l'impossible pour persuader à Louis XVI « de ne pas se faire sacrer, lui faisant envisager cette cérémo- « nie religieuse comme un acte de servitude ignominieuse. » L'impie Boulanger, dans son prétendu *Christianisme dé- voilé*, page 126, nous donne le secret de cette aversion philo- sophique pour le sacre des rois : « C'est, dit-il, un rit de la « *Théurgie* chrétienne, qui contribue à rendre les chefs des na- « tions chrétiennes plus respectables aux yeux des peuples, et « leur imprime un caractère tout divin. » L'érudition du so- phiste, qui se borne au christianisme, eût pu remonter jus- qu'à la loi ancienne. Il y eût vu que la consécration des rois est d'institution divine; que ce rit de la *Théurgie* chrétienne avoit été un rit de la *Théurgie* du peuple juif, et que Dieu or- donnoit à ses prophètes de sacrer les rois d'Israël, et quelque- fois même d'autres rois.

(2) L'imposition des mains sur certains malades, pratiquée par nos rois de temps immémorial, pouvoit tirer, de la foi d'un saint Louis ou de celle des fidèles de son temps, une efficacité devenue rare de nos jours, et tournée en dérision par les phi- losophes du dix-huitième siècle. Cependant, aux yeux de la vraie philosophie, loin d'avoir rien de superstitieux, elle étoit touchante et respectable la pieuse cérémonie où le roi très- chrétien, le jour de son sacre et aux grandes solennités, après avoir participé aux saints mystères, recommandoit ces malades

à la toute-puissance du Dieu dont il étoit le ministre, leur marquant le front du signe de la croix, en même temps qu'il prononçoit sur chacun d'eux l'invocation : *Le roi te touche, Dieu te guérisse!* Deux mille quatre cents malades s'étoient rendus à Reims au sacre de Louis XVI.

(3) On peut rendre en ces termes l'antique formule de serment usitée aux sacres de nos rois, et que Louis XVI prononça en latin :

« Au nom de Jésus-Christ, je promets au peuple chrétien qui
» m'est soumis :

» En premier lieu, d'interposer mon autorité pour entretenir
» en tout temps une véritable paix entre tous les membres de
» l'église de Dieu ;

» De plus, d'empêcher que mes sujets, en quelque rang
» qu'ils soient constitués, commettent aucunes violences ou in-
» justices ;

» De faire observer, dans tous les jugemens, justice et misé-
» ricorde, afin que le Dieu clément et miséricordieux daigne
» aussi nous faire miséricorde à vous et à moi ;

» De m'appliquer, selon mon pouvoir, et de bonne foi, à
» écarter de l'étendue de ma domination tous les hérétiques dé-
» noncés par l'Église.

» Je confirme ces promesses par serment : j'en prends Dieu à
» témoin, et ses saints Évangiles. »

A ces engagemens, Louis XVI ajouta celui qui ne date que du règne de Louis-le-Grand, et qui est conçu en ces termes :
« Nous jurons et promettons, en foi et parole de roi, de n'ex-
» cepter à l'avenir aucune personne, pour quelque cause et
» considération que ce soit, de la rigueur des édits rendus par
» Louis XIV en 1654, 1669 et 1679 ; qu'il ne sera par nous ac-
» cordé aucune grâce ou abolition à ceux qui se trouveront pré-
» venus des crimes de duel ou rencontre préméditée ; que nous
» n'aurons égard aux sollicitations de quelque prince ou sei-

» gneur que ce soit, qui intercédera pour les coupables desdits
» crimes ; protestant que, ni en faveur d'aucun mariage de
» princes ou princesses de notre sang, ni pour les naissances de
» Dauphin et princes qui pourront arriver durant notre règne,
» ni pour quelque autre considération générale et particulière
» que ce puisse être, nous ne permettrons librement être expé-
» diées aucunes lettres contraires. »

(4) Dans un rapport fait à la municipalité de Paris, en décembre 1792, par Dorat de Cubières, de service à la prison du
Temple, on lit cette particularité : « Mercredi matin, Louis
» s'est levé selon son usage, il s'est habillé promptement ; il a
» pris un livre qu'il s'est mis à lire pendant une demi-heure : ce
» livre était un Bréviaire. »

(5) Un huissier de la chambre du roi, chargé de prévenir l'abbé
d'Espagnac que Louis XVI ne vouloit pas qu'il donnât son sermon, crut devoir user de quelque ménagement dans l'exécution
de ses ordres, et dit à l'abbé : Sa majesté, monsieur, vous sa-
» chant indisposé, m'ordonne de vous dire qu'elle vous dispense
» de donner votre discours.—Pas du tout, répond le prédicateur ;
» je me porte très-bien, et je vais monter en chaire. — Quand
» je vous dis, M. l'abbé, reprend l'huissier, que le roi sait que
» vous êtes hors d'état de prêcher. » Le prédicateur sentit alors
ce que cela signifioit, et se désista de sa prétention. Le lendemain, 26 mars 1781, on lut dans la Gazette de France :
« M. l'abbé d'Espagnac, chanoine de Paris, vicaire général de
» Sens, qui devoit prêcher la cène devant Sa Majesté, se trouva
» mal avant de monter en chaire, et hors d'état de prononcer
» son discours. »

(6) Louis XVI, échappé au danger d'une méprise fâcheuse,
nomma à l'archevêché de Paris l'évêque de Châlons-sur-Marne,
prélat recommandable par ses vertus ecclésiastiques, et qui ne
laissa pas regretter aux malheureux l'immense charité de son

prédécesseur. Les plus riches évêchés étoient les plus exposés à devenir la proie de l'ambition. Ainsi, depuis l'immortel Fénélon, avait-on vu le siége opulent de Cambray profané par d'indignes titulaires, scandaleux par leur absence de leur église, et plus scandaleux encore par leur présence. Louis XVI ne faisoit que de monter sur le trône, lorsqu'il eut à nommer à cet archevêché. Obsédé de recommandations, il les repoussa toutes, fit seul son choix, et dit, en le rendant public : « Il y avoit assez » long - temps que Cambray n'avoit point d'archevêque, j'ai » voulu lui en donner un. » C'étoit l'archevêque de Tours, Fleury; prélat en effet le plus propre à faire oublier, s'il eût été possible, et les Dubois, et les Saint-Albin, et les Choiseul.

Lorsque le divin législateur des chrétiens frappa les richesses de ses anathèmes, il n'excepta pas les richesses du sanctuaire; et nous voyons en effet que ces richesses réprouvées causèrent, en divers temps et divers lieux, les plus grands maux à l'Église; tantôt en allumant la convoitise des princes et des gouvernemens, tantôt en commandant leur vocation au sacerdoce à des sujets sans talens et sans vertus, ou bien en nous montrant, dans les premières dignités du sanctuaire, le rebut des grandes maisons, et les bâtards des princes : comme si une religion, fondée et propagée par la sainteté, pouvoit emprunter sa force d'un grand nom, lorsque l'inconduite, compagne de ce nom, ne fera que réfléchir un scandale plus éclatant. Mais, grâces à notre révolution, nous n'avons plus à craindre que l'appât des richesses surcharge l'Église d'indignes ministres; notre crainte, au contraire, dans ces jours d'affoiblissement de la foi, c'est que la perspective de la misère n'écarte de plus en plus du sanctuaire ses ministres nécessaires.

(7) Ces particularités, et d'autres encore, nous ont été transmises par l'abbé Hébert lui-même. Ce respectable ecclésiastique, supérieur de la communauté des Eudistes, fut emprisonné dans sa propre maison, puis massacré le 2 septembre, en haine

des relations religieuses qu'il avoit eues avec son roi. J'étois un jour chez lui, et il alloit me faire lire un projet tracé de la main de Louis XVI, pour la restauration de la religion, lorsqu'un étranger survint, qui nous interrompit; et les circonstances, depuis, ne nous permirent plus de nous réunir.

(8) L'abbé Guérin du Rocher, que j'appellerois volontiers le dernier des vrais savans du dix-huitième siècle, étoit d'une modestie égale à son savoir. Il avoit été membre de cette société célèbre, dont l'extinction consomma la révolution morale parmi nous. Quelques anciens et quelques modernes, tels que les savans évêques d'Avranches et de Meaux, avoient soupçonné et même indiqué la merveilleuse découverte qu'il sut rendre si palpable. Guérin du Rocher, à l'époque de la révolution, habitoit la maison des nouveaux convertis, en qualité d'aumônier. Signalé aux jacobins comme l'abbé Hébert, comme lui il tomba, le 2 septembre, sous les poignards de ces philosophes, empressés de briser une plume ennemie et qui se disposoit à verser un nouveau torrent de lumière sur leur ignorance et leur mauvaise foi. Cependant le jugement porté par Louis XVI de l'*Histoire véritable des temps fabuleux*, a reçu la sanction de l'Europe instruite; et tous les efforts de nos modernes fabricateurs de zodiaques, petits écoliers de nos grands impies, et zélateurs érudits des absurdités du paganisme, n'obscurciront jamais le faisceau de lumière qui jaillit de ce précieux ouvrage.

(9) On n'avoit d'abord réclamé la charité de Louis XVI qu'en faveur des carmélites du Brabant, arrachées à leurs monastères; ce prince, de son propre mouvement, l'étendit aux autres religieuses du même pays, auxquelles des communautés françaises de leur ordre voudroient donner asile. Le religieux monarque fit plus; apprenant qu'un nombre de ces religieuses, punies de la fidélité à leur vocation par la suppression de toute ressource temporelle, se trouvoient dans l'impuissance d'arriver au terme

du bonheur qu'il leur destinoit, il ordonna au comte d'Oigny de leur fournir le nombre de voitures nécessaires à leur transmigration. Nous lisons dans l'original d'une lettre du comte de Vergennes à madame Louise : « Sa majesté m'autorise à dire à » madame, qu'elle consent à ce qu'elle fasse venir en France et » donne asile, dans les monastères des carmélites, aux religieuses » de cet ordre qui, ayant été sécularisées dans les Pays-Bas, dé- » sirent de vivre et mourir dans la règle qu'elles ont embrassée. » Sa majesté s'en remet entièrement à madame, touchant le » nombre qu'elle voudra en admettre, et la distribution qu'elle » jugera bon d'en faire. J'ai déjà prévenu M. de Villegas-d'Es- » tembourg que c'étoit de madame uniquement qu'il devoit re- » cevoir des ordres. » Ce M. d'Estembourg étoit un respectable magistrat de Bruxelles, qui sacrifioit sa fortune et ses soins au soulagement des victimes de la philosophie de l'empereur Joseph.

(10) « Je désirerois, nous dit Necker, confier la partie écono- » mique des prisons aux Sœurs de la charité, dont l'esprit est » toujours le même, parce que c'est un sentiment religieux qui » nourrit et soutient leur zèle, et qu'ainsi l'ordre et l'honnêteté » se soutiennent au milieu d'elles par les mêmes motifs qui ont » déterminé leur dévouement absolu au service des pauvres. De » telles institutions, qui sont particulières à la religion catho- » lique, sont vraiment respectables : et l'on ne sauroit trop ap- » précier le secours qu'on en peut tirer. L'administration, à » l'aide de la plus grande surveillance, ne sauroit jamais at- » teindre à l'influence active de ce moteur secret, qui excite à » l'accomplissement exact des devoirs les plus difficiles, et qui » oblige à consacrer autant de soins et d'attentions à des détails » obscurs et inconnus, que les hommes les plus vains et les plus » amoureux de louanges ne seroient capables d'en apporter à tout » ce qu'ils feroient ou diroient en public. »

Précieux hommage rendu à la religion catholique par un philosophe qui n'y croyoit pas ! Non, que les gouvernemens ne soient pas plus long-temps leurs dupes; ils appartiennent à la nombreuse famille des charlatans du dix-huitième siècle, et ne sont, comme leurs frères, que des chevaliers d'industrie, tous ces chevaliers de la bienfaisance, sortis des écoles économico-philanthropiques. Ils sont radicalement incapables d'opérer efficacement et en grand le bien de l'humanité, faute d'être inspirés par ce *moteur secret*, qui donne à la fois lumière et courage, et que Necker louoit sans le connoître lui-même. Et où trouveroit-on en effet, ailleurs qu'au sein de la religion, et de la religion catholique, ces dévouemens sublimes qui, tantôt transportent des hommes apostoliques dans des climats meurtriers, sans autre espoir que celui d'y conquérir des âmes, et tantôt arrachent de foibles vierges à tous les liens de la nature, pour les attacher, comme servantes perpétuelles, à toutes les misères humaines? Ce caractère distinctif confondra toujours également et le sectaire et l'impie. C'étoit en haine d'une religion qui les importunoit, que les sophistes du dix - huitième siècle s'étoient efforcés d'anéantir ses dogmes et de remplacer ses vertus. Ils firent une première idole de leur *raison*, qu'ils placèrent sur l'autel de la foi; ils en firent une seconde de la *bienfaisance*, qu'ils poussèrent sur le trône de la charité. Nos yeux ont vu, et nous avons peine à le croire encore, jusqu'où ont porté le délire et la démence ces adorateurs de leur propre raison : la honte aujourd'hui les poursuit et le mépris les accable. Mais il n'en est pas de même encore des zélateurs de la *bienfaisance* : ils continuent de prêcher leur sainte; mais le font-ils, peuvent-ils le faire avec le succès de l'homme de Dieu, parlant au nom et par les ordres de son Dieu? Qui ne sait comment, aux jours de leur triomphe, les fastueux apôtres de la *bienfaisance*, après avoir dévoré dans nos hospices les dons accumulés de la charité, ont fini, dans le désespoir de faire de la bienfaisance la vertu de leurs concitoyens, par en faire leur impôt, sous le nom d'*octroi* ? Et qui ne sait encore comment nos sœurs *de la charité* furent remplacées dans nos hôpitaux par les matronnes *de la bienfaisance?* Tant il est vrai que l'esprit philosophique ne sera jamais que le singe impertinent de l'esprit religieux. Mais le procès entre la charité chrétienne et sa rivale est également jugé, et par l'expérience du passé, et par la vénération actuelle du public pour ces mêmes Sœurs de la charité, si cruellement persécutées par les philanthropes révolutionnaires. Un des exploits du *bienfaisant* Robespierre, dans la ville d'Arras, sa patrie, fut d'y faire égorger les Sœurs de la charité, et d'ordonner qu'on substituât au frontispice de leur maison le mot *bienfaisance* à celui de *charité* qu'on y lisoit. Des filles de Saint-Vincent, rappelées dans cet établissement, protestèrent contre le frontispice qu'y avoit fait placer l'assassin de leurs sœurs, déterminées à se retirer plutôt que de se voir dénommées *sœurs de la Bienfaisance.* Mais elles trouvèrent la ville d'Arras très-disposée à les confirmer *sœurs de la Charité.*

(11) L'expression *je prie,* employée par un père parlant à son fils, pourroit paroître impropre. Mais on doit faire attention que Louis XVI, dans son Testament, parle à son fils supposé roi, et qu'un roi dans le tombeau doit parler en priant à un roi sur le trône. Peut-être aussi ce prince vouloit-il, par cette expression, faire sentir à son fils toute l'importance qu'il attachoit au pardon des ennemis, qu'il lui recommandoit.

(12) Qu'il étoit petit auprès du religieux Louis XVI, ce municipal bel esprit, nommé *Dorat de Cubières!* qui, au lieu du respect, se permettoit la raillerie sur la fidélité du monarque à l'observance du jeûne dans sa prison du Temple, et disoit à son valet de chambre : « Sans doute que vous aussi, à l'exemple de » votre maître, vous allez jeûner aujourd'hui!» Le même, pour divertir sans doute sa municipalité, lui faisoit lire dans son rapport du 19 décembre 1792 : «A neuf heures, on lui apporte » son déjeuner : *Je ne déjeune pas aujourd'hui,* a dit Louis,

« ce sont les *quatre-temps*. » Il avoient tous commencé par tourner en dérision l'obéissance due à l'Eglise, les sophistes qui blasphémoient alors contre l'obéissance due au chef de l'empire.

(13) Louis XVI, passant près d'une cuisine de ses petits appartemens, où se préparoient ses repas en maigre, croit sentir
une odeur de viande : il entre, ne trouve qu'un aide de cuisine, occupé près d'un fourneau : « Que fais-tu donc là? » lui
dit le roi. Le valet déconcerté, ne sait que répondre. « Mais
» je crois que tu fais cuire de la viande. — Non, sire, je fais
» du jus. — Du jus en carême! et pour qui donc ce jus? —
» M. le chef m'a commandé de le faire; c'est lui qui doit l'em-
» ployer. » Rentré chez lui, Louis XVI donne ordre à son valet
de chambre Thierry d'aller vérifier pour qui on extrait du jus
dans sa cuisine; et il découvre que c'est pour préparer ses lentilles.

(14) Il y avoit peu de temps que le ministre de la guerre
avoit fait publier, par ordre du roi, à la tête de tous les corps
militaires, un bref du pape, portant que le souverain pontife,
« sur les représentations qui lui ont été faites par plusieurs
» souverains, et nommément par sa majesté très-chrétienne,
» permet l'usage du gras les jours maigres, à toutes les troupes
» françaises, *lorsqu'elles marcheront en corps seulement*. » Ce
fut cette restriction qui donna lieu à la discussion entre le roi
et un de ses officiers généraux.

(15) Nous vîmes quelquefois des ministres assez peu religieux, mais sans haine pour la religion, favoriser l'œuvre des
missions étrangères dans le cabinet de nos rois, comme moyen
d'étendre les rapports politiques et commerciaux de la nation.
Dans le siècle de la philosophie, une haine furieuse de la religion l'emporta sur toute espèce d'intérêt, même temporel; et
nos matérialistes, qui ne parloient que de prospérité nationale, craignirent encore moins de voir dépérir notre com-

merce maritime que de voir prospérer la religion de Jésus-Christ. Leur patriarche, Voltaire, entroit en convulsion à la seule pensée des conquêtes apostoliques des jésuites français protégés comme astronomes par l'empereur de la Chine ; et il les signaloit à ses disciples comme des hommes d'autant plus redoutables à la philosophie, qu'ils étoient, disoit-il, *plus convertisseurs encore qu'astronomes* à la cour de Pékin.

(16) Le roi de Cochinchine redoutoit les sacrifices à faire pour embrasser la religion dans laquelle il faisoit élever son fils ; ne pouvant se persuader, ce que bien des chrétiens ne se persuadent pas mieux que lui, que cette religion divine, en imposant le précepte, donne encore aux âmes droites la force de l'accomplir.

(17) Entre autres particularités de la relation parvenue à Louis XVI, on lisoit : « Le roi a reçu avec les marques de la «plus grande joie son fils et son mentor l'évêque d'Adran. Ce «dernier paroît jouir de beaucoup de considération auprès du «roi. Nous avons été reçus avec les témoignages du plus vif in-«térêt et avec la plus grande pompe. Tous les mandarins et les «principaux seigneurs de la ville de Soignon, où réside le roi, «sont venus, à bord de la Méduse, présenter leurs hommages «au prince. — Le bâtiment que le roi avoit envoyé à son fils «étoit superbe. Ce jeune prince n'a pu s'empêcher de répandre «des larmes au moment de nous quitter. Il est très-spirituel et «très-instruit pour son âge. — Les Indiens furent émerveillés «en voyant manœuvrer nos troupes françaises. Mais leur admi-«ration se portoit surtout sur la promptitude du service de l'ar-«tillerie. »

(18) L'évêque d'Adran, M. Pigneau, né en Picardie, d'une famille où la piété sembloit héréditaire, après avoir fait de brillantes études à Paris, pouvoit prétendre à tous les avantages temporels qu'offroit alors l'état ecclésiastique aux talens distin

guris : il en fit le sacrifice, pour se dévouer aux travaux de l'apostolat dans les missions étrangères. L'épiscopat, dans ces contrées idolâtres, étant la dignité la plus périlleuse, est toujours aussi l'apanage du plus grand zèle; et bientôt M. Pigneau fut fait évêque et vicaire apostolique. Estimé d'abord du roi de la Cochinchine, puis ensuite investi de toute sa confiance, après lui avoir rendu le service signalé de le rétablir sur son trône, il continua humblement sa carrière apostolique. Se voyant sur le point de la terminer, il dit à un médecin, que le roi lui avoit envoyé : « Dites au roi, je vous prie, que je quitte « sans regret cette terre d'exil où l'on me croyoit heureux de la « faveur dont il m'honore, et de la considération qu'elle m'atti- « roit. Dites-lui que j'ai l'âme en paix, et que je désire qu'il « sache qu'un chrétien sait vivre de sacrifices et mourir dans la « joie. » Le roi donna des marques publiques de la plus vive douleur sur la perte de ce généreux ami de sa personne et de son peuple, et lui fit rendre des honneurs funèbres comme il eût fait à son père. Toute sa garde, composée de plus de douze mille hommes, escortoit le convoi. Cent vingt éléphans équipés le précédoient, et un peuple innombrable étoit à la suite. Les païens, confondus avec les chrétiens, pleuroient comme eux l'*homme de Dieu* et l'ami du roi. « De toutes parts, dit la rela- « tion, on n'entendoit que des sanglots. Le roi a fait depuis éri- « ger un monument en l'honneur du saint évêque. » Et ce triomphe posthume, décerné par de prétendus barbares à l'homme vertueux, apôtre infatigable de la religion de Jésus Christ, et le sauveur d'une monarchie, valoit bien, à notre avis, cette apothéose qu'un peuple de prétendus sages décernoit en face à l'homme dont la frénétique impiété s'étoit proposé d'écraser cette même religion comme infâme, et les rois ses protecteurs comme des tyrans.

Un nouveau *Voyage à la Cochinchine*, récemment traduit de l'anglais par M. *Malte-Brun*, vient à l'appui de ce que nous avons dit de l'évêque d'Adran, et nous apprend qu'une femme

philosophe, maîtresse du gouverneur de Pondichéry, usa de
tout son pouvoir sur son amant pour éluder les ordres de
Louis XVI et faire échouer cette entreprise patriotique, par la
raison qu'elle étoit aussi religieuse. « Aujourd'hui encore, observe
» à ce sujet le plus accrédité de nos journaux, nos philosophes ne
» croiront aux grandes actions de l'évêque d'Adran, que parce
» que heureusement elles se trouvent garanties par un Anglais. »

(19) Louis XVI fut condamné à mort d'après l'acte énonciatif
des faits produits à sa charge le 11 décembre 1792, par une
commission dite *des vingt et un*. Cet acte impute à crime au
monarque son opposition au décret de bannissement des prêtres
catholiques, et à d'autres décrets rendus contre eux : ils lui imputent à crime sa déclaration du 20 juin 1791, dans laquelle ce
prince se plaignoit qu'on eût osé « pour empêcher son voyage
» de Saint-Cloud, mettre en avant son *attachement connu pour*
» *la religion de ses pères;* » dans laquelle encore il disoit qu'il ne
pouvoit faire le bien des Français que « lorsqu'une constitution,
» qu'il auroit librement acceptée, *feroit que notre sainte reli-*
» *gion fût respectée.* » On lui imputa également à crime une
lettre écrite à l'évêque de Clermont, en date du 16 avril 1791,
dans laquelle il se disoit « fermement résolu, s'il recouvroit sa
» puissance, *à rétablir le culte catholique.* »

C'étoit pour disculper Louis XVI auprès des impies qui lui
objectoient de pareils crimes, que ses défenseurs répondoient :
« On lui a opposé une lettre qu'il écrivit, en 1791, à l'évêque
» de Clermont ; mais elle ne contenoit qu'une opinion purement
» religieuse, et par conséquent libre. — A l'égard du décret sur
» les prêtres, citoyens, on ne force pas la conscience. En sanc-
» tionnant ce décret, Louis eût craint de blesser la sienne. —
» Rappelez-vous la journée du 20 juin : voyez avec quel courage
» il soutint son opinion. Combien d'autres auroient cédé à des
» appareils de périls aussi menaçans ! Eh bien ! Louis a écouté sa
» conscience et non la peur ; il a constamment résisté ; et, si quel-
» que chose peut justifier son refus, aux yeux même de ceux qui

» lui en font un crime, c'est sa persévérance dans ce refus. »
Quelque logique qu'il y eût dans ce raisonnement, avoir eu une
conscience religieuse n'en resta pas moins un crime pour
Louis XVI, et un des crimes qui motivèrent sa mort.

(20) Pie VI, dans le consistoire où il émit l'opinion du martyre de Louis XVI, disoit, en parlant de l'acceptation que fit
ce prince de la *constitution civile du clergé* : « On assure que,
» lorsqu'on la présenta à sa souscription, il resta quelque temps
» pensif, et finit par refuser sa signature, craignant que cette
» démarche ne fût regardée comme une approbation ; mais
» qu'alors un de ses ministres, en qui il avoit beaucoup de con-
» fiance, et que l'on nomme, lui ayant répondu que sa signature
» au bas de la constitution, n'y seroit à d'autre fin que pour
» que nous n'ayons pas lieu, nous à qui il devoit envoyer cette
» pièce, d'en suspecter l'authenticité, ce fut cette raison fort
» simple qui décida le roi à y mettre son nom. C'est ce que le
» roi donne à entendre dans son Testament, quand il dit qu'il
» l'a fait contre sa volonté. Il y eût eu, en effet, inconséquence
» et contradiction manifeste de sa part à repousser constamment
» ce qu'il auroit fait volontairement ; comme lorsqu'il refusa de
» signer le décret qui inflige la peine d'exil aux prêtres non as-
» sermentés, et lorsque, dans sa lettre à l'évêque de Clermont,
» il manifesta la volonté de rétablir le culte catholique. »

A cette particularité qu'énonce Pie VI, nous ajouterons un
fait positif. Louis XVI avoit écrit au souverain pontife pour lui
demander son sentiment sur cette *constitution civile du clergé*,
et le prier d'en approuver au moins quelques articles qu'il spé-
cifioit, et qu'il croyoit, par-là même, pouvoir être approuvés.
Le prince, dans une lettre à Pie VI, du 28 juillet 1790,
dit, « qu'il croit de son devoir de recourir aux lumières du
» saint-père, pour ne pas s'écarter des règles canoniques et de
» la discipline de l'église catholique et romaine, dans laquelle
» il veut vivre et mourir. » Louis XVI, sans doute, n'invoquoit

pas le jugement du pontife pour le mépriser après qu'il l'auroit
reçu ; et Pie VI connoissoit si bien l'esprit religieux du digne
successeur des Charlemagne et des Louis IX, que, dans la réponse qu'il lui fait, il ne craint pas d'en proposer trop à son
zèle, en lui disant : « Encouragez vous-même les évêques;
» exhortez-les à supporter en patience tant d'adversité, et à s'at-
» tacher avec une constance inébranlable aux principes et aux
» règles catholiques. »

Louis XVI, à cette époque, avoit deux archevêques dans
son conseil, dont l'un avoit écrit au pape, sur ces affaires : « Je
» ne négligerai rien pour embrasser l'ensemble de mes devoirs,
» et les remplir, au delà même de la mesure; » et l'autre : « J'ai
» la confiance que, par la miséricorde de Dieu, ma vieillesse
» ne descendra pas dans le tombeau avec la honte et le crime
» d'avoir trahi ou abandonné la foi. » On ne pouvoit mieux parler. Aussi le souverain pontife, plein de confiance dans
ces professions de foi, dans la même lettre où il invitoit
Louis XVI à encourager le corps épiscopal, l'engageoit-il encore à prendre conseil de ces deux archevêques ses ministres :
consule eos. Mais qu'arriva-t-il ? c'est qu'on intercepta le bref,
par lequel le souverain pontife répondoit à Louis XVI, qu'il
ne pouvoit souscrire *la constitution civile du clergé* sans blesser sa foi; et qu'on lui cacha, avec le même soin, deux brefs,
adressés aux deux archevêques ses ministres, dans l'un desquels Pie VI se félicitoit de « la facilité qu'avoit le ministre
» d'un roi doué des meilleures intentions, d'arrêter sa main sur
» la sanction qu'on lui demandoit *à des décrets empoisonnés*. »

Cependant Louis XVI, ne recevant pas de réponse de Rome,
et harcelé pour donner sa sanction, devine et suit, sans le connoître, l'avis que lui adresse le pape : il consulte ses ministres.
Mais, de ces deux conseillers, l'un se tait de peur de l'éclairer,
et l'autre l'égare en lui parlant. Eût-il donc fallu qu'un roi se
crût plus habile en matières religieuses que des Pères de l'É-
glise ? Et, dans le silence de Rome consultée, pourra-t-il voir

du danger à souscrire en somme, des dispositions déjà souscrites en détail, sur la présentation et la garantie d'un archevêque son chancelier ? Loin de nous, au reste, en rappelant des faits essentiels à notre sujet, toute intention de diriger de nouveaux reproches sur deux prélats, dont l'un porta le repentir de sa foiblesse jusqu'à en mourir de douleur et de remords, et l'autre jusqu'à en publier lui-même l'humble et courageuse confession.

FIN DES NOTES DU PREMIER VOLUME.

Lightning Source UK Ltd.
Milton Keynes UK
UKHW020751180219
337443UK00007B/661/P